建设一个更有效率的国家：

提高设计、执行和学习公共政策的能力

CAF-拉丁美洲开发银行　主编

中国社会科学出版社

图书在版编目（CIP）数据

建设一个更有效率的国家：提高设计、执行和学习公共政策的能力／CAF－拉丁美洲开发银行主编；中国社会科学院拉丁美洲研究所译.—北京：中国社会科学出版社，2016.5
ISBN 978－7－5161－8090－7

Ⅰ.①建… Ⅱ.①C… ②中… Ⅲ.①国家—公共管理—研究 Ⅳ.①D035

中国版本图书馆 CIP 数据核字（2016）第 084257 号

原版由 CAF－拉丁美洲开发银行以下面的西班牙语标题出版：
Un Estado más efectivo：Capacidades para el diseño, la implementación y el
aprendizaje de políticas públicas
© 2015 Corporación Andina de Fomento
保留所有权利。
© 2016 中国社会科学院拉丁美洲研究所负责中文版翻译
　中文版翻译质量以及与原文的一致性由中国社会科学院拉丁美洲研究所负责。

出 版 人	赵剑英	
责任编辑	张　林	
特约编辑	席建海	
责任校对	高建春	
责任印制	戴　宽	

出　　版　中国社会科学出版社
社　　址　北京鼓楼西大街甲 158 号
邮　　编　100720
网　　址　http://www.csspw.cn
发 行 部　010－84083685
门 市 部　010－84029450
经　　销　新华书店及其他书店

印刷装订　三河市君旺印务有限公司
版　　次　2016 年 5 月第 1 版
印　　次　2016 年 5 月第 1 次印刷

开　　本　710×1000　1/16
印　　张　15
插　　页　2
字　　数　233 千字
定　　价　58.00 元

序　言

关于公共政策的讨论主要聚焦于哪些是促进增长和包容的最好措施，却较少关注政府机构和政府机关在设计和执行相关措施方面的能力分析。

但是实践证明，一些目标明确的、在其他情况下取得成功经验的，且财政资源丰富的政策并没有取得预期效果，其原因在于负责设计和执行相关政策的机构能力有限。然而，这些失败的经验教训可以为今后优化资源管理提供有益的经验。但是，在多数情况下，这些机会并没有被利用。

因此，这一期的《经济与发展报告（RED）》将重点研究国家的能力建设，以提高公共政策的实施效率，从而促进发展。

明确这方面的能力有哪些，在提供有效公共服务的过程中如何把这些能力进行组合是一项挑战。一个高效的政府必须具备设计、执行和学习政策的能力。这在某种程度上有赖于一个优质的官僚体系，有赖于一个有利于获取项目有效执行所需关键资源的公共采购体制，有赖于有利于加强审计监督和改善公共服务的公民参与度，还有赖于监测和评估体系的制度化，将公共资源管理经验转化为知识和教学，以提高整个过程的效率。

本报告的主要发现涉及以下四个方面：官僚体系的质量取决于公务员的特点，以及指导、鼓励或限制其行为的规则和程序；有吸引力的薪酬体制，以及奖勤罚懒措施是提高公共管理质量的第一个条件。这可能需要对工资结构进行改革，将工资与职业生涯发展，以及与公务员的竞争、能力及努力程度更紧密地联系起来。

除了人力和财力，政策的正确执行要求拥有一个好的公共采购系统，以便能够适时提供保质保量的物资。基于这些机构的自身特殊性，很可能出现效率低下乃至腐败现象，除了滥用公共资源，国家机关的合法性甚至会受到质疑。根据现在掌握的情况，如果需要提高公共采购系统的效率，就需要采取三套措施：建立监测和控制机制；推动供货商之间的竞争；增加采购过程的透明度。

公众参与可能是推动政府履行职责的一个有力的外部监控手段。为了让这种参与更为有效，拉美地区在提高公民的参与度方面，尤其是通过非选举渠道、增加政府向民众提供信息的数量和质量，以及增加参与的效率方面，尚有很大空间。在与政府的互动过程中，对一些参与机制或其运转的不了解，如市民感觉低效、时间成本高、其他资源投入大等，是需要克服的主要障碍。

新的信息和通信技术降低了公民相互间以及公民与政府间沟通协调的成本，成为政府施政信息迅速广泛传播的一个渠道，也是增加公民参与度的有力工具，可以提高公共政策的设计及执行能力。

最后，公共资源管理框架内的经常性决策信息为公共项目的设计者和执行者提供了宝贵的学习机会。但是拉美地区的国家却极少利用这些机会。一方面，必须提高决策机构的预期效益，减少评估成本。另一方面，为了使评估得出的经验能运用到实际工作中，必须根据获得的最佳解决方案，促进相关政策设计的制度化。更大的自主权和有利于政策创新的环境也可以促进变革的实现。

通过本期《经济与发展报告（RED）》，CAF 希望推动有关政府设计、执行和政策学习能力的研究，并开启旨在加强这些能力的建设性讨论。

L. 恩里克·加西亚
CAF－拉丁美洲开发银行执行主席

致　　谢

本报告是在巴勃罗·桑吉内迪和巴勃罗·布拉西奥罗的指导和协调下完成的。

各章的撰稿人分别为：

第一章　巴勃罗·布拉西奥罗和巴勃罗·桑吉内迪

第二章　费尔南多·阿尔瓦雷斯和巴勃罗·布拉西奥罗

第三章　路易斯·金特罗

第四章　露西拉·伯尼尔和多洛雷斯·德·拉玛塔

第五章　莱斯比亚·马里斯和丹尼尔·奥尔特加

希梅纳·祖尼加任本书总编辑。朱丽叶·维拉·埃达负责编辑校对。

报告的各章节是在参考特别为本书撰写的研究材料的基础上完成的。这些材料的撰写者有：玛丽娜·阿西迪亚克诺、劳拉·卡罗拉、米盖尔·卡斯提尔、玛丽安娜·丘德诺夫斯基、贡萨洛·迭哥斯、莱奥波尔多·弗格森、爱德华·加西亚、莱昂纳多·加斯帕里尼、玛丽娅·保拉·杰拉尔迪诺、保罗·古兹曼、梅赛德斯·拉科维洛、彼得·希门尼斯、贺拉斯·拉勒吉、斯蒂芬·利兹奇、威廉·佩里、蒂娜·波梅兰兹、乔治·普奇、胡安·菲利普·里阿诺、雅各·夏皮罗、阿贝·斯蒂尔、胡安·费尔南多·瓦加斯。

作者向曾为本书提出过宝贵意见的以下人士表示感谢：米盖尔·卡斯提尔、欧内斯特·达尔博、爱德华·恩格尔、阿尔瓦罗·富尔特撒、纳尔逊·马可尼、马里阿诺·托马西和赫尔南·鲁夫。

研究助理分别是：卡洛斯·卡塔诺、阿古斯蒂娜·阿特利可、迭戈·乔拉特、保罗·佩雷斯、乔尼·普利多、卡洛斯·罗德里格斯和朱丽叶·维拉·埃达。

目　　录

图表目录

第 一 章

我们如何理解国家能力[①]

一 引言

2001 年，印度出台了一项雄心勃勃的计划，旨在改善农村地区基础教育质量。为此进行了大量的基础设施投资，聘用并培训教师，并实行了其他教育改良措施。结果如何？虽然学生的注册率与入学率有所提高，但是教育质量仍毫无改善。

这项计划的遭遇反映出公共政策中许多项目面临的一个现实：仅仅拥有明确的目标或足够的资金支持并不能达成预期的目标；国家能力存在着缺失。印度这项计划失败的一个具体原因在于没有能够将学校缺席率从48%的极高水平降下来（Pritchett 等，2010），这表明，一部分国家能力是由公务员履行职责的激励机制所决定的。

令人遗憾的是，大部分面向发展的公共政策分析聚焦于界定哪些行动与项目可以推动增长和包容，而将政府机构和制度拥有制定和实施这些行动的能力视为理所当然。印度项目的案例说明了这些能力在很多时候是不存在的，并导致政府在提供核心公共产品时失灵。

本报告认为，一个高效政府是拥有制定公共政策且能合理有效实施，并在这一过程中有汲取经验能力的政府。

现行的政治体系或各国采取的特定政策都无法体现出国家能力的内涵。也就是说，无论进口关税的定价是高是低，或者公共服务的供给是私人企业、公私合营机构，还是公有企业，结果都是一样的。重要的是，要

---

① Pablo Brassiolo 与 Pablo Sanguinetti 负责本章写作，Carlos Catanho 与 Julieta Vera Rueda 担任研究助理。

具备使所有政策均能够得以有效制定和实施所必需的国家能力。

公共能力的衡量应当区分国家行动的结果与决定这些结果的能力。举例来说,尽管一项考察政府腐败的指标,反映了公民对国家运行和合法性的预期,但却无法(也无法试图)探究导致这一结果的决定因素(能力因素):(拥有合适才能的)人才选拔机制失灵;助长经费挪用行为的薪酬体系;政府采购管理制度内部缺乏管控;缺乏通过公民参与进行外部监督的结构;或者是上述所有因素的结合。

在公共政策管理中,很多能力干预其中,并共同影响干预的成效。这些能力与生产投入要素的质量与数量有关(如财政资源、人力资源和中间投入品),亦与这些要素组合所利用的技术有关(如采取简化手续的电子媒介手段、表现激励机制的管理实践,或对各进程和活动加以界定以避免重复)。一所学校的教师不具备教学知识与技能,就相当于这所学校教师数量不足或教师缺乏积极性。而且即使学校的机构功能缺失,也许诺要实现提升学生教育水平的目标。

供应公共产品和服务的关键因素之一是官僚机构(部委、专业性机构、管控办公室等),由负责政策规划与设计的各个管理层面,以及与直接提供服务相关的操作层面整合而成。一个关键方面在于公务员应该拥有任职岗位所需要的知识和技术水平,以及处于有效完成工作的激励机制中。第二章将深度研究这些与拉美民事服务运行相关的问题。

但是,除了具备能力与积极性的公务员,公共服务的有效供给还需要国家通过合同供给原料。第三章将分析公共采购系统以及调控这种合同关系的国家内部管控机制。这些机制是服务生产过程中关键的补充性因素,而它的失灵可能严重影响国家履行职责的能力。

公共管理同样可以从公民参与中获益,因为它可以与国家内部管控系统互补,旨在管控官僚系统运行,并提高其透明度。这种益处可以通过问责制的"长渠道"(如选举途径)和"短渠道"(如服务供应者和客户的直接沟通)达成。第四章将阐述这一要素在完善拉美公共管理方面的作用。

最后,公共管理中能够全面加强国家能力的核心要素是政策监督和评估过程。这一过程产生的经验教训,可以反馈给政策制定和实施过程,从而使政策完善过程形成良性循环。第五章将分析这一问题,主要考察官僚和政府当局所拥有的对构建评估和监督机制形成激励的系统及其所产生的经验教训如何反馈到公共提案的修正过程中。

本章旨在深化国家能力概念的界定，并考察针对其测量所提出的不同方法。此外，提出一个公共政策周期理论框架，以期更清晰地界定有效管理所必需的不同能力。这一理论框架用于引出本报告的结构并提出主要思想。

二　国家能力：概念与方法的交织

国家能力这一概念受到了政治家、社会学家，以及近期关注国家能力与经济发展关系问题的经济学家的许多关注。这种从不同角度进行的分析层出不穷导致各种定义和方法交织在一起，在其批判者看来，这种交织使这一概念丧失了精确性（Andrews，2010；Altman 和 Luna，2012，Rothstein 和 Teorell，2008，2012）。

国家能力这一概念的出发点是治理或"政府质量"概念的扩展（Rothstein 和 Teorell，2012）。这一定义是多维度的，因而使其更加复杂，有时甚至变得模糊不清。一种定义它的方法是，"一国为促进发展，在管理经济和社会资源时所行使权力的方式"（Banco Mundial，1992）。另一种定义是"构成一国行使权力路径的传统与制度"，包括：1）政府被选举、监督、更替的过程；2）政府有效制定与实施政策的能力；3）公民和国家对治理经济与社会互动制度的尊重（Kaufmann 等，2004）。一些作者（如 Bratton，2013）将这些治理维度划分为三类：

第一个维度是政治，包括下述概念：1）反应程度（当选者是否回应了选民的关切）；2）问责制（反应缺失是否受到惩罚）；3）合法性（公民是否遵守并承认政府的指令及其合法性）。[①]

第二个维度是经济，包括下述概念：1）有效性（政府是否有能力实现其目标）；2）效率（产品是否通过成本—效用方式进行供给）；3）公

---

① Fergusson 等（2015）以墨西哥土地分配的调控为案例，研究了国家能力发展的政治约束。关于面向产品和服务供给的国家能力的政治决定因素，一项更加全面的分析可以参见 Stein 等（2006）。

平性（公共产品的获得是否公平）。

第三个维度是行政，包括下述概念：1）法制性（政府是否遵守法律）；2）透明性（公共程序是否透明）；3）廉洁度（官僚活动是否戒除腐败）。

这些维度相互联系。举例来说，一个透明的政府会允许公民进行监督，可使管理更加完善。然而，一个国家可能在一个治理维度获得成功，而在另一个维度没有，因此应该对这些维度分别研究。①

还有一些作者将国家能力仅仅定义为"国家实施政策的技能"。特别是指官僚的专业性，保护产权和与私人投资者建立可信关系的能力，以及在面对政治干预时保持独立性（Besley 和 Persson，2009；Evans，1995；Evans 和 Rauch，1999）。

另一方面，一个具有能力的政府是那些能够履行既定职能的政府。因此，这一概念可以依据国家应该履行的功能，进一步划分为以下几类（Savoia 和 Sen，2012）：

（1）官僚与行政能力。国家需要官僚机器来制定和实施政策。这一维度对于国家及其发展研究的各个方面都是核心问题。传统上讲，国家能力指标关注官僚的竞争力和技能（Evans 和 Rauch，1999，Rauch 和 Evans，2000），一般来说，包括将税收收入有效地支出在公共产品上的能力。

（2）司法能力。这一维度包括若干方面，例如在能够根据法律解决争端的司法体系中履行合同与产权的能力等。基于公共产品的私人供给并不能达到最佳，因此在政府应当提供最低限度的公共产品这一问题上存有共识。（Besley 和 Persson，2009，2011；Yifu Lin 和 Nugent，1995；Collier，2009）。

（3）基础设施能力。这一维度是指国家领土所能达到的范围，也就是说，实行管控的领土范围到达何种程度，或者政策实行的地理范畴有哪些（Soifer，2008）。

---

① 实际上，在使用"治理"这一专有名词时，很多作者指的是制定规则、实施规则以及提供服务的国家能力，这与政府是否民主无关（Fukuyama，2010）。这一定义包含治理的经济维度要素，需要将其与其他要素分别研究，如政治要素。

（4）财政能力。这是国家征税的能力（Besley 和 Persson 2009，2011；Cárdenas，2010；Shapiro 等，2015）。

根据所采用的理论框架，存在很多对国家能力的定义，以及与之相关的许多变量和衡量方法。表 1—1 总结了最常用的指标及其覆盖的国家和可获年份。这些指标包括客观方法——根据不同的统计数据构建，如政治不稳定性、信贷风险、税收、官方规定与法律的强化措施等。也包括主观方法，如来自专家、企业家、非政府组织、评级机构或公民和企业的民意调查。

表 1—1　　　　　　　　　　　国家能力指标

指标与来源	衡量方法	范围[a]	数据类型[a]
官僚与行政能力			
官僚质量《国家风险国际指南》（International Country Risk Guide）	通过专家评估衡量面对政治压力的自主性、无政策剧变或无政府服务中断的执政能力和经验，以及雇用和培训机制的设立。	140 个国家	面板数据，1984—2014
政府质量歌德堡大学	政府质量是指政府制度的公正性。换句话说，公务员实施公共政策时不考虑政策或法律规定以外内容的可能性。	193 个国家	面板数据，1946—2014
政府质量 Teorell 等（2015）	《国家风险国际指南》中的变量"腐败""法律与秩序""官僚质量"的平均值，范围在 0 到 1。分数越高，政府质量越好。	140 个国家	面板数据，1984—2014
政府效率《全球治理指标》（Worldwide Governance Indicators）世界银行	来自专家和调查问卷评估。不同来源的数据总和。分值范围：-2.5 至 2.5。	215 个国家	面板数据，1996—2013
公共行政机构的公正性和专业性 Teorell 等（2015）	政府机构关于公共行政部门质量和表现的调查问卷。	58 个国家	横截面数据，2008—2009

续表

指标与来源	衡量方法	范围[a]	数据类型[a]
官僚报偿、职业机会与人才聘用 Evans 和 Rauch（1999），Rauch 和 Evans（2000）	专家的调查问卷（无论是否为学者）对"职业机会""官僚报偿"和"人才聘用"进行提问。这三项内容是在特定时期（1970—1990）对一组旨在评估上述内容的问题赋予相等权重所得的指标。数值范围在 0 到 1。	35 个欠发达国家	横截面数据，1970—1990
财政能力			
收入汲取效率《国家政策与制度评估》（Country Policy and Institutional Assessment）世界银行	来自专家对收入汲取一般模式的评估，不仅是理论上的税收结构，而且包括实际的所有收入来源。数值范围在 1 到 6。	81 个欠发达经济体	面板数据，2005—2013
基础设施能力			
监管质量《全球治理指标》（Worldwide Governance Indicators）世界银行	来自专家评估与调查问卷。不同来源的数据总和。数值范围在 -2.5 至 2.5。	215 个国家	面板数据，1996—2013
公共行政质量《国家政策与制度评估》（Country Policy and Institutional Assessment）世界银行	来自专家对中央政府雇员（包括教师，医疗工作者、警察）如何系统制定和实施公共政策，以及有效提供服务的评估。数值范围在 1 到 6。	81 个欠发达经济体	面板数据，2005—2013
国家性（Stateness）《贝塔斯曼转型指数》（Bertelsmann Transformation Index）贝塔斯曼基金会	来自专家评估，衡量国家在其整个领土上行使独断力的程度；社会所有重要团体认同公民权并接受民族国家合法性的程度；合法性和法律秩序能够不受宗教教义影响被界定的程度；基层行政结构分布的广度。	129 个发展中和转型经济体	面板数据，2006—2014

续表

指标与来源	衡量方法	范围[a]	数据类型[a]
管理质量预算与财政《国家政策与制度评估》（Country Policy and Institutional Assessment）世界银行	来自专家评估，衡量以下内容的程度：（a）一项可信完整的，且与重点政策相关的预算；（b）有效的财政管理体系，以确保预算在监管下依照预先计划实施；（c）严谨及时的财政与财务报告。数值范围在 1 至 6。	81 个欠发达经济体	面板数据，2005—2013
司法能力			
领导能力《贝塔斯曼转型指数》（Bertelsmann Transformation Index）贝塔斯曼基金会	来自专家评估，分析政治领导人建立和维持战略重心的程度；政府实施政治改革的效率；政治领导力的灵活程度及其对创新的偏好；政治领导力是否能够汲取过去的教训。	129 个发展中和转型经济体	面板数据，2006—2014
法律体系与产权弗雷泽研究所	这是一项主观评估，结合了调查问卷和专家观点，数值范围在 1 到 10，分数越高意味着对私人产权的保护越完善。	152 个国家	面板数据，1970—2012
法治国家《全球治理指标》（Worldwide Governance Indicators）世界银行	来自专家和调查问卷的评估，不同来源的数据总和。数值范围在 −2.5 至 2.5。	215 个国家	面板数据，1996—2013
法律与秩序《国家风险国际指南》（International Country Risk Guide）	"法律" 要素是指法律体系的力量与公正；"秩序" 要素衡量人们对法律的遵守程度。	140 个国家	面板数据，1984—2014
征用风险《国家风险国际指南》（International Country Risk Guide）	这是一项对全部没收或强制国有化风险的评估。	140 个国家	面板数据，1984—2014

a/：覆盖范围与年份已被更新。

资料来源：作者根据 Savoia 和 Sen（2012）绘制。根据可获信息进行更新，参见以下网页：《国家风险国际指南》（政治风险服务集团）、《全球治理指标》（世界银行）、《国家政策与制度评估》（世界银行）、《贝塔斯曼转型指数》（贝塔斯曼基金会）、Gwartney 等（2014）和 Teorell 等（2015）。

　　本报告将国家能力定义为公共机构制定和实施政策,以及提供服务的技能,这与管理能力相关。因此,在表1—1中所列举的所有指标中,这一维度的指标是重点,而那些涉及政治体系特征及运行方面的指标,或者对界定何谓正确政策提供观点建议的指标则可以不考虑(Pritchett 等,2010)。在这些指标中,拉丁美洲处于怎样的位置呢?

　　图1—1 显示 1985 年至 2012 年期间世界多个地区不同年份的政府质量指数(Teorell 等,2015)。这一指标取值在 0 到 1,是"腐败""法律与

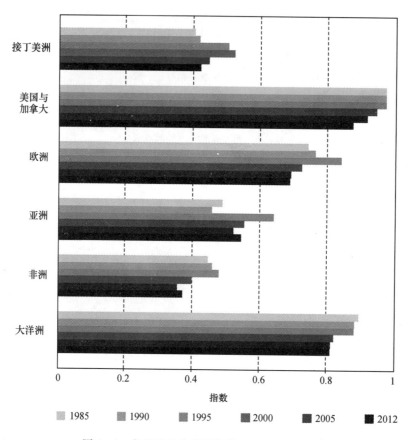

图1—1 各地区政府质量指数(1985—2012)[a]

　　a/:该指数由《国家风险国际指南》(政治风险服务集团 PRS 集团)绘制的若干变量构建而成。该指数取变量"腐败""法律与秩序""官僚质量"的平均值,范围在 0 到 1。分数越高,政府质量越好。

　　资料来源:作者根据 Teorell 等(2015)绘制。

秩序"，以及"官僚质量"这些指标的平均值，依据专家的观点与调查问卷
的结果而构建。拉美地区处于劣势位置：在 20 世纪 80 年代和 90 年代，拉
美位于最后一名；自 20 世纪 90 年代中期以来，可能得益于这一时期的一些
改革，这一地区的排名有所上升；但是在 2005 年至 2010 年期间，再次下
跌。除了这些小的波动以外，总体来看，这一时期的国家能力并没有发生
重大变化，无论是绝对水平还是相对水平（地区间相比）。

　　图 1—2 显示 1990 年至 2012 年期间该指标在一组拉美国家样本中的
表现情况。地区差异相当显著，而且可以看出这段时期这一指数发生了重
大变化。一方面，智利一直以来表现为最具国家能力的国家，近几十年来

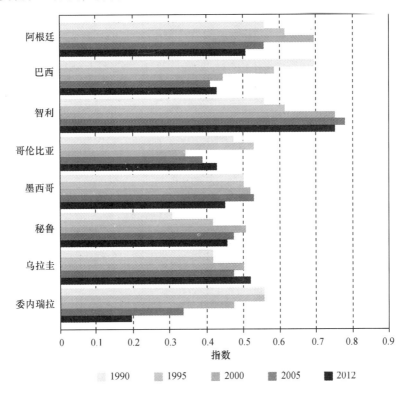

图 1—2　拉丁美洲特定国家政府质量指数（1990—2012）[a]

　　a/：该指数由《国家风险国际指南》（政治风险服务集团 PRS 集团）绘制的若干变量构建
而成。该指数取变量"腐败""法律与秩序""官僚质量"的平均值，范围在 0 到 1。分数越高，
政府质量越好。

　　资料来源：作者根据 Teorell 等（2015）绘制。

显示出积极的变化趋势，甚至在 2012 年数值略高于欧洲的平均水平。另一方面，近年来，阿根廷、巴西、墨西哥、秘鲁和委内瑞拉指数有所下降，而乌拉圭和哥伦比亚则有所提高。

图 1—3 显示 1996 年至 2012 年期间世界不同国家不同年份的政府效率指数（Kauffmann 等，2009）。这一指标衡量对公共服务质量、官僚质量及其面对政治压力的独立性、政策制定与实施进程质量，以及政府承诺及其落实政策可信度的看法。取值区间在 −2.5 至 2.5，数值越高，表示政府效率越高。在这一指标上，拉美同样落后于世界其他地区，分值为负数，且多年来没有明显改善。

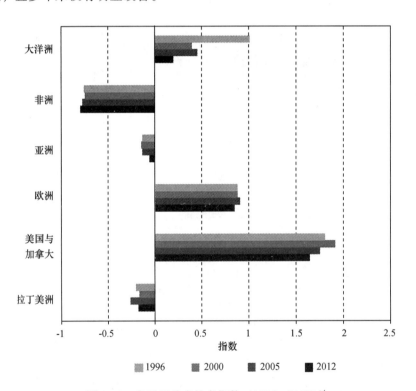

图 1—3　各地区政府效率指数（1996—2012）[a]

a/：政府效率指数由世界银行根据《全球治理指标》绘制。

资料来源：作者根据 Teorell 等（2015）绘制。

图 1—4 显示同一时期该指标在一组拉美国家样本中的表现情况。智利再次成为国家能力最高的国家，并高于欧洲平均水平。乌拉圭也表现突出，

尽管数值上较之智利要低很多。另外，可以看出哥伦比亚与墨西哥的数值从很低的水平起表现出一定的改善程度，而阿根廷和委内瑞拉则情况恶化。

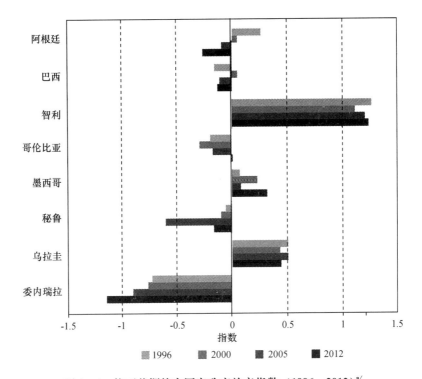

图1—4　拉丁美洲特定国家政府效率指数（1996—2012）[a/]

a/：政府效率指数由世界银行根据《全球治理指标》绘制。

资料来源：作者根据 Teorell 等（2015）绘制。

这些指数，以及其他来自《全球治理指标》或《国家风险国际指南》的指标集合覆盖广阔的地理和时间维度，使得可以在一些国家之间进行比较，以及评估一段时间中一国或多国的发展演变，即使这些变化十分有限。然而，同样具有一些局限性。具体有以下四个方面：

第一，这些国家能力指数与国家的表现有关（如对腐败、法律履行、征税的看法等），却并不是同决定这些表现的能力相关（如官僚机构政治自主性程度、公共机构中基于绩效晋升系统的存在、绩效工资合同的普及等）。换句话说，这些指标大部分衡量的是取决于公共产品"生产函数"的因变量，而其自变量是能力（包括技术）。一项对国家能力研究与评估的过程是一个界定这些要素，并量化其在国家表现中重要性的过程。

第二，与上述内容相关，这些指标并不会为那种公共干预能够改善形势提供指导（如它并不会告知国家的低效表现是归咎于公务员技能的缺失还是激励问题），因此不会为指导改革提案构筑牢靠的基础。而当在一个指数中融入若干维度，且分配的权数并不总是合理时，这一问题会更加严峻。

第三，这些指标中的一些是从专家观点中构建起来的，当其自身没有排除政治或意识形态倾向时，可能会使变量数值有所偏颇。

第四，在一国内部可能潜藏着巨大的差异性，不论是各级政府，或是同一级政府中不同的部委和机构。

鉴于在拉美各国国家机器中存在这种差异性，在政府部门的分层中，那些拥有合格的雇员和/或最稳固制度的机构被称为"卓越部门"（Evans，1995；Geddes，1994；Bersch 等，2013a）。专栏 1—1 记录了巴西联邦政府中普遍存在的差异性，举例来说，一些能力指标差距明显，如拥有符合工作要求的技术履历或专业知识的雇员比例。根据这一标准在那些拥有较高能力公共政策领域中，较为杰出的是国际关系、经济与规划、公共支出监督与司法，而基础设施、旅游与环境领域则处于落后位置。

专栏 1—1 巴西联邦各级机构的国家能力

当阐释为什么一些项目成功而另一些不成功的时候，国家层面的国家能力衡量方法可能并没有那么具有解释力，这是因为国家包含的不同机构的能力存在差异。因此，如果不考虑国家内部的能力分布，就会阻碍对促进经济和社会更好发展必须增强哪些领域的能力这一问题的探索。

Bersch 等人（2013a）试图通过衡量巴西联邦政府中不同机构的官僚能力填补这一文献上的空白。利用公共雇员的数据，在四个要素的基础上制定了一套官僚能力评估方法：1）拥有符合其所在机构要求的专业素养或者为符合任何机构任职要求而接受综合能力培训的公务员比重（如一位公共政策领域的专家）；2）从事民事服务的平均资历；3）从其他机构转入的雇员的比重（用以衡量其他部门转入的合格人员对本部门的依赖程度）；4）平均工资。这一指标旨在考察官僚机构实施方案的能力，无关于政策方案的类型。

为了将这些要素整合在一项能力指标中，作者使用潜在变量概念。这一方法拥有若干优点，如不需要主观定义权重，以及结果不受每一要素对总指数作用方向的影响。

结果表明，巴西联邦政府内部官僚能力呈现显著的差异性。一些机构拥有高度专业性的官僚能力（被称为"卓越部门"），另一些则非常落后。然而，一定程度上，所获结果与卓越机构很少、效率低下的机构广泛分布这一认知相去甚远。即使"卓越部门"属于少数，但仍有相当数量的机构能力适中（图1）。

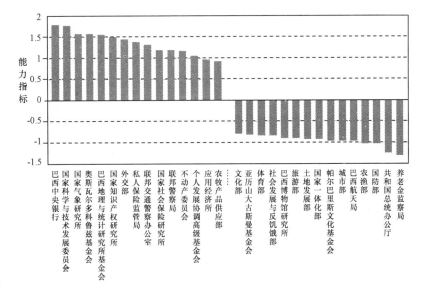

图1　基于联邦政府机构的官僚能力指标

——巴西15个最优能力与15个最差能力的机构[a]

a/：图中表明巴西联邦政府各机构官僚能力指标，由一系列潜在变量构成。指标取平均值，范围在0到1变动，数值越高，代表能力越强。

资料来源：作者根据 Bresch 等（2013b）绘制。

此外，作者基于政党在公共雇员任命上施加的影响，构建了不同机构层面上政治权力自主性的衡量方法，并表明在同一政府内部自主性的差异也是显著的。并且指出能力和自主性是两个不同的概念，但二者都对政治项目的实施很重要。

资料来源：作者根据 Bresch 等（2013a）和 Bresch 等（2013b）绘制。

在下级政府之间也存在明显的能力差距。以哥伦比亚为例，Perry 等（2015）计算了该国省市层面的国家能力指数，反映了监管实施和管理透明度方面的情况。他们发现了巨大的差异性：在安第斯地区的地方政府，即国家最富饶的地区，得分相对较高，而太平洋沿岸和亚马孙地区的地方政府，即人均收入很低的地区，得分都很低（专栏1—2）。

专栏1—2 哥伦比亚国家内部国家能力的差异性

在本报告借鉴的一篇文献中，Perry 等（2015）使用哥伦比亚国家检察院制定的7个指标来构建省市层面的国家能力指数。"操作能力指数"包括以下变量：1）履行《国家内部监管手册》的程度，这一手册囊括了一系列评估与证实市政府绩效的标准化程序；2）在市政府文件中公共档案与信息存储与分类的效率；3）公共合约调控的实施程度；4）电子化政府的覆盖面积；5）及时且以档案或信息方式传送给国家调控机构；6）公共听证会的频率；7）对公民诉求的关注。这些指数覆盖哥伦比亚1101个市镇与32个省。

从这些指标来看，作者划分了两小类：一个是行政信息与履行指数，这包括了变量1、2、3和5，另一个是问责制指数，包括变量3、4、6和7。对于第一小类，中部安第斯地区获得了高分（这一地区包括一些国家最重要的城市），而太平洋沿岸和亚马孙地区获得的分数要低得多（图解1—1）。

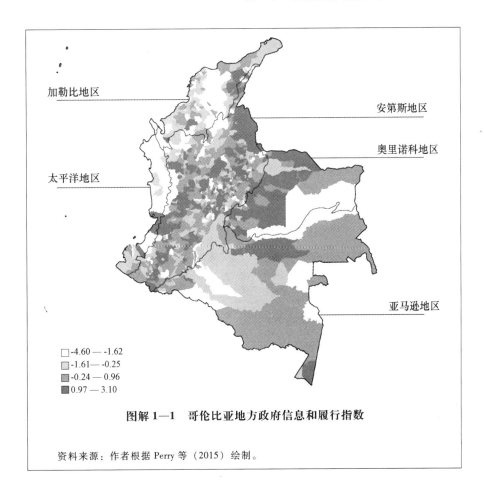

加勒比地区

安第斯地区

奥里诺科地区

太平洋地区

亚马逊地区

-4.60 — -1.62
-1.61 — -0.25
-0.24 — 0.96
0.97 — 3.10

图解1—1　哥伦比亚地方政府信息和履行指数

资料来源：作者根据Perry等（2015）绘制。

三　公共政策周期、国家表现与能力的衡量方法

为了理解决定国家表现的能力有哪些，有必要构建一个理论框架，用以解读公共政策周期。这需要定义这一过程中每一阶段的表现指标，从而有利于对决定这些结果的能力加以界定。

（一）公共政策周期

公共政策经历一个三阶段周期：提出与设计；实施与目标人口范围；结果与评估（图解1—2）。

公共产品与服务的有效供给取决于在每一阶段相关过程都能够令人满

意地实现,且吸取经验教训的良性循环与服务的改善进程能够顺利进行。这同时取决于机构内部能力的展现(如信息的可获性、不同公共机构之间的协调、公务员的技能、内部调控与监管结构等),以及这些机构与服务用户之间的合理互动。

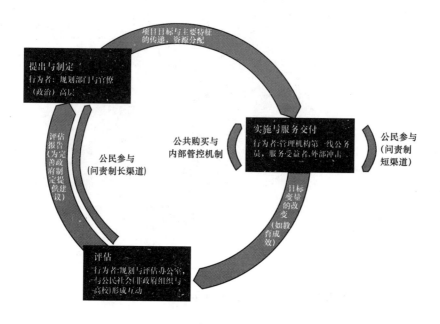

图解1—2 公共政策周期

资料来源:作者绘制。

设计阶段需要大量信息与技能的应用。在这一阶段,公共组织的规划部门,以及各部委中的高级机构会参与其中,来界定项目中最重要的特征:目标人口、预算资源、人力资源、过程、主要因素、目标等。

当项目中的这些要素被传递到直接与服务受益者打交道的公务员那里时,就进入实施阶段(如医院领导或护士)。项目实施同样需要购买原料(如药品)、补充性服务(医院内部卫生清洁的租赁服务),以及资本品(如救护车),因此公共采购、租赁与投标体系对于公共服务的良好供给至关重要。此外,国家中机构内外的调控机制与组织(如监察总署)为管理工作的良好运行进行干预。最后,实施阶段以服务输送至目标人口为结束。实施干预的结果当然取决于项目制定与实施的质量,但是同样依赖于受益家庭的特征与信仰（如对接种疫苗福利的看法可以决定参加接种计划的家庭参与度），以及外部冲击（如天气、自然灾害等）。

在实施阶段中，公民参与可以完善行政人员和公务员的问责制，这样有助于实现更好地服务供给。公民参与既可以通过"问责制长渠道"（公民通过选举途径对政策结果进行奖惩）实现，也可通过"问责制短渠道"实现（用户与服务供给者之间的直接互动）（Banco Mundial，2004）。

监控与评估阶段对考察提案的内在要素影响（也就是项目制定和实施的质量），以及目标变量的外生因素影响至关重要。这能够产生经验教训，从而反馈到项目规划与实施过程中。在这一阶段涉及的公共机构评估，常常与公民社会组织（非政府组织和大学）合作，旨在给予评估结果更高的可信度与透明性。

（二）每一阶段的表现指标

公共政策的成效取决于每一阶段进程和行为是否能够以合理的方式实现。因此，每一阶段相应的实施指标，能够界定在完善公共政策方面，还需要在哪些方面加强能力建设。

1. 提出与设计阶段的表现指标

在设计阶段，清晰定义哪些是需要达成的目标和目的是很重要的。不仅必须定义总目标，也需要明确为达成总目标服务的中期目标。例如，在为脆弱环境中新生儿接种预防流感的疫苗计划中，政策总目标可以是将因流感造成的儿童死亡率降低至一定百分比；与此同时，中期目标可以是使某一地区接种儿童达到一定数量。

为了达成总目标和中期目标，重要的是项目要以对受益人群的特征进行诊断为基础（如符合条件的儿童数量、目标人口的疾病发生率等），而且实施干预的逻辑性（也就是说项目影响既定目标的路径）必须与政策的主要特征和要素相符。例如，预算需要与所提出的目标相适应。

此外，为了定义总目标和中期目标，有必要找到能够衡量政策或项目产生作用的要素指标。例如，在为新生儿接种流感疫苗的案例中，需要相关地区儿童死亡率的最新统计数据。

在拉丁美洲，在项目的制定阶段，不同的规划有利于指标界定的完善，并在之后进行适当的监控和评估。例如，在墨西哥，"国家评估委员会"发布了一份手册，旨在为项目制定具体指标，与此同时将其与国家发展计划结合起来（CONEVAL，2013）。对于每项计划，这些指标的制定反映在"面向结果的指标矩阵"中，并包含对各个目标、主要组成部分与预期结果的描述。指标的设计一直作为被经合组织各国普遍采用的标准，也为多边机构提供建议。[①] 特别指出的是，一方面，这些指标可以根据服务生产阶段或管控领域进行分类：1）要素和过程（被墨西哥国家评估委员会界定为"活动"）；2）交付的产品或服务（"成分"）；3）短期结果（"意愿"）；4）最终结果或影响（"终期"）。例如，以旨在为推动低收入家庭青年接受中等教育提供资助的学校奖学金项目为例，一个要素指标可以是项目的总成本；一个过程指标可以是项目计划的时间；一个产品指标可以是目标人口获得奖学金的数量；一个结果指标可以是拥有奖学金并完成中等教育的青年占被纳入项目的青年人口总数的比重。[②]

在墨西哥国家评估委员会的经历中，有意思的地方在于那些提出项目并申请执行项目预算资源的机构，应完成一个"面向结果的指标矩阵"，并将其送至国家评估委员会审核。国家评估委员会核查项目规划的若干方面，特别是：1）所提出的目标与国家发展计划的相关度；2）是否存在纵向的逻辑性，也就是说，"活动"（要素和过程）是否为生产预期的产品和服务（"成分"）所需要，这些服务和/或"成分"是否为实现短期结果（"意愿"）和预期影响（"终期"）所必须；3）是否具有横向的逻辑性，即项目的每个阶段所提出的指标是否能够评估每一阶段成果的完成情况。表1—2显示国家评估委员会使用的"面向结果的指标矩阵"表格。墨西哥的这一经验表明如何通过具体目标的设计，来界定可量化的中期和最终目标，这不仅有助于这些项目规划的后期评估，也便于纠正政策设计中可能的错误。

[①] 案例参见 Bonnefoy 与 Armijo（2005）和 García 与 García（2010）所给予的政策建议。

[②] 作为补充，在生产过程阶段的每一个阶段，每一个指标可以根据不同表现维度划分为：效率、经济性、效用与质量。一般来说，产品或结果指标衡量计划的效果，考察所达到的覆盖面或者其他与结果或影响目标人口相关的变量。质量指标同样是指与项目结果相关的一些方面，例如服务用户的满意程度。而要素或过程指标更多使用在与效率有关的维度上（如服务单位成本、服务供给必需的任务或活动所投入的天数、预算总额的操作成本等）。经济性层面，举例来说，是指那些反映通过合法收入负担项目成本的指标。

表1—2 "面向结果的评估矩阵"质量评估的项目与子项目（墨西哥）

i. 国家规划	标准
i.1. 项目与顶层战略目标存在直接联系或相符。	项目的"终期"与部门、特定或制度目标相关，考虑以下因素： a. 在项目"终期"与部门、特定或制度目标之间是否存在共同理念？ b. 项目"终期"是否有助于部分部门、特定或制度目标的实现？
ii. 纵向逻辑	
ii.1. 包括为每一"成分"的达成所必要且足够的"活动"。	a. "活动"（交叉性活动例外）是独有的吗？ b. "活动"是产生"成分"所必要的吗？ c. "活动"对于"成分"的产生足够吗？ d. "活动"目标的制定与"逻辑框架方法"中的设计相符吗？ e. 除了交叉性活动，"活动"目标是否遵守"面向结果的评估矩阵"的某一层面要求？ f. 是否按照编年顺序进行整理？
ii.2. "成分"对于项目"意愿"的实现是必要且足够的。	a. 根据"面向结果的评估矩阵"，各"成分"的目标是独有的吗？ b. "成分"对于既定"意愿"是必要的吗？ c. "成分"对于既定"意愿"是足够的吗？ d. "成分"目标的制定与"逻辑框架方法"中的设计相符吗？
ii.3. "意愿"是唯一的，且代表目标人群生活条件的具体变化。	a. "意愿"是唯一的吗？ b. "意愿"的目标是否界定为目标人群生活条件的具体变化？ c. 目标人群是否能够从地理或社会层面被清晰地界定？ d. 预期的"成分"结果是直接后果吗？ e. "意愿"目标的制定与"逻辑框架方法"中的设计相符吗？

续表

i. 国家规划	标准
ii. 4. 如果促成"终期"成果，以及与之相关的前提条件维持有效性，那么项目福利的可持续性将得到保证。	a. "终期"目标是否至少与一个前提相关？ b. 前提条件是否在项目调控层面之外？ c. 如果前提条件依然存在，"终期"的实现是否意味着一个级别更高目标的实现？
ii. 5. 如果"意愿"实现，且与之相关的前提条件也满足，那么将会有助于"终期"的实现（纵向逻辑）。	a. "意愿"是否至少与一个前提相关？ b. 前提条件是否在项目调控层面之外？ c. 如果前提条件依然存在，"意愿"的实现是否意味着"终期"的实现？
ii. 6. 如果详细的"成分"被生产出来，且与之相关的前提条件也满足，那么"意愿"将会实现（纵向逻辑）。	a. "成分"是否至少与一个前提相关？ b. 前提条件是否在项目调控层面之外？ c. 如果前提条件依然存在，"成分"的交付是否意味着"意愿"的实现？
ii. 7. 如果既定"活动"完成，且与之相关的前提条件也满足，那么"成分"将会生产出来（纵向逻辑）。	a. "活动"是否至少与一个前提相关？ b. 前提条件是否在项目调控层面之外？ c. 如果前提条件维持，"活动"的实现是否意味着"成分"的产生？
iii. 横向逻辑	
iii. 1. "终期"层面的指标用于监管项目并对"终期"进行合理评估。	指标应具有的标准如下： a. 明确
iii. 2. "意愿"层面的指标可以监管项目并对"意愿"进行合理评估。	b. 重要
iii. 3. "成分"层面的指标可以监管项目并对"成分"进行合理评估。	c. 可监管
iii. 4. "活动"层面的指标可以监管项目并对"活动"进行合理评估。	d. 合理 与不断核查一样，应当确定： a. 指标对于监管既定目标表现是否是必要的？ b. 指标对于监管既定目标表现是否是足够的？
iii. 5. "终期"指标所界定的验证路径，对于获取为数据计算及其最终外部验证（监管）所需要的信息，是必需而充足的。	a. 评估频率是否与验证路径相符？ b. 用于有效评估的变量数据是否能够通过提出的验证方法来衡量？

续表

i. 国家规划	标准
iii.6. "意愿"指标所界定的验证路径，对于获取为数据计算及其最终外部验证（监管）所需要的信息，是必需而充足的。	
iii.7. "成分"指标所界定的验证路径，对于获取为数据计算及其最终外部验证（监管）所需要的信息，是必需而充足的。	
iii.8. "活动"指标所界定的验证路径，对于获取为数据计算及其最终外部验证（监管）所需要的信息，是必需而充足的。	

资料来源：作者根据国家社会发展政策评估委员会资料绘制（CONEVAL）（2014）。

2. 实施阶段的表现指标

在实施阶段，为了使项目持续开展，可能通过行政记录来制定指标——关于要素、过程、有效交付的服务，项目执行的成本与预算。拉美地区的若干国家制定了这种指标，为此建立了信息系统，经常是公开征询系统。

要特别指出的是，很多国家通过"国家公共投资系统"维持公共投资的持续性，这是非常普遍的。例如，尼加拉瓜的"国家公共投资系统"是唯一拥有公共部门所有投资规划官方记录的机构，对此，所有加入该系统的部门都应该填写现行公共投资准则所要求的与其项目相关的信息。此外，在合约规划的基础上，通过"项目财政实体跟进系统"进行国家公共投资的跟踪，在这一过程中对既定目标实现到何种程度进行评估。资金跟进根据管理项目机构进行安排，每一机构应该清点所负责的项目。与此同时，对于每一份合约，需要明确承包企业的详细数据和签字日期，以及以下信息：1）范畴（尤其是哪个是用于评估表现的实施指标）；2）执行阶段（初始阶段、正式启动、收尾阶段、扩展阶段）；3）成本（原始成本、成本波动、成本更新、预付款、折旧率）；4）规划（总项目进展比例、总体规划、年度项目进展比例、年度规划)。最后，根据与规划进展比例所偏离的程度，制定"合约国家"分数，分为"正常"(偏离率小于等于10%)，"滞后"(偏离率大于10%、小于等于20%)，"严重"(偏离率大于20%)。①

同理，其他国家政府也曾试图在公共工程执行过程中加强透明度，为跟进这些工程的实施推动各种项目。例如，厄瓜多尔国家规划与发展部推进的"公共投资项目跟进"计划，它能够通过一些被国家规划与发展部视为旗舰工程的网页进行实时跟进。② 与之相似的是，"公共工程信息系统(INFOBRAS)"(秘鲁)和"面向公民项目监管的GEO-CGR门户"项目(智利)同样为公共工程的跟进提供了便捷通道。这一类规划可以激励更多公民参与到公共工程的执行与实施评估过程中。

最后，若干国家通过"预算 X 结果"战略将政策跟进或实施(或表现)融入公共管理中。例如，通过这一战略，巴拉圭财政部每年通告国家总预算涉及的各个单位关于项目管理衡量指标的规划、制定、安排与决定的预算指令。此后，提交一份名为"结果 X 预算"的报告，报告中梳理不同部委各子项目的表现指标。这些指标对于墨西哥国家评估委员会来说也发挥了相似的作用。实施阶段相关的各种指标可能是"投入"或是"过程"或"产品"。一个过程指标的例子是，一定时期某一项目相对于既定目标的财政资源执行比例;一个产品指标的例子是，教育文化部营养膳食项目中相对于既定目标接受学校加餐供应的弱势学生群体人数。

秘鲁积极寻求尽可能将预算事项逐渐融入"预算 X 结果"的方法。每一个涉及的项目应该拥有一个政策干预的逻辑体系，其中将提议的活动具体化。表1—3以农村电力项目作为案例，明确项目准备供应的若干产品(例如，对农村人口有效使用电力进行培训，为拥有光伏技术条件的农村住户输送电力)，以及中期结果(提升农村电气化的覆盖面)。未明确的终极结果可能是提高农村活动的生产率。同时列出表现指标，以此监测这些产品供给与结果的实现，以及数据统计所需的信息来源。

---

① 更多信息请参见 http://ws.snip.gob.ni/bps/。

② 更多信息请参见 http://app.sni.gob.ec/web/camaras/。

表1—3   "结果"表现指数（秘鲁）

预算项目/水平	表现指数	信息来源
农村电气化的获取与使用		
具体结果		
农村电气化覆盖面	农村电气化覆盖面	国家战略项目调查问卷
	农村用户电力消费	
产品		
能够有效使用电能的农村居民	一年中能够有效使用电能的农村家庭比例	能源和矿产部农村电气化总署
能够将电能熟练用于生产性用途的农村居民	能够将电能熟练用于生产性用途的单位部门的电力消耗	特许经营人
	一年中能够将电能熟练用于生产性用途的家庭部门的比例	能源和矿产部农村电气化总署
提供光伏发电进行电力输送的住户	通过"偏远光伏设施计划"获得电力能源的家庭比例	农村电气化总署管理登记和地理分布图
依靠当地电力发电进行电力输送住户	通过"本地电力发电输送计划"获得电力能源的家庭比例	农村电气化总署管理登记和地理分布图
依靠国家电网获得电能的住户	通过"全国电网系统计划"获得电力能源的家庭比例	农村电气化总署管理登记和地理分布图

资料来源：作者根据秘鲁共和国经济与财政部，"预算项目表现指标"中"结果"表现指数绘制。

最后，为了制定用于公共项目实施跟进的表现指标，智利成为构建"结果 X 预算"框架的先行者之一。预算署的评估与管控系统包括几乎所有的公共预算。与国际标准接轨，指标既可以根据服务生产的阶段或控制范畴（即是否是要素或进程、产品或结果）来确定，也可以根据表现维度（如有效性、效率、经济性和质量）来定义。表1—4 展示了国家社会发展部所属妇女署对这种分类方法的应用。列举了根据政府议程所实行的大部分项目，以及每一个项目的产品指标和结果指标，既有中期目标，也有最终指标。此外，每一个指标反映一个表现维度，在这个案例中一直使用"有效性"维度。并且也标注了自2011年以来的指标数值，以及2014年的估算值和2015年的目标。产品指标得到的数值（这些指标与服务供给有关，因此，很大程度上处于该机构的管控下）与结果得到的数值（特别是那些涉及影响的结果，其实现在很难受到机构的管控）之间的差异十分有意思。例如，在"性别与生育的美好生活"项目中，在规划设计中，女性参加课程培训的目标方面，表现指标（产品层面）达到将近98%；与此同时，在"女性工作者和女性一家之主"项目中，评估参与项目的妇女是否融入了劳动力市场方面，表现指标（结果层面）在2013年仅仅为8%，2014年为18%，而这也反映在2015年所制定的低水平目标中，仅为20%。

表1—4　　　　　　　2015年预算署表现指标表格（智利）

社会发展部							
社会服务署	团结基金与社会投资	国家妇女服务局	国家青年研究所	国家印第安发展公司	国家残疾人服务司	国家老年人服务署	社会评估署

战略性产品	指标	2011年实际值	2012年实际值	2013年实际值	2014年实际值	2014年估计值	2015年目标	权重
对女性经济、性别和生育自主性的支持与强化（"性别与生育的美好生活"项目）	有效性/产品 某年女性参与加强性别与生育权利培训课程的比例； 与该年计划参与该培训的女性总数相比 是否实行性别区分：否 是否实行地域区分：否	0%					98%	15%

社会发展部							
社会服务署	团结基金与社会投资	国家妇女服务局	国家青年研究所	国家印第安发展公司	国家残疾人服务司	国家老年人服务署	社会评估署

战略性产品	指标	2011年实际值	2012年实际值	2013年实际值	2014年实际值	2014年估计值	2015年目标	权重
女性对国家政治、社会、经济、文化决策空间参与和影响的促进与强化（"女性、公民与参与"项目）	有效性/产品 某年女性参与"女性、公民与参与"项目的比例；与该年计划参与该项目女性总数相比 是否实行性别区分：否 是否实行地域区分：否	0%					98%	15%
对女性经济、性别和生育自主性的支持与强化（"女性工作者和女性一家之主"项目）	有效性/中期结果 某年女性完成"女性工作者和女性一家之主"项目的比例；与该年参与此项目的女性总数相比 是否实行性别区分：否 是否实行地域区分：是	0%	46%	51%	2%	50%	70%	15%
对女性经济、性别和生育自主性的支持与强化（"女性工作者和女性一家之主"项目）	有效性/最终结果 某年参与"女性工作者和女性一家之主"项目并得以实现就业的女性比例；与所有参与该项目的女性总数相比 是否实行性别区分：否 是否实行地域区分：是	0%		8%	2%	18%	20%	5%

续表

社会发展部							
社会服务署	团结基金与社会投资	国家妇女服务局	国家青年研究所	国家印第安发展公司	国家残疾人服务司	国家老年人服务署	社会评估署

战略性产品	指标	2011年实际值	2012年实际值	2013年实际值	2014年实际值	2014年估计值	2015年目标	权重
旨在预防、关注、保护和改善任何针对女性暴力形式的国家体系("全面预防、关注、保护与改善针对女性的暴力"项目)	有效性/中期结果 离开"康复之家"后得以保持或高于离开时条件的女性比例 是否实行性别区分:否 是否实行地域区分:是	0%	88%	94%	95%	85%	90%	20%
面向性别平等、权利公平、女性自主性的新制度("增加女性市政办事处"项目)	有效性/产品 制定面向女性的市政办事处综合管理模式的进展情况 是否实行性别区分:否 是否实行地域区分:否	0%				0%	100%	10%
为实现性别平等、纠正关于性别的固有思维模式与观念,及融入公共政策而提供政治—技术性帮助("部门间性别指标完成情况的跟踪与监控体系"项目)	有效性/产品 制定部门间性别指标完成与进展情况的跟踪与监控 是否实行性别区分:否 是否实行地域区分:否	0%				0%	80%	10%

续表

社会发展部							
社会服务署	团结基金与社会投资	国家妇女服务局	国家青年研究所	国家印第安发展公司	国家残疾人服务司	国家老年人服务署	社会评估署
战略性产品	指标	2011年实际值	2012年实际值	2013年实际值	2014年实际值	2014年估计值	2015年目标	权重
旨在预防、关注、保护与改善任何针对女性暴力形式的国家体系（"全面预防、关注、保护与改善针对女性的暴力"项目）	有效性/中期结果 离开"女性中心"后保持或高于离开时条件的女性比例 是否实行性别区分：否 是否实行地域区分：是	0%		92%	91%	85%	85%	10%

资料来源：作者根据智利预算署（DIPRES）绘制。

3. 评估阶段的表现指标

在评估阶段需要监控社会经济变量数值，公共政策需要对此进行实时更新（如学校的绩效）。除了对这些结果变量进行跟踪，建立政策与利益变量之间的因果联系，还需要事先进行最低限度的科学严谨性影响评估，这可能需要公共组织与大学和/或非政府组织合作。而对影响的评估结果可以产生经验与建议，这有益于新一轮政策制定和实施周期。

近年来，一些拉美国家已经推进针对其项目影响的评估。例如，在哥伦比亚，"国家管理与结果评估体系"进行战略性的评估，并完善国家的评估环境。一些项目经常通过独立的专家机制与咨询机构成为严谨的影响评估对象。在评估的最后，会为未来相关项目的开展提出一些需要注意的政策建议。例如，"国家管理与结果评估体系"实行了对"家庭在行动"项目的影响评估，这是哥伦比亚政府进行的一项有条件的转移支付提案，旨在对被"社会项目潜在受益者认定体系"视为最低社会阶层的家庭

（以满足一些条件为前提）提供资金支持。对影响进行评估的目的是确定项目是否在入学率、家庭消费、就医方面改善了受益人群的条件。评估表明，项目有利于增加入学率；无论是在农村还是城市，在儿童食物消费次数方面也产生了积极的影响。此外，项目对父母和监护人在受益儿童获得母乳喂养保护措施方面也产生了正向的变化（Attanasio 和 Pellerano，2012）。

同理，在墨西哥，国家社会发展政策评估委员会对联邦政府社会发展项目与行动进行了严谨的评估，这构成该委员会关于社会发展项目与行动数据库的一部分；此外，也对社会政策及其不同战略实行了严谨的评估。这一组织提出一份来自不同机构的报告名单，其中显示每个项目产生的不同效应。

而在哥斯达黎加，国家计划与经济政策部实行面向监控的评估，而不仅局限于面向影响的评估。这一机构每季度发布报告，是关于一些公共机构采取的战略性和制度性行动年度目标的执行进展情况。这些报告包括一个区域章节，分别分析各地区战略性行动目标。每个部门的领导层进行一个自我评估过程，用以评价各部门、各机构和各地区层面上战略性行动的表现或年度目标的进展情况，并将其分为不同级别，如"令人满意的进展""需要完善"和"严重滞后"。这些结果会在之后呈送至国家计划与经济政策部，该部负责分析并撰写报告，报告内容不仅包括目标评估，也包括政策建议。①

最后，在智利，上述的国家社会发展部的评估和管理控制体系除了推动跟踪指标的进展，还在不同维度评估公共政策：制度、成本或收益、有效性或目标完成情况，以及对发展目标的影响。在项目评估和制度方面，会发现不同的报告（政府项目评估），其中大部分是关于以下方面的评估：1）"制定"，即需要政策解决的主要问题，及对其准确界定、目标人群的定义与明确；2）"组织与管理"，即项目实施的制度质量（如专业人员数量、组织结构等）；3）"有效性"，即"成分""意愿""终期"层面的目标履行情况；4）"质量"，指的是公共服务供给层面的质量；5）"经济性"：指财政资源的来源与使用情况，以及预算执行情况；6）"效率"，

---

① 　这些报告请参见 http://www.mideplan.go.cr/。

指效率/结果的表现指标，尤其是在"活动"和/或"成分"层面，以及行政支出层面中期结果和最终结果的效率。每份报告以"总体表现"分析与建议作结。此外，包括相关责任机构对最终报告的评论与观察，这是来自相关单位的一个反馈。智利社会发展部同样公布对项目影响的评估，这将确定公共项目对其受益人群影响的范围。

总之，这些表现指标用于国家机构完善其制定、追踪与评估项目结果。尽管并不直接对能力进行衡量，而是对能力的产出和结果进行衡量，但对在公共产品生产或政策实施周期中发现哪些方面或活动失灵，是很有用的。

四　报告的主要信息

一个有效率的国家需要政策制定、实施与评估的能力。在这些能力中，值得强调的是，官僚机构被视为横跨政策制定和实施两个阶段的行为者，政府采购被视为实施阶段的关键工具，公民参与被视为对完善政策至关重要的国家问责制的组成部分，最后一个是政治经验为提高政策效率向知识与反思转变。本报告所传递的信息围绕上述四个要素展开。

公务员薪酬优待及努力激励机制。对于国家能力至关重要的决定因素是官僚的质量。一个将工资和职业发展与劳动者竞争和努力挂钩的具有灵活性的薪酬结构，能够吸引更高质量的公务员人才，并激励其更好地表现。

一个好的官僚机构需要有能力、正直、积极向上的公务员。但是一个好的官僚机构同样需要一个鼓励优异表现的刺激机制结构。因此，当劳动合同规定的报偿机制能够吸引并留住公务员以及激励表现，那么这一机制就转变为高质量官僚机构的关键工具。

拉美地区官僚报偿体系存在三个重要特征。第一，偏向于公共部门的工资差异，在女性群体间这种差距加剧，甚至在排除劳动者的一些诸如教育和劳动经验这样自身特征后，这种差距仍然存在。这一差距随劳动者质量的提高而递减，甚至在高学历男性之间不存在。第二，公共部门薪酬在职业生涯中提升的空间很小，而人员的官僚级别升迁并不总是受个人绩效决定。第三，与私人部门相比，公共部门的绩效支付机制未被有效利用。

这些特征的含义反映在公共部门吸引（和保留）劳动者的类型及其表现。很大程度上，技能分布产生的工资差距的扭曲产生了对最熟练劳动力招募与保留的问题。尽管这一问题对于拥有公共服务内在激励的劳动者而言有所缓解，但这仍旧是一个忧虑。此外，公共部门很多有能力的劳动者对其工资分配并不满意，这无益于对其积极性的激励，甚至可能滋生不诚实的行为。

公共部门中缺少绩效激励基础的工资报酬与职业发展规划具有相似的后果：失去了那些更加重视职业发展的合格劳动者，而那些继续留在公共部门的劳动者丧失了积极性。

最后，事实证明，在合适的环境下，绩效支付体系的良好设计能够有利于对积极性的激励。这需要制定相对容易衡量的、难以被操纵的，并与组织目标相关的表现指标。否则，可能无法实现目标。事实表明，这些体系能够吸引那些更加有能力的、更加偏好努力激励的甚至具有更大内在积极性的劳动者。

将管控与透明性结合，完善政府采购。将监管机制与更高透明度相结合，会产生利于提高政府采购效率的适宜激励。

除了人力和财政资源以外，政策的实施需要一套能够在合适的时机提供充足且优质要素的公共采购体系。不合理的监管机制或者缺乏积极性激励，会使在既定的资源分配下公共产品质量或数量达不到最优。这可能是因为负责公共采购的公务员付出的努力低于最优水平，或是因为体系自身运行失灵，从而造成资源浪费。相应的是，效率低下可能因腐败行为而产生。在这两种情况中，不仅挥霍了公共资源，而且还将国家制度的合法性置于风险之中。

实证指出了提高公共采购体系有效性的三套措施：

第一，建立监管机制能够探知并处罚腐败行为，从而对腐败予以纠正。举例来说，只要这些行为被提前预期到，审计部门便可以降低公共采购进程中不合规问题的发生率。监管机制比其他激励措施，如提高负责政府采购工作公务员的工资水平，更能有效地治理腐败，尽管与其他激励措施相结合可能更具效果。这是很重要的，因为如果公务员面对一种来自管控机构长期的惩罚威胁，过度控制或使制度陷入瘫痪。换言之，应该寻求在控制与自主性之间达到一个合理的平衡。

第二，加强供给者之间的竞争，这不仅能够提高系统效率，也能够降低腐败收入和可能性。

第三，增加公共采购体系的透明性可以降低腐败和提高效率。特别是，公布审计结果能够使公民参与成为外部管控机制。

加强公民参与，完善问责制。面向公民权利的国家问责制体系构成旨在完善公共管理的一个强有力的工具。因此，在公民和负责公共产品和服务供给的官僚机构之间构建一个更加直接而频繁的关系是很关键的。

公民参与是外部管控的一个重要因素，这有利于改善国家表现。这种参与能够通过问责制的"长渠道"（主要通过选举途径向政治家施压，使其监控并激励产品和服务供给者）进行，或者通过问责制的"短渠道"（与供给者直接互动）进行。这两条途径相互补充。

在拉美，选举参与率相对较高；然而，可行的非选举途径由于不同的缘由很少被利用，诸如对其存在或运行不了解，认为制度层面或国家层面在回应需求时效率低下，或是与国家互动的成本高昂。

新机制和工具作为加强更广更高公民参与的替代性促进制度而产生。信息和传播技术降低了公民在集体行为中的协调成本，以及与官僚机构互动的成本。此外，也是一条对于国家表现快速而广泛的信息传播途径。

增强知识与经验，完善管理。公共政策管理是经验的永久来源，可以将其转化为提高资源使用效率的有用知识和经验。

这些知识产生的机会经常未被有效利用，部分原因在于在公共管理领域知识产生过程中需要对政策规划进行严谨的评估，也在于这些决策的负责人缺乏进行这一行为的动机。

评估一项政策可能对于政策制定者、负责政策的机构或政府、其他决策者，以及最终对于全社会来说，能够产生重要益处：更多的知识有利于政策效率的提高。然而，与这些益处不同的是，对于公共资金使用负责人来说，这同样存在高风险，无论是失去政治支持还是信誉。

那么，如何在公共资源使用中促进知识的产生呢？增加预期收益或降低评估成本的尝试会使政府更加倾向于进行评估。

但是知识的产生并不必然意味着这些知识会应用于资源管理。为了使知识转化为经验，一个有利于建立在更有力事实基础上的决策制度是必要的，这是为了获得更多更好的公共服务。为了进行计划中的变革，更大的自主性、更加有利于创新的环境、适宜的传播文化，以及资源的可获性是一些有利于变革决策的要素。

五　结论

　　为了完善政策制定、实施和评估所必需的国家能力应包括许多要素。其中，公民服务招募和管理机制，负责选拔那些符合职务所需技术能力和素质要求的公务人员，以及最大限度地激励其表现。此外，有必要分配必需的财政资源，使其不仅能够为人才选拔奠定基础，也有利于公共采购，以期获取公共产品和服务生产所需的原料。这些雇佣制度和公共采购应该取决于在资源有效合理利用条件下运行的内部管理调控与机制。此外，公共管理能够通过问责制和公民参与来提高效率和有效性。为了加强公民参与，有必要传播关于国家表现的合理信息，并针对有效参与赋予公民更大的权利。另外，国家能力能够从监控和评估机制的构建中被落实，这有利于汲取经验，并产生有助于公共政策制定和实施的相关知识。

　　拉美地区各国已经意识到，当在应公民诉求时，国家能力的缺失使效率丧失，而这一问题应该得到合理重视。这一点，从近年来为了预算管理以及具体项目和公共服务的实施构建表现指标所做出的努力可以得到证明。这种视角试图引导国家行动面向对结果的跟进，为此，设立更加"微观"的指标，以适用于公共产品和服务的生产周期（要素、过程、产出和结果指标）。这是为构建一个更加有效而透明的国家需要迈出的重要一步。

　　然而，仍旧存在漫长的道路要走。第一，这种公共管理模式的应用在拉美地区刚刚起步：只有少数国家在应用，且涉及的预算项目和政府层级的覆盖面有限（智利例外）。第二，尽管这些实践能够探知具体公共服务或产品生产周期不同阶段的失灵情况，从而要优于那些总指标，但是很多时候只能代表结果指标（如被授予奖学金的数量、所花费的资源总量等），而没有呈现特定公共能力的表现或缺失（如雇员的努力水平、核心要素的提供或缺失等）。

　　为了了解哪些是解释这些结果的决定因素（能力），公共机构与组织应该加强其定性与定量评估过程。尽管拉美国家已经致力于在所有公共行政领域建立有助于评估的制度体系，旨在将评估变成一项真正的管理工具，但是需要公务员自身来践行这些规划：无论是评估者还是被评估者都应该进行合作，以期产生提高服务质量、完善国家能力的经验知识。

第 二 章

拉美的政府：竞争、动机和激励①

如果你选择了合适的人，就给他们机会去展开翅膀，除了给予他们回报之外，不必去领导他们。

——杰克·韦尔奇

一　引言

公共政策都由政府实施。因此，理解国家实施公共政策的能力就必须了解政府。技术能力有限或缺乏适宜的激励措施，会导致本可以取得成效的项目遭遇失败。与此相反的是，积极致力于实现公共机构目标的官员则是政策成功付诸实施的关键因素，政府机构是重要基础。

拉美的政府机构人员占劳动力的比重平均约为12%。萨尔瓦多为8%，阿根廷和委内瑞拉均接近20%。政府人员的薪酬约占该地区各国政府收入初次分配的三分之一。这显然是一笔较大的预算。尽管公共服务质量与政府机构规模相关，然而与其更为密切相关的是政府机构的组成、规章和程序，这些会指引、激励或制约官员的行为。

因此，好政府要具备有能力和能动性的诚实的职员。但是，好政府除了要有好职员，还需要具有推动他们努力工作的激励结构。劳动合同所制定的回报条件十分关键，因为它决定了平均报酬水平、职业发展过程中报酬的动态变化以及是否与职员的绩效挂钩。基于此，回报机制对吸引和留

---

① Fernando Álvarez 和 Pablo Brassiolo 负责本章写作，Paola Pérez 和 Carlos Rodríguez 担任研究助理。

住职员以及职员的绩效具有重要影响，这也成为提升政府质量的关键手段。

本章通过完善公务员的报酬机制来探讨拉美政府机构质量的提升空间，以经验证明为基础，系统分析拉美国家的公共部门和私营部门的回报机制，及其对选拔人员和提出正确激励措施的重要意义，最终为政府机构具有提升国家能力的重要性展开讨论。

拉美国家公私部门的劳动合同，其不同之处在于：公共部门的劳动合同不会因经济周期而出现较大变动，而且更为稳定，保障性强，工资之外的福利较多，工作时间短，普遍享有较高报酬。但是，工资增幅与员工的晋升或绩效的相关性不大。

公私部门的工资差异是本章关注的重点。公共部门员工的平均工资高于私营部门。即使排除员工受教育程度更高以及其他因素，公私部门的平均工资仍存在差异。增加公共部门的工资有助于筛选员工和激励员工吗？有些研究对此并不认同。比如，公私部门的工资差异随着员工受教育程度的变化而缩小；对受过高等教育的员工而言，这种差异甚至呈反向发展。这意味着公共部门在吸引和留住员工方面存在问题。

本章进一步分析工资增长的动态变化。经验表明，公共部门工资在一定时期内呈微幅增长趋势。这意味着，一旦某位员工积累了一定的经验、技能或发现自身的真正潜力，往往会放弃公共部门的工作，选择更具吸引力的职业。这就会阻碍公共部门留住优秀员工并引发在职人员的不满。

此外，本章研究了员工的报酬与绩效挂钩的潜在影响。这种绩效报酬制有利于公共部门选出优秀员工和激励员工吗？一般而言，公共部门的报酬制并不完全相同。在工资报酬较高的情况下，员工的工资增幅一方面归于他们具有出色之处，另一方面归于他们付出更多的努力。然而，这种制度也存在风险，完善的制度设计与在适当环境中的应用是其取得成功的关键。

最后，值得强调的是，本章根据 CAF2014 年在拉美十个主要城市完成的调查报告[①]，尝试评估员工的态度、动机和能力。在这项调查活动中，CAF 还进行了两项实验，旨在评估公私部门的工资差异，公共部门相对较少采用绩效报酬制，影响人们对公共部门工作的选择偏好。本章研究内容还采用了拉美加勒比社会经济数据库（la Base de Datos Socioeconómicos para América Latina 和 el Caribe）提供的全国家庭调查资料，由 Arcidiácono 等人整理。[②]

二　好官员

一位好的数学老师应该懂得数学与儿童教育学。然而，这些才能与成为一名好警察或一名好英语老师无关。一位物理学博士可能会成为一名优秀的科学家，也可能会是一名很糟糕的物理老师。一名公务员的能力与其承担的任务相匹配则是提升官僚系统水平的关键。公务员具备合适的才能是第一要求。

一名腐败的官员会从一项预算中攫取私利。一个腐败的机构会失去有效性[③]和合法性[④]。一个企业行贿会导致腐败蔓延。一个公共计划因腐败而遭受损失则停滞。免受惩罚、纵容不诚实行为和缺乏内部监管机制就如同一杯混合起来的鸡尾酒，极易助长不诚实官员的腐败行为，从而阻碍发展。[⑤] 一名好官员必须具备第二项要求——诚实。

最后，一位教师如果热爱教学并致力于这项事业，就会成为一名优秀

---

①　这项调查是在波哥大、布宜诺斯艾利斯、加拉加斯、墨西哥城、巴拿马城、拉巴斯、利马、蒙得维的亚、基多和圣保罗进行，除在巴拿马城选取 600 名受访者作为样本外，在其他城市均选取 1000 个家庭作为调查样本。

②　拉美加勒比社会经济数据库（La Base de Datos Socioeconómicos para América Latina y el Caribe，SEDLAC）是由阿根廷拉普拉塔国立大学社会劳动分配研究中心与世界银行拉美性别与贫困小组共同完成的一个项目。这个研究项目采用了拉美 15 个国家 1992—2012 年的数据。这些国家包括阿根廷、玻利维亚、巴西、智利、哥斯达黎加、哥伦比亚、厄瓜多尔、洪都拉斯、墨西哥、巴拿马、秘鲁、巴拉圭、萨尔瓦多、乌拉圭和委内瑞拉。

③　Ferraz 等（2012）认为，巴西各市教育部门的腐败对学生成绩产生消极影响，因为腐败城市的教师较少接受教学培训，电脑等教学资源也少。

④　拉美许多国家普遍缺乏对警察或司法人员的信任，比如，减轻打击犯罪计划的力度需要市民合作（见 CAF2014）。

⑤　Olken 和 Pande（2012）就腐败影响发展中国家效率做了研究综述。

教师。人们工作出于两种动机：与金钱回报或非金钱回报有关的外在动机；源自于愉悦、兴趣或从特殊活动中获得意义的内在动机。一个官员的内在动机来自于他愿意从事公共部门的工作，具有贡献于公共事业的愿望、倾向于帮助卫生或教育部门组织的受助对象（Delfgaauw 和 Dur，2010）。动机是成为一名好官员的第三项要求。

根据 Perry 和 Wise（1990）提出的"公共服务动机"可以理解为"个人主要或完全基于公共制度与组织的动机所驱使的行为倾向"[1]。研究者们认为，具有较高意愿致力于公共服务的人有明显的利他倾向，也对社会服务表现出更大的兴趣。这是一个好消息。因为如果存在这些动机，这对筛选、回报和留仕公共部门的人力资源具有重要意义。

首先，如果存在内在动机，那么员工更具满足感、工作时间更长、注重自我提升、积累能力，这些可使其具有更出色的表现。此外，由于员工能从公共机构的工作中获得更大的满足感，即使回报低，他们也愿意工作（Perry 和 Wise，1990；Dixit，2002）。

其次，公共服务动机可以缓减劳动关系中的委托—代理问题（Perry 等，2010；Besley y Ghatak，2005；Bénabou 和 Tirole，2006）。如果员工的兴趣与他们的工作相符，引入金钱激励措施的必要性减小，因为这毕竟属于增加成本（Besley 和 Ghatak，2005）。事实上，当员工具备公共服务动机和承担的任务具有社会意义，他们会更加努力工作，为实现机构目标而做出贡献。[2]

目前研究尚不清楚这三种理想特质如何在提供公共产品和服务中共同发挥作用。比如，诚实与道德行为对更易滋生腐败的工作具有重要性，如海关、税收部门或签发证件部门。然而，健康的饮食需要各种营养食品搭配，一个好的官员应该具备能力、诚实和公共服务动机。

---

[1]　还有其他关于"公共服务动机"的定义，但是所有定义都包括愿意从事服务他人和造福社会的活动。此外，还有"利他主义"（Rainey y Steinbauer，1999；Francois，2000）和"利社会动机"（Grant，2008）这样的概念。

[2]　Petrovsky（2009）的文献综述内容主要是针对发达国家的情况。

三　拉美的官员

与正规私营部门的典型员工相比，拉美的官员是怎样的呢？[①] 与世界其他地区的官员相比又是怎样的呢？正如本章所探讨的那样，拉美官员在某些方面具有自身的特点。

（一）技术能力、竞争力和人口统计特点

员工的技术能力是根据其受教育水平、认知力和非认知力以及工作经验来界定的。技术能力与其承担的工作相宜时才具有效性。这正是我们定义的工作竞争力，即具备有效完成工作所需的能力。[②] 关于官僚系统的人口统计特点，有意思的是除了年龄外，还需考虑员工的性别，因为公共部门应当履行机会平等和公平原则。官僚系统的性别构成会影响公共政策的实施。比如，Funk 和 Gathmann （2015）认为，如果女性在政策制定者中占较大比重，会有利于增加环保支出和减少军费开支。[③]

从技术能力方面来看，公务员的受教育水平高于其他部门。在拉美地区，平均 46% 的公务员接受了完整的高等教育。这一平均值是私营部门平均值的两倍多（见表2—1）。在秘鲁，67% 的公务员接受了高等教育；其次是哥伦比亚、厄瓜多尔和玻利维亚，这一平均值大约 60%；萨尔瓦

---

① 之所以与正规私营部门作比较，是因为公共部门职员从根本上是正式员工。正规私营部门员工是指所工作企业的雇不少于 5 人。这个正规就业的定义是根据"生产的"标准，把公司规模作为区分正规和非正规企业的重要变量（OIT 1991；Arcidiacono 等，2014）。然而与正规私营部门中 5 人以上的企业作比较，这样的结果不是很严格：公共部门可能需要与更具规模和更有效率的私营企业相比较。

② 关于工作能力的定义有许多；详细讨论见 Vargas, F.（2004）。

③ 公共部门的人员构成特点会受偏好公共部门工作的关系的影响。如果私营部门的报酬较高，那么受过良好教育和能力较强的人倾向选择去私营部门工作，年龄较大的人倾向去公共部门工作，因为这份工作稳定、福利好，尤其是退休福利（Falaris，2004；Jovanovicy Lokshin，2004）。如果公共部门没有良好的职业发展前景，并且不注重资历（积累的经验），那么他们也不会选择这份工作。女性偏好公共部门的工作，其原因是工作时间短，有利于平衡家庭和工作，以及公共教育、公共卫生等部门更具职业使命感（Voinea y Mihaescu，2012）。

多、洪都拉斯的这一平均值分别为 27% 和 30%。[①]

　　然而，高学历并不总意味着高智商。CAF2014 年的调查报告中有一项智力测试，分值是 1 到 12，其结果是：公共部门职员的平均分值是 7，正规私营部门职员的平均分值是 6.7。[②] 在人口统计特征方面，拉美公共部门职员的平均年龄为 40 岁（巴拉圭公共部门职员的平均年龄是 37 岁，秘鲁为 43 岁），比私营部门职员的平均年龄大五岁。女性占公共部门职员的比重为 50%，该比重在巴西为 58%，为拉美最高，在萨尔瓦多和秘鲁为 45%，为拉美最低。总之，公共部门的女性所占比重要高于正规私营部门，后者的比重仅为三分之一。[③]

表 2—1　　　　　　　拉美的技术能力、竞争力和人口特征

	正规私营部门	公共部门
完整的高等学历（占百分比）[a]	20	46
智力测试指数（1~12 等级）[b]	6.7	7.0
平均年龄（岁）[a]	35	40
女性（所占百分比）[a]	34	51
资质合格者（所占百分比）[b]	81	79
资质优秀者（所占百分比）[b]	11	12
资质不合格者（所占百分比）[b]	5	6
需要接受各种培训（所占百分比）[b]	4	4
最近一年接受培训的人（所占百分比）[b]	35	48

a／：经 Arcidiácono 等（2014）处理的全国家庭调查数据。

b／：CAF 2014 年调查报告

资料来源：根据 CAF 2014 年调查报告编制。

---

　　① 如果考虑到公私部门职员之间的教育差距，这些国家的排序将发生变化。差距最大的国家是哥斯达黎加，具备高等教育背景的公共部门职员人数是正规私营部门的 3.4 倍。洪都拉斯和乌拉圭的情况相似，公私部门差距为 3 倍左右。玻利维亚、智利、巴拿马和秘鲁则处在另一种极端情况，具有高等教育背景的公私部门职员比例差距不到两倍（表 A.1）。

　　② 尽管差异不大，但是统计显著性为 5%。

　　③ 具体数值见表 A.1.

女性公务员的比例从 20 世纪 90 年代初的 40% 升至目前的 51%。该比例显著上升部分表明公共部门女性就业人数增加，同期正规私营部门的女性比例从 30% 升至 34%[①]，公共部门的女性增幅超过了正规和非正规私营部门。

最后，什么能说明公共部门员工的能力呢？CAF 的调查报告没有发现员工的从业资格与其职业标准存在较大脱节，至少员工自身这么认为。拉美主要城市 79% 的公务员表示职业资格符合工作要求，该比例在正规私营部门达到 81%。[②] 剩余比例的公务员分为两类，11% ~12% 的公务员认为自身完全符合工作要求，5% ~6% 的公务员承认自己还需接受培训，4% 的公务员认为应该接受其他培训。[③] 然而，公务员会享有更多的培训机会：48% 的公共部门员工在最近一年参加过课程培训，该比例在正规私营部门仅为 35%。[④]

（二）正直

腐败被视为一个重要问题。根据世界银行的企业调查报告，拉美 45% 的企业认为腐败严重制约企业发展；而在经合组织高收入国家中，该比例不到 12%。与此同时，企业在与官僚机构互动的各个阶段都会被索贿，比如取得政府合同、办理经营或进口许可证以及缴税（见图 2—1）。

---

① 女性参与公共部门工作的比例较大的可能性解释是，公共部门工作具有更大的灵活性，有利于平衡工作和家庭，以及拉美许多国家实施的消除性别歧视政策。

② 这些百分比数实际上不存在统计差异。

③ 如果以教育水平来区分，受教育水平最高的职员其职业资格与工作要求存在一定脱节：少数人认为自己拥有合适的职业资格，多数人认为自己的职业资格完全超异工作要求。

④ 公共部门与正规私营部门的员工培训差异部分归因于员工受教育状况的不同，因为工作培训显然是对员工正式教育的补充。事实上，如果分析范围仅限于接受过完整高等教育的职员，公共部门与正规私营部门的员工在最近一年接受过培训的差异会减小（公共部门和正规私营部门的比例分别为 53% 和 47%。）

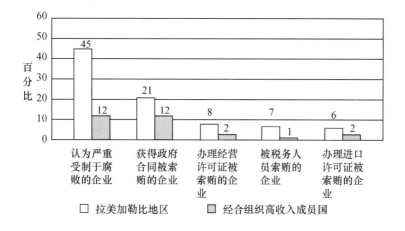

图2—1 世界各地区企业对腐败问题的看法[a]

注:a/:拉美加勒比国家包括:阿根廷、伯利兹、玻利维亚、巴西、哥伦比亚、哥斯达黎加、多米尼克、多米尼加共和国、厄尔拉瓜、萨尔瓦多、格林达纳、危地马拉、圭亚那、洪都拉斯、牙买加、墨西哥、尼加拉瓜、巴拿马、巴拉圭、秘鲁、圣卢西亚、圣文森特和格林纳丁斯、苏里南和委内瑞拉。经合组织高收入成员国:智利、捷克共和国、爱沙尼亚、德国、希腊、爱尔兰、韩国、波兰、葡萄牙、西班牙和瑞士。

资料来源:根据世界银行企业调查资料制作(采用各国2015年1月的最新资料)。

受访家庭同样认为腐败严重。76%的受访者完全同意腐败影响公共服务的质量,71%以上和60%的受访者分别认为腐败损害效率和造成员工职业能力下降(见图2—2)。

除了制度因素助长一个机构、国家或地区的腐败[①](Olken 和 Pande,2012),人文因素也会滋生腐败(Besley,2005)。由于个人偏好和价值取向不同,人们对腐败的容忍度也存在差异,因此,吸引正直的人从事公共部门的工作十分重要。拉美国家在这些方面取得的成就如何呢?

为了评估拉美主要城市的市民对腐败的态度,在CAF2014年的调查报告中,针对"从不揭露同事的不良行为或腐败"这种做法,设计了从

---

① 一些研究关注回报机制对滋生腐败(Van Rijckeghem y Weder,2001;Di Tella y Schargrodsky,2004)或对选拔官员的影响。另一些研究强调监管和惩罚机制(Olken,2007)。还有一些研究分析通过选票进行惩罚的作用(Ferraz y Finan,2008),具体分析见本书第四章。

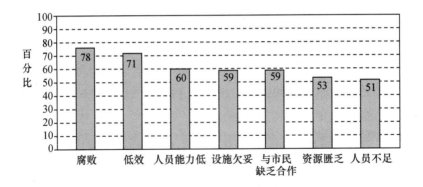

图2—2 拉美市民对公共服务质量问题的看法 (2014)[a/b/]

注:a:/该图显示了就下列问题表示"赞同"与"完全赞同"的人数百分比:对公共部门在提供优质服务方面存在的问题表示赞同吗?人员不足、能力低、公共设施陈旧或不足、资源匮乏、与市民缺乏合作、腐败和低效。

b:/城市:布宜诺斯艾利斯、拉巴斯、圣保罗、波哥大、基多、墨西哥城、巴拿马城、利马、蒙得维的亚和加拉加斯。

资料来源:根据CAF2014年调查资料制作。

"完全不同意"到"完全同意"五个梯次的回答。公共部门员工对腐败的容忍度低于私营部门。有30%的公共部门员工完全不同意上述做法,该比例在私营部门为25%。但是,为了进行比较,还需排除其他会影响腐败容忍度的特征,比如教育。受教育程度更高的员工对腐败的容忍度偏低,并且任职于公共部门的可能性较高。当排除性别、年龄或受教育水平这些明显特征的影响之后,在拉美大多数城市,公私部门职员对腐败容忍度的统计差异并不显著。但是基多、蒙得维的亚和加拉加斯的公务员对腐败的容忍度明显低于私营部门职员(图2—3)。

上述分析表明除特殊情况以外,公共部门并没有吸引到比私营部门更加正直的员工。由于正直是公务员的一项重要品质,因此为了能招揽到正直员工,公共部门似乎需要做出进一步努力。[①]

———————————

① 该分析不能做出哪些城市的腐败程度高或低的结论,而是表明公务员的正直与其身处的环境特征会相互影响。

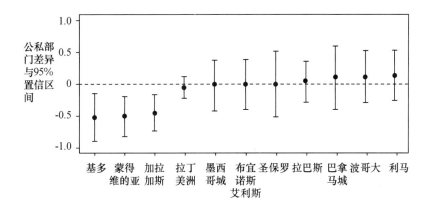

图2—3　拉美城市对腐败的容忍度（2014）ᵃ′

注：a∕：图中公私部门的腐败容忍度指数其条件均值差异与95%置信区间是根据最小二乘法估算得出。控制员工的性别、年龄和教育水平这些变量。腐败容忍度指数是通过问答方式：你是否赞同从不揭露同事的不良行为或腐败行为？根据1～5分的数值代表从"完全不赞同"到"完全赞同"。数值越高表示对腐败的容忍度越高。

资料来源：根据 CAF2014 年调查资料制作。

（三）内在动机

公务员比私营部门职员有更强的公共服务动机吗？全球价值调查①中的两个问题有助于说明上述疑问。第一个问题是对"造福社会十分重要"的认可度，这可作为一种衡量利社会动机的方式。第二个问题是对"帮助周围的人和关心他人的福祉"的认可度，这可理解为利他主义倾向。②这两个问题的答案按照1至6个不同梯次设置，分值越高表明对这两个问题的认可度越高。

通过比较公私部门员工的答案，可以分析公务员利社会动机是否强于私营部门职员。如前所述，公务员的受教育水平更高、年龄更大和女性比

---

①　世界价值观调查（World Values Survey）是一项对全球范围内具有代表性国家或地区的职员做的调查，内容涉及社会价值观、文化价值观和政治价值观，以及人口特征。这项调查为了区分比较公私部门职员，包含一系列可以衡量社会动机的问题，这与决定就职于公共部门具有相关性。

②　Dur 和 Zoutenbier（2015）采用了利他主义衡量方法分析员工个人偏好对择业的影响。然而，需注意的是利他主义衡量方法存在不足之处，因为这个概念并不只帮助随便一个人，而是帮助周围的人。

例更高,控制劳动者的这些变量特征非常重要,因为这些特征都有可能与利社会动机或利他倾向相关。① 这项分析是基于 2010 年至 2012 年,对阿根廷、巴西、智利、哥伦比亚、厄瓜多尔、墨西哥、秘鲁和乌拉圭这八个拉美国家进行的调查。

控制员工的个人特征后,在拉美整个地区以及半数接受调查的国家,公务员利社会动机似乎强于私营部门员工(见图 2—4,左图)。② 同样,利他倾向的调查结果在拉美整个地区以及三个接受调查的国家呈正值,但是哥伦比亚的结果具有统计显著性。

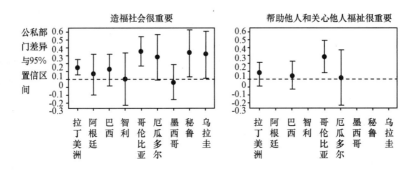

图 2—4 拉美部分国家公私部门职员的动机差异 (2014)[a/b/c/]

注:a/:图中显示的条件均值差异与 95% 置信区间是由最小二乘法估算得出,通过两种方法衡量公私部门职员的公共服务动机。限定性别、年龄和教育水平这些变量。两种衡量公共服务动机的方法采用数值 1~6 变化区间,数值越高表示动机越强。

b/:参与调查的国家及其调查数为:阿根廷 737 个、巴西 1095 个、智利 720 个、哥伦比亚 1339 个、厄瓜多尔 335 个、墨西哥 1046 个、秘鲁 822 个、乌拉圭 790 个,共计 6884 个调查数例。公共部门参与调查的职员占总人数的 15%。

c/:右图显示参与调查的国家仅包括巴西、哥伦比亚和厄瓜多尔,只有这三国提供了图中的系数。

资料来源:根据世界价值观调查的第六轮调查(2010—2014)数据制作。

---

① 分析试图推导出以下结论,如果在教育水平、性别和年龄相同的两人,其服务于公共服务和利他倾向的动机越大,那么就更愿意就职于公共部门。

② 尽管数量差异并不大但具有统计显著性,这种差异在哥伦比亚、秘鲁、乌拉圭均达到了 5%,厄瓜多尔达到了 6%。

相反，在高收入国家，无论是经合组织成员国或非成员国①，在相同控制条件下，公私部门员工的内在动机差异更为显著（图2—5）。拉美在利社会动机和利他倾向吸引和留住职员方面仍有提升空间。

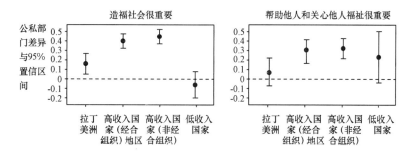

图2—5 世界不同地区公私部门职员的动机差异[a/b/]

注：a/：图中显示的条件均值差异与95%置信区间是由最小二乘法估算得出，通过两种方法衡量公私部门职员的公共服务动机。控制性别、年龄和教育水平这些变量。两种衡量公共服务动机的方法采用数值1~6变化区间，数值越高表示动机越强。

b/：经合组织高收入成员国包括：澳大利亚、德国、日本、韩国、荷兰、新西兰、波兰、斯洛文尼亚、西班牙、瑞士和美国。经合组织成员国以外的高收入国家：巴林、塞浦路斯、爱沙尼亚、科威特、卡塔尔、新加坡、特立尼达和多巴哥。低收入国家：加纳、吉尔吉斯斯坦、卢旺达、津巴布韦。拉美加勒比国家中有阿根廷、巴西、智利、哥伦比亚、墨西哥、秘鲁和乌拉圭。

资料来源：根据世界价值观调查的第六轮调查（2010—2014）数据制作。

员工的内在动机很重要，因为这会影响到他们的工作表现和道德行为。事实上，perry和wise（1990）以及大量经验研究②表明，即使在缺乏管理和外部激励措施不足的情况下，公务员的内在动机越大，则更加努力工作（绩效更佳）。Brewer和Selden（1998）以及Lim Choi（2004）发现官员对公共服务的承诺程度与其道德行为呈正相关。

拉美并不例外：内在动机是员工，尤其是公共部门员工努力程度与道德表现的重要决定因素（专栏2—1）。用这两个因素来挑选合适的公务员不失为一个好方法，同时采用可以激励员工并制约不诚实行为的制度安排。

---

① 根据世界银行的标准对国家进行分类。
② 参考Petrovsky（2009）的文献综述。

专栏 2—1　内在动机的作用

CAF2014 年调查报告提供了研究内在动机、努力工作和道德行为相互关系的资料。首先，该报告衡量内在动机的两种方式是：1）"公共服务动机"（Perry 和 Wise，1990），指"个人主要或完全基于公共制度与组织的动机所驱使的行为倾向"；2）"利社会动机"（Grant，2008），指"帮助他人的意念"。

其次，调查中还有关于工作态度的几个问题，这些通过工作努力倾向来衡量。受访者表示他们对一系列问题的认同程度，从 1 到 5 代表完全赞同到完全不赞同。这些问题是：1. 即使这不是我的职责，我也会帮助新职员；2. 我会加班提供帮助；3. 我提出改善建议；4. 我会避免承担额外的任务和责任（逆向梯次）；5. 我会提高能力，改善工作绩效。

再次，报告中有关衡量对腐败态度的问题，你是否赞同"从不揭发同事的不良行为或腐败"？

报告采用最小二乘法分析内在动机和职员的努力倾向（根据上述 5 个问题的回答结果）的相关性，努力倾向作为被解释变量，性别、年龄、婚姻状况、子女状况、教育、工作资历、居住地作为控制变量，内在动机作为解释变量。

分析结果表明，内在动机是职员努力倾向的重要决定因素，尤其是在公共部门。图 1 显示了衡量"公共服务动机"（左图）与"利社会动机"（右图）的结果。公共部门职员的平均努力倾向低于私营部门职员（从左至右的第一个系数）。另外，在上述两种动机测算法中，内在动机越强的职员表现出更大的工作意愿，这个结果在公私部门都具有效性（第二个系数）。最后，相较于私营部门，动机与努力的相关性在公共部门表现得更为明显（第三个系数）。这说明内在动机强的职员对任何部门都具有重要性，公共部门则更是如此。

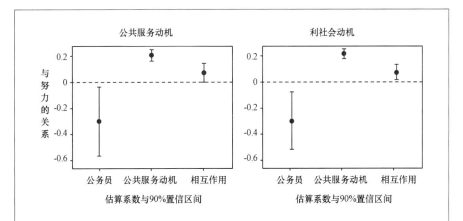

图1　拉美部分城市公务员的内在动机与努力倾向 (2014) [a/b/]

注:a/:图中显示的条件均值差异与90%置信区间是由最小二乘法估算得出,表示努力倾向指数。控制性别、年龄、婚姻状况、子女小于6岁、教育水平和居住城市这些变量。

b/:城市:布宜诺斯艾利斯、拉巴斯、圣保罗、波哥大、基多、墨西哥城、巴拿马城、利马、蒙得维的亚和加拉加斯。

资料来源:根据CAF2014年调查资料制作。

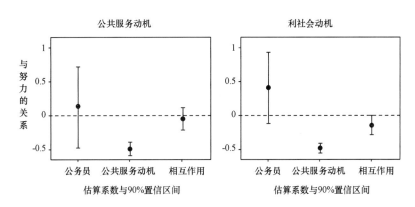

图2　拉美部分城市公务员的内在动机与腐败容忍度 (2014) [a/b/]

注:a/:图中显示的条件均值差异与90%置信区间是由最小二乘法估算得出,表示腐败容忍度指数。控制性别、年龄、婚姻状况、子女小于6岁、教育水平和居住城市这些变量。

b/:城市:布宜诺斯艾利斯、拉巴斯、圣保罗、波哥大、基多、墨西哥城、巴拿马城、利马、蒙得维的亚和加拉加斯。

资料来源:根据CAF2014年调查资料制作。

　　　内在动机与腐败容忍度的相关性如何呢？研究仍用最小二乘法处理数据，腐败容忍度作为被解释变量，内在动机与上述控制变量作为解释变量（图2）。分析结果显示，首先，公私部门职员对腐败的容忍度不存在任何差异（第一个系数）。其次，公共服务动机（左图）和利社会动机（右图）与腐败容忍度（第二个系数）呈负相关。最后，内在动机在公共部门所产生的影响尚不明确（第三个系数）：一方面，公共动机越大，腐败容忍度越低，这一相关性在公私部门显示相似结果；另一方面，利社会动机越强，腐败容忍度越低，这一相关性在公共部门表现尤为明显。

　　　可以确定的是，内在动机是员工努力倾向与道德行为的重要决定因素，并可以衡量腐败容忍度。

资料来源：作者自己整理。

四　公务员体制与好官僚系统

　　前文阐释了拉美官员的状况。如上所述，一个好的官僚系统除了要有官员，还要有一个合适的组织结构和一套规章程序，以便激励与制约官员的行为。官僚系统既要依靠内在动机激发职员努力工作，还需注重激励结构的作用，借此吸引优秀职员，促使他们的行为与公共目标保持一致。一个好的官僚系统是合适的人与合适的激励措施的相互统一。

　　各种激励措施集中于公务员体制。公务员体制"是一系列制度安排，以此连接和管理公共事务和工作人员"。这种制度安排包括正式或非正式的规则、结构、文化准则、程序、惯例以及各项活动，旨在确保适当管理人力资源（Velarde 等，2014）。一个好的官僚系统建立在一个好的公务员体制之上。

　　有关公务员体制现代准则的系统讨论源于"韦伯模式"。这一模式强调基于技术能力选拔和提升官员，即鼓励专业性和基于绩效管理的人力资源。最近，"新公共管理"模式流派的建议被引入各种机制，从而使激励人员措施对应符合组织目标，比如报酬与绩效挂钩。[①] 最后，部分作者强调自主性是组织设计中需要注重的一个基本面。[②]

Velarde 等（2014）通过统一的评估方法，全面分析了拉美公务员体制的现状和部分国家[③]近十年的改革状况。研究结果表明，尽管近几年拉美公务员体制取得了进展，但亟待改善，尤其是在绩效管理、报酬管理和发展管理方面（专栏 2—2）。

专栏 2—2 拉美公务员体制概览

一项最新研究依据《伊比利亚美洲公共服务宪章（2003）》的原则，阐述了拉美国家公务员体制的特点（见 Velarde etal.，2014）。该研究采用 33 个关键点进行质量评估，每个关键点对应着制度质量的五个层面之一和 8 个子系统之一。研究对象包括拉美 16 个国家，依据这些国家 2004 年和 2011 或 2013 年的信息。

公务员体制质量的五个层面：绩效（确保专业性和公正程度）、效率（人力资源投资最优化）、工作能力（影响官僚系统的表现）、整合能力（协调各方的期望与利益、提升归属感和减少冲突）、结构一致性（整合和健全系统，包括过程管理的发展、一致性和管理层的发展）。在8 个子系统中，在较高层次上，人力资源规划这个子系统作为管理机构（instancia rectora），是由战略政策管理其他子系统的资源。在中间层次上，工作组织（描述职位和能力）、就业管理（签约与辞退）、绩效管理、薪酬管理和开发管理。最后，在低层次上包括人类与社会关系管理和人力资源功能组织。图 1 显示了这些结果，正常理想值是 100。

[①] 新公共管理提出将私人管理模式应用到公共领域，这在某些方面与韦伯模式存在反差。它特别支持结构灵活（不同于等级制），以市民为关注导向（而不是任务与职能），注重结果与绩效评估（而不是执行规则和上级命令）。这种观点已为许多发达国家采用。

[②] 近期研究强调自主性在政府质量中的作用，指出政府能力中适当自主性水平提高（Fukuyama，2013）。公共部门管理职位缺乏自主性是拉美公务员制度的特点之一（Longo，2001）。全球价值调查通过设计以下问题探讨了自主性：按照从 1 到 10，工作独立性程度如何？在拉美，公共部门管理人员的自主性低于私营部门。相较于其他地区，拉美公共部门管理人员的自主性较低，尽管从数据上来看这种差异并不大。

[③] 在这份报告的一项专门研究中，Iacoviello 和 Chudnovsky（2015）分析了阿根廷、智利、秘鲁和多米尼加共和国四个拉美国家在改革过程中的政治经济状况。

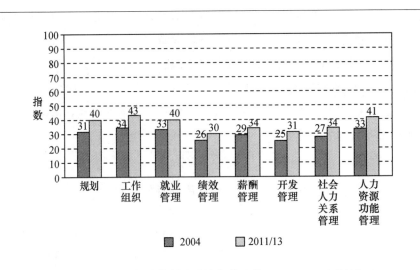

图1　拉美公务员体制子系统指数比较，2004—2011/2013

资料来源：Velarde 等（2014）

近十年，拉美的公务员体制有了较大改善，无论是在质量的各层面还是各子系统：公务员体制质量指数从 30 升至 38。然而，在绩效管理、薪酬管理和开发管理方面仍有较大改善空间。

资料来源：作者根据 Velarde 等（2014）制作。

怎样才能改善拉美的公务员体制呢？本章以下内容尝试诠释该体制的构成，并着重研究一个关键因素，劳动合同中的劳动报酬方案，分析它通过选任官员和激励员工，对官僚系统质量产生的影响。

（一）劳动合同为何重要？一个概念框架

公私部门的劳动关系可以理解为委托—代理问题。在这个概念框架下，雇主（委托人）授权雇员（代理人）从事某种活动，并支付金钱或其他形式的劳动报酬，这是劳动关系。劳动报酬取决于雇员完成任务的表现。[①] 因此，劳动报酬方案决定了：1）平均报酬水平；2）工资的动态时

[①] 这也取决于发生某些概率事件，比如生育、意外事故和退休等。这意味着外部概率事件可能内化为失业和（或）跳槽问题，即可能辞职或以现有工作为跳板。

间变化,这体现了工作激励形式;3)自然状态下长期工资的分化,这源于绩效报酬结构。

委托—代理问题受到信息不对称的影响。一方面,代理人存在异质性(比如,有些应聘者比较有才能,有些人的动机更强,还有些人更加诚实),而委托人并不知情。因此,代理人可能会利用信息不对称"隐瞒自己的类型",这是典型代理问题即逆向选择。尽管委托人可以尝试引入一些获取信息的机制,但是这些机制通常并不完美,成本高或不可行。另一方面,委托人也很难完全观察到这些代理人的行为和付出的努力。因此,代理人利用信息不对称隐藏对自己不利的信息,这是典型代理问题即道德风险。

一个出色的劳动报酬方案有助于筛选员工或激励他们按期望执行工作。一个糟糕的方案会造成招聘到不合格的员工、无法留住优秀员工、怠工等其他问题。劳动合同及其劳动报酬方案的设计尤为关键,它能更好地筛选职员并激励他们努力工作,从而可以解决信息不对称问题和提升官僚系统的质量。

(二)拉美公务员的劳动合同

拉美公务员的劳动合同与私营部门员工的劳动合同可在不同层面进行比较(表2—2)。[1][2]

表2—2 使用的合同:拉美公共部门和正规私营部门的特点与差异

合同特点	正规私营部门	公共部门
签订长期合同的员工比例（%）	71	96
资历（月数）	58	124
劳动关系稳定是我目前的工作动机	3.98	4.21
每周工作时数	47	42

---

[1] 除了表2—2显示了这些特征外,还需强调的是相较于私营部门,公共部门的就业与工资随经济周期变化较小。有关公共和私人部门就业和工资随经济周期变化的情况,可参见Arcidiácono等(2014)。

[2] 具体信息见附录。

续表

合同特点	正规私营部门	公共部门
月薪	667	918
时薪	3.9	5.9
基尼系数（时薪）	0.387	0.369
享有退休权的员工比例	66	84
享有健康保险的员工比例	67	83
社会公益作为我目前工作的动机	3.64	3.77
根据个人业绩获得报酬的员工比例（%）	30	22
根据机构业绩获得报酬的员工比例（%）	24	20
雇主是否提供培训课程？（%）	40	52
办公时间（%）	63	57
合用办公室——没有办公室（%）	17	19

注：a. 经 Arcidiácono 等处理的全国家庭调查数据。国家：阿根廷、玻利维亚、巴西、智利、哥伦比亚、哥斯达黎加、厄瓜多尔、萨尔瓦多、洪都拉斯、墨西哥、巴拿马、巴拉圭、秘鲁、乌拉圭和委内瑞拉。

b. CAF2014 年调查报告。城市：布宜诺斯艾利斯、拉巴斯、圣保罗、波哥大、基多、墨西哥城、巴拿马城、利马、蒙得维的亚和加拉加斯。

c. 关于劳动关系稳定是从事目前这份工作动因的指数，是根据以下问题调查得出的：从事目前这份工作的动因是什么？工作是否稳定？指数范围从 1 至 5 代表"完全不赞同"到"完全赞同"。

d. 根据以美元计算的 2005 年购买力平价。

资料来源：作者根据 Arcidiácono 等（2014）和 CAF 2014 年调查报告制作。

第一，公共部门的工作更加稳定[1]，签订长期合同的员工比例更高（96%，正规私营部门为 71%）。

第二，公共部门职员的岗位资历更长。拉美公共部门职员的平均资历长达 124 个月，几乎是正规私营部门职员的两倍（58 个月）。[2]

第三，公共部门职员工作时间较短。一位公共部门职员每周工作 42

---

[1] 参见 Clark y Postel-Vinay（2009）和 Luechinger 等（2007）。

[2] 这个比较需谨慎解释。调查的问题是个人在目前岗位已工作多长时间，但是没有精确定义目前岗位的概念。例如，一位公务员从一个机构换到另一个机构工作，但是仍保持同一个雇主（政府），这可能理解为岗位变更或仍保持同样的岗位。在这种情况下，相较于该职员目前所处的岗位，他的工作资历则会更长。

小时，比私营部门少 5 个小时。

第四，收入更高。拉美公共部门职员的收入为每月 918 美元（按照购买力平价计算），比正规私营部门职员的收入（每月 667 美元）高 38%。[1][2] 这种收入差距在拉美各国都存在，如果再计入工作时间，收入差距则更大。[3]

第五，与上述内容相关，拉美公共部门职员的社会经济地位较高。普通公务员占人均家庭收入分配的 76%，45% 的公务员属于五分之一收入最高的群体，而仅有 29% 的正规私营部门职员属于该群体。（Arcidiácono 等，2014）。

第六，公共部门的收入分配更加公平。拉美公共部门的基尼系数为 0.369，正规私营部门和非正规部门的基尼系数分别为 0.387 和 0.494（Arcidiácono 等，2014）。

第七，公共部门职员享有更多工资以外的福利，比如医疗和退休保险。拉美平均 84% 的公务员享有退休权利，83% 的人享有健康保险，而正规私营部门仅有约为三分之二的职员享有这些福利。[4]

第八，公共部门并未普遍采用绩效报酬制。拉美主要城市有 30% 的正规私营部门职员按照其产出享有奖金，24% 的人根据单位绩效享有奖金，而在公共部门，这两个比例分别为 22% 和 20%。

------

① 已有文献对收入差距进行了广泛研究。参见 Gregory 和 Borland（1999）的文献综述；Giordano 等（2011），Lucifora 和 Meurs（2006），Christofides 和 Michael（2013）研究了欧洲国家的收入差距；Panizza（2001）和 Navarro 以及 Selman（2014）对拉美国家进行了这方面的研究。研究显示，即使控制了职员的特征差异对研究结果的干扰，收入差距仍然存在，女性与男性之间的收入差距更大，收入分配会使差距缩小，甚至对最优秀的职员而言，收入差距则为负值了。

② 值得注意的是公共部门与私营部门的工资比较存在一定的局限性。总体的契约条件与决定工资的具体规则在这两个部门有所不同。公共部门职员需遵守具体的法律要求，它既规范职员筛选机制和程序，也规定了职员晋升和报酬标准，以及劳动关系中的其他方面。此外，公共部门比私营部门更加严格执行上述规则。集体协商机制和工会的参与也存在不同。最后，公共部门从事私营部门不能完成的生产活动。两个部门的机构特点会造成他们的职员平均收入存在差异。

③ 实际上，拉美公共部门职员的时薪比私营部门职员的时薪高 54%。这种收入差距在委内瑞拉为 17%，在哥斯达黎加达到 97%（表 A.5）。参照发达国家，Lucifora 和 Meurs（2006）发现不同部门的职员时薪差距（无条件）在法国为 11%，意大利和英国分别为 28% 和 16%。Arcidia-cono 等（2014）估计美国为 16%。

④ 根据 CAF2014 年的调查报告，公共部门职员通常更加重视工资以外的劳动福利，这是吸引他们从事目前工作的一个因素。

最后，公共部门职员参加培训课程的机会更多。52%的职员表示雇主为他们提供了培训课程，这一比例在私营部门为40%，此外，公共部门57%的培训课程设置在上班时间（这一比例在私营部门为63%）。

总之，相较于私营部门，公共部门职员享有更稳定的工作、更短的工作时间、更高的工资和更多的福利（诸如退休权和健康险等）。

既然公共部门有这些优越条件，那么谁愿意在公共部门工作呢？图2—6显示了相关研究结果。该研究旨在确定这部分群体的人口特征和社会经济特征，什么观点能更好地解释喜欢从事公共部门工作的原因呢？尤其是在回答CAF调查报告的问题："如果您必须在这几个月找工作，您会选择公共部门还是私营部门的工作呢？"

那些回答愿意选择公共部门工作的群体其平均特征是女性、属于不同年龄层，有不同认知力（这两个变量的系数没有统计显著性），这些人没有完成中学或大学教育，公共服务动机和利社会动机都强，风险承受能力低，认为公共部门工资高于私营部门。

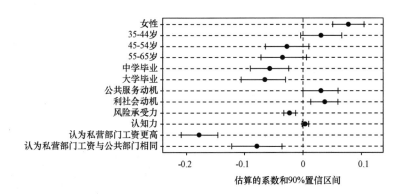

图2—6 拉美部分城市职员偏好选择公共部门工作的决定性因素[a/b/]

注：a/：图中的系数与90%置信区间是用最小二乘法估算得出。因变量取值1表示受访人如果在这几个月找工作，愿意到公共部门求职。取值0则表示愿意到私营部门求职。忽略的类别是年龄阶段为25～34岁，受教育程度较低（中学肄业或低于中等教育），认为公共部门工资高于私营部门。回归分析控制了性别、年龄和职员受教育水平这些变量。研究结果包括了所有回答者，不考虑他们的职业现状。

b/：城市：布宜诺斯艾利斯、拉巴斯、圣保罗、波哥大、基多、墨西哥城、巴拿马城、利马、蒙得维的亚和加拉加斯。

资料来源：作者根据CAF2014年调查资料制作。

五 通过工资结构和职业优化管理系统

为了对通过回报政策提升官僚系统质量的可能性进行评估，首要步骤是理解公私部门工资差异的决定性因素，接着再评估不合理之处，比如用于筛选和激励员工的工资制度。

（一） 为什么公务员收入更高

如前文所述，公共部门职员的平均受教育水平高于私营部门，前者的工作经验也比后者更丰富。这两个因素与生产能力相关。

为了不受这两个因素的影响，Arcidiácono 等（2014）使用的是拉美各家庭的调查数据，通过设定时薪方程式，引入公共部门的虚拟变量和一系列明显特征作为控制变量。由此发现，一旦排除受教育水平更高和工作经验更丰富这两个因素对数据的影响后，公私部门的时薪差异从54%下降至22%，委内瑞拉为5.5%，萨尔瓦多为41.1%（图2—7）。此外，在20世纪90年代，公私部门的工资差异实际上翻了一番，从1992年的10%升至

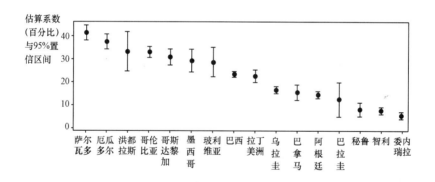

图2—7 拉美部分国家教育与健康部门的时薪差异[a]

注：a/：图中的系数与95%置信区间是用最小二乘法估算得出。因变量是主要职业的时薪对数，公私部门工资差异是由代表各部门的虚拟变量系数表示。控制了员工的性别、年龄和受教育水平。

资料来源：根据 Arcidiácono 等（2014）制作。

2000 年的 21%，这个差异水平持续保持至 2012 年（图 2—8）。①

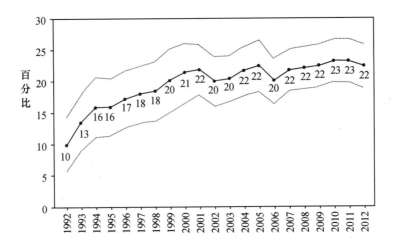

图 2—8　1992—2012 年拉美时薪差异的态势[a/b/]

注：a/：控制员工的性别、年龄、受教育水平这些变量。

b/：国家：阿根廷、玻利维亚、巴西、智利、哥伦比亚、哥斯达黎加、厄瓜多尔、萨尔瓦多、洪都拉斯、墨西哥、巴拿马、巴拉圭、秘鲁、乌拉圭和委内瑞拉。

资料来源：根据 Arcidiácono 等（2014）制作。

专栏 2—3　Oaxaca-Blinder 分解方法分析公私部门的工资差异

Oaxaca-Blinder 分解法（Oaxaca，1973；Blinder，1973）是另一种分析职员特征变量对工资差异影响的方法。该方法将公私部门职员的工资差异分解为两个部分：由个体特征（年龄、性别和教育）和工作特性（合同类型、非工资福利）构成的可解释部分；由两个群体的特征差异构成的不可解释部分。

---

① 关于 20 世纪 90 年代的收入差距结果与 Panizza（2001）的研究结果一致。他使用同样的估算方法和数据来源（但采用其他国家作为样本），研究发现，1993—1999 年公私部门职员的工资差距接近 14%，排除非正规私营部门后，该数值降至 4%。

　　分解结果显示，拉美大多数国家的职员特征与工作特性可以大部分解释公私职员工资差异（表1）。64%的工资差异由职员特征与工作特性的差异造成，剩下36%的差异归因于两个群体的特征差异构成的不可解释部分。

表1　　　　Oaxaca-Blinder 分解法分析拉美国家公私部门时薪差异

国家	年份	工资差异（%）	分解（%）	
			可解释部分	不可解释部分
阿根廷	2012	26	59	41
玻利维亚	2012	35	74	26
巴西	2012	54	62	38
智利	2011	30	78	22
哥伦比亚	2012	101	66	34
哥斯达黎加	2012	95	60	40
厄瓜多尔	2012	74	45	55
洪都拉斯	2012	79	46	54
墨西哥	2012	73	56	44
巴拿马	2012	60	67	33
秘鲁	2012	40	58	42
巴拉圭	2011	42	76	24
乌拉圭	2012	44	58	42
委内瑞拉	2011	13	87	13
拉美		55	64	36

a/：该样本包括 20 至 60 岁年龄的职员，每周工作时间不少于 30 个小时。

资料来源：作者根据 Arcidiácono 等（2014）资料制作。

　　此外，Arcidiácono 等（2014）解决了另一个公私工资分解的问题：两个部门职员在职业、工作任务、福利和提供的工作服务方面存在差异。由于这些方面在公私部门之间不是平等分配，对工资差异的评估会有偏差。为了避免这种偏差，作者们将上述差异设为控制变量，再次评估教育与卫生等生产科技差异性较小的部门之间的工资差异。研究发现拉美大多数国家公私部门仍存在工资差异，即使是在同一行业也存在：例如，公共教育部门职员比私营教育部门职员的平均工资高 20%；公共卫生部门职员比私营卫生部门职员的平均工资高 17% 以上（图 2—9）。

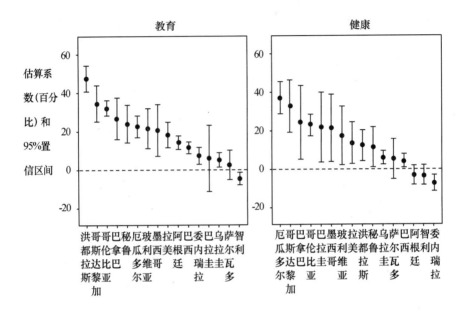

图 2—9 拉美部分国家教育与卫生部门的时薪差异

注：a/：图中的系数和 95% 置信区间由最小二乘法估算得出，因变量为主要职业的时薪取对数，公私部门的工资差异作为虚拟变量系数。职员的性别、年龄和教育水平作为控制变量。

资料来源：作者根据 Arcidiácono 等（2014）资料制作。

最后，Arcidiácono 等（2014）还谈到了两个问题：公私部门工资差异如何表现在不同性别上？职员的能力分布怎样变化？作者们发现，首先，公共部门的女性工资差异大于男性（女性为 17%，男性为 14%）；其次，男性和女性的工资差异随着职员教育水平的分布呈非线性变化。随着职员的教育水平不断提高到 12 年或 13 年时，男女工资差异增大至峰值，两者呈正向关系，自这个峰值之后，教育水平越高，男女工资差异越小，并且当男性的教育水平达到 17 年以上时，男女性别工资差异消失，甚至男性的工资差异开始大于女性（图 2—10）。①

---

① 这项差异比较除了性别和教育外，没有将职员的其他特征差异设为控制变量。

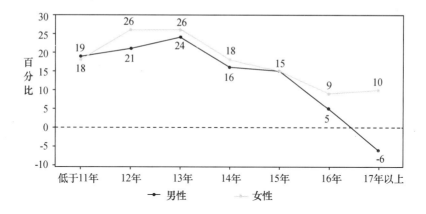

图2—10　拉美部分国家的时薪差异（受制于）性别和教育程度[a]

注：a／：国家：阿根廷、玻利维亚、巴西、智利、哥伦比亚、哥斯达黎加、厄瓜多尔、萨尔瓦多、洪都拉斯、墨西哥、巴拿马、巴拉圭、秘鲁、乌拉圭和委内瑞拉。

资料来源：根据 Arcidiácono 等（2014）制作。

　　简而言之，拉美公共部门存在工资溢价；在考虑性别、教育水平、工作经验和工作部门这些变量后，工资溢价仍存在；女性的工资差异高于男性；工资溢价随着职员教育水平变化，先增后减。

　　还有其他因素可以解释公共部门的工资溢价吗？事实上，虽然职员的个人特征在研究中视为不可测量，但是这个因素仍会影响职员的效率，也与公共部门的工作决定相关：个人禀赋、教育质量、社会情感能力甚至运气。相关文献对此如何解释呢？

　　一方面，Siminski（2013）通过计量经济模型研究个人特征与筛选职员，其结论是公共部门不存在工资溢价：根据工资分布情况，工资水平较低时就存在明显的工资溢价，这归因于这些职员的个人特征更强。而在工资水平较高时，上述情况正相反。另一方面，Arcidiácono 等（2014）采用关于阿根廷、巴西和墨西哥的纵向数据进行类似研究，这种分析法排除了职员个人特征的影响，将其设为不变量，研究结果发现即使控制了个人特征，公共部门仍存在工资溢价（数值变小但仍为正值，具有统计显著性）。

　　可以确定的是，至少公共部门的部分工资溢价可以通过该部门自身的制度因素得以解释,比如合同特点与工资机制的设定。这说明公共部门的效率降低,不够合格的职员可以获取工资溢价,与高效率无关。同时,优秀职员取得的工资溢价不增反减甚至反向,这表示公共部门则难以吸引或保留优秀职员。

(二) 工资结构与官僚体系质量

工资结构对吸引公共部门雇员人才具有重要意义。例如,Katz 和 Krueger (1991) 依据各州公私部门的工资差异,分析美国某些行业联邦公务员与同行私营部门职员的受教育程度的关系。作者们发现,在工资差异较高的州,公务员的相对受教育程度较高。因此,公共部门的工资溢价较高就可以招聘到具有优秀教育背景的职员,从而实现公共部门人员的自动筛选。实际上,拉美公私部门工资差异较大的国家吸引了具有良好教育背景的职员选择公共部门 (图 2—11)。[①]

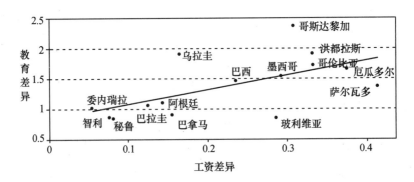

图 2—11 拉美部分国家公共部门的工资差异和教育差异[a/]

注:a/:该图反映了公共部门工资差异和教育差异的关系,前者根据明瑟 (Mincer) 方程估算得出,后者根据受过完整高等教育的职员在公私部门的比例得出系数。

资料来源:根据 Arcidiácono 等 (2014) 制作。

公共部门的工资水平是影响人员筛选、激励员工取得更佳业绩的一项

---

① 例如,巴西公务员的工资比私营部门职员的工资高出 23%,在性别、受教育程度和工作经验相同的情况下,受过完整高等教育的职员在公私部门的比例分别为 39% 和 16%,这造成教育差距达到 147%。

工具。但是，一个好公务员具备的理想特质中还包括技术能力、动机和道德行为等方面，设定与每个职位相适宜的工资水平是一项复杂的任务。公共部门提高工资水平（并由此与私营部门产生平均工资差异）可以吸引更具资格的人员和消减腐败动机。[①] 然而，高工资也会吸引那些内在工作动机弱的人。于是，公共部门面临两难抉择：如果极低工资能有利于从候选人才中筛选出公共服务动机强的人，但不利于选拔出职业资质强的人，并易滋生腐败行为；如果高工资能吸引优秀的候选人和减少腐败动机，但为此付出的代价是会吸引公共服务动机弱的人。[②] 研究证明是怎样解释的呢？

Dal Bó 等（2013）就墨西哥政府社区发展计划做了一项实验。该计划需招录 350 名公务员在 167 个市的贫困社区工作。实验内容是为随机选取的某些社区的公务员给予高工资。从两个层面评估申请者：技术职能（测试智商和性格、过去的工资）和动机（衡量诚实、服务社会的倾向和公共服务动机）。结果表明，高工资则吸引更优的候选人才，无论是从职业资格还是动机方面。这说明没有证据支持公共部门在制定工资政策时，会在选择更具资格还是动机更强的候选人中面临两难抉择。[③]

除了上述结果外，公私部门的员工能力越强，工资差异反而越小的反向关系意味着公共部门在招聘和留住优秀职员方面存在问题。为了评估这个假设，CAF 的调查报告做了相关信息实验。实验通过随机取样，提供业绩最佳职员的工资与人均工资的信息。结果表明，公共部门在与私营部门争夺优秀人才时面临困难。对于那些需要内在动机强的人从事的工作岗位，这种困难更加明显。

1. 工资差异与公共部门偏好：基于 CAF 调查报告的实验证明

CAF 调查报告做的信息实验可以分析个人能力与其动机、工资水平

---

① 公共部门高薪养廉的观点其论据是高工资会增加受贿者的犯罪成本，这种成本可以理解为一旦被发现和辞退就不再享有高薪水。

② 这个理由表明动机与员工能力无相关性（或负相关性）。Dal Bó 等（2013）就这些观点提出一种理论模式。同时，关于公共部门的工资报酬、员工的动机与滋生腐败的相互影响参见 Macchiavello（2008）。

③ Ashraf 等（2014a）对赞比亚进行了一项实验研究，分析了申请公共健康系统工作的人其内在动机与外在动机，得出的结论与 Dal Bó 等（2013）相似。那些相对重视外在动机的工作吸引了最具资格的申请者，但这并不意味着对候选人才的利社会偏好方面产生消极影响。

如何相互作用，从而决定选择公共部门的工作。实验是通过随机选取
CAF2014 调查报告中部分受访者，给他们提供公共部门的工资水平信息。
这些信息是根据官方统计计算得出的公共部门的平均工资差异和最佳职员
的工资差异。这项实验是在波哥大、拉巴斯、蒙得维的亚和基多完成的。
这几个城市的公共部门职员的平均工资高于私营部门；但对那些十分之一
收入最高的职员，也是业绩最佳的职员，这种差异呈反向。比如，波哥
大，信息卡写道："根据官方统计，在波哥大，在公共部门赚到的每 100
美元，那么在私营部门则能赚到每 120 美元。重要的是，随着职员业绩提
高，这种差异反向变化；按照这种方式，公共部门业绩好的职员每赚 100
元，在私营部门则是 127 美元。"① 再问这些职员如果这几个月需要找工
作，将会选择公共部门还是私营部门。

原则上，如果工资信息对职员非常重要，那么那些获得信息的职员如
果表现平平，会选择公共部门，表现出色的职员则选择私营部门。这个假
设可以得到评估，首先根据职员潜力分类，再通过线性回归模型估算信息
的影响。

先评估一个员工进入全市十分之一工资最高群体的可能性，根据性
别、年龄、受教育程度和认知力；将 25% 可能性最大的员工分类成"业
绩最高"。

图 2—12 显示了通过线性回归估算得出的男性职员的结果。业绩一般
的人员获得信息后（这类职员在公共部门的工资更高），更愿意从事公共
部门的工作（"已获取信息"变量系数），而那些业务能力强的人获得信
息后（私营部门提供的工资更高）从事公共部门工作的意愿不大（"已获
信息×业绩强"变量系数）。②

信息影响不仅取决于职员的潜力，还取决于他们的内在动机吗？为了
评估这种可能性，建立如前所述的模型处理变量，变量包括一个表示员工

---

① 在拉巴斯、蒙得维的亚和基多，公共部门比私营部门的平均工资分别高 16%、7% 和
22%，而对高绩效职员而言，公共部门比私营部门的工资分别高 6%、14% 和 6%。

② 工资信息没有对女性选择公共部门工作产生影响。一个可能性解释是工资信息（与其他
工作岗位特点相比）在定义职业偏好中并不重要。

已知信息的指数，一个员工属于业绩强的群体的指数。[1] 图 2—13 显示了信息对业绩与内在动机多种组合的边际影响。

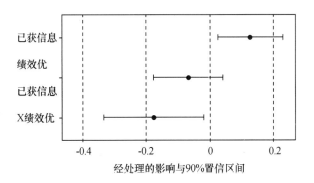

图 2—12　拉美部分城市工资信息对偏好选择公共部门工作的影响（2014）[a/b/c/]

注：a／：图中的系数与 90% 置信区间是利用最小二乘法建立线性回归模型估算得出，其中因变量取值 1，表示愿意选择公共部门工作，0 值表示愿意选择私营部门工作，自变量包括一个表示员工已知信息的指数，一个员工属于绩效优君体的指数和两个指数交互式作用，还有一个变量控制员工所属部门。为了将员工分类成"绩效优"，采用非线性模型（probit 模型），根据性别、年龄、受教育程度和认知力，评估一个员工属于工资最高的十分之一群体的可能性。将 25% 可能性最大的员工分类成"绩效优"。实验内容是为绩效一般（公共部门工资更高）和绩效良好的员工（私营部门工资更高）提供工资差异信息。

b／：回归分析仅针对男性职员。

c／：城市：拉巴斯、波哥大、基多和蒙得维的亚。

资料来源：根据 CAF2014 年调查报告制作。

　　对于业绩好的职员而言，当他的内在动机弱，信息影响则呈负值；而内在动机一般或强的职员，信息影响从统计意义上不显著。[2] 这说明高绩效但内在动机弱的职员得知公共部门报酬低则不愿意选择公共部门的工作。而那些绩效一般的职员得知公共部门平均工资更高则愿意选择这份工作，尤其是那些内在动机弱的职员更会如此选择。

---

　　① 内在动机指数是本章前文提及的"公共服务动机"变量和"利社会动机"变量的简单平均值。采用一个指数表示这两个变量是为了简化呈现的结果。

　　② 职员被分成内在动机弱、一般或强，这是根据指数产生的数值低于、接近、大于平均值 1 个标准差而设定。

这些研究的结论是,公共部门的工资结构(平均工资水平高,给予最优秀职员的工资却太低)不利于招聘和留住能力强的职员(尽管这种不利影响会因为职员的内在动机强而变弱)。换言之,能力强的职员之所以被公共部门的工作所吸引,是因为他们的内在动机使然。

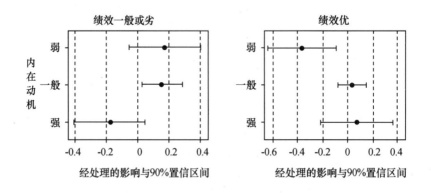

图 2—13　拉美部分城市工资信息对偏好选择公共部门工作的影响 II:内在动机的重要性 (2014)[a/b/c/]

注:a/:该图反映的边际影响受教育程度、绩效和内在动机的多种组合对职员选择公共部门工资的可能性产生。处理过程是向绩效优的职员(私营部门工资更高)提供平均工资差异(公共部门平均工资更高)信息。处理影响是利用最小二乘法建立线性回归模型估算得出,其中因变量取值 1,表示愿意选择公共部门工作,0 值表示愿意选择私营部门工作,自变量包括一个处理指数,一个指数表示职员绩效优、受教育程度及其内在动机,这两个指数的交互式作用,并把员工所属部门作为一系列控制变量。研究结果与 probit 模型或 logit 模型取得的结果一致。

b/:回归分析仅针对男性职员。

c/:城市:拉巴斯、波哥大、基多和蒙得维的亚。

资料来源:根据 CAF2014 年调查报告制作。

2. 工资报酬与激励

公共部门提供给优秀职员相对较低的工资报酬不仅对吸引和留住人才构成问题,而且缺乏激励职员努力工作的作用。CAF2014 年调查资料显示,公共部门受教育程度最高的职员对工资报酬的不满程度要高于私营部门具备相同条件的职员。16% 受过完整高等教育的公共部门职员表示有一点或完全不满意其工资报酬,这一比例在私营部门为12%。[①] 与此不同的是,未具备或仅具备中等教育背景的公私部门职员则不存在这种差异。

对工资报酬不满可理解为工作努力程度低、工作整体低效甚至滋生腐败。Di Tella 和 Schargrodsk(2003)研究了布宜诺斯艾利斯市政府在卫生部门实施反腐政策中,公共部门工资水平对减少腐败的潜在影响。研究发现,提升工资水平是减轻腐败的有效机制,尤其是同时采取监督机制,加大惩罚力度。

CAF2014 年调查报告证实了工资报酬满意度十分重要。对报酬满意度高的职员更愿意努力工作,对腐败的容忍度更低,认为其他工作更有趣的可能性越小。同时,他们更愿意加班完成工作,尽管这种相关性没有显示统计显著性(图2—14)。

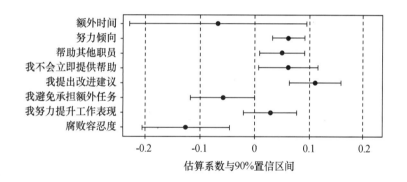

图2—14 拉美部分城市的报酬满意度与各项绩效指数之间的关系(2014)[a/b/]

注:a/:图中的系数与对加薪满意度的 90% 置信区间(将满意度分为 5 个等级,5 表示最满意)是通过最小二乘法回归估算得出。图左显示回归分析中的因变量。城市、经济部门、性别、受教育程度、工作满意度等其他个人特征作为控制变量。

b/:城市:布宜诺斯艾利斯、拉巴斯、圣保罗、波哥大、基多、墨西哥城、巴拿马城、利马、蒙得维的亚和加拉加斯。

资料来源:根据 CAF2014 年调查报告制作。

---

① 需要注意,这是下行比较,这是由于公共部门在留住这类职员(如果职员不满意工资并从该部门辞职)方面存在问题。

六　员工个人事业前景和公共部门用人机制质量

其中一项有效的工具就是足够高的薪金结构水平，比如，随着劳动者在岗位经验和知识方面的不断积累，其薪酬应得到相应体现。过于扁平的工资结构不利于留住富有才华的员工。

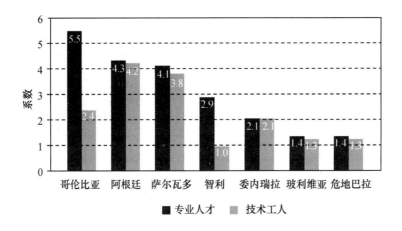

图 2—15　部分拉美国家公共部门的工资压缩率[a/b/]

a/：图中指数的计算方式为各行业工资列表中最高收入的基础工资和最低收入的基础工资之比。各个国家信息来源如下所示。阿根廷：国家公共部门岗位体系，2098/2008 号法令（自 2014 年 8 月起生效）；哥斯达黎加：市政服务总办公室，公共管理部门薪酬列表（协议自 2014 年 7 月起生效）；危地马拉：543—2013 号政府协议，国家财政部（协议自 2014 年 1 月起生效）；委内瑞拉：官方公报第 40. 542 号（现行协议自 2014 年 12 月起生效）；哥伦比亚：195 号令，公共职能管理办公室（协议自 2014 年 1 月起生效）；秘鲁：劳动与促进就业部，2014 年 12 月透明报告；乌拉圭：国家民政服务组织，2014 年 1 月；玻利维亚：最高法令第 1989 号（自 2014 年 5 月起生效）；智利：薪酬列表，政府第 20. 285 号透明法令之关于公众信息的获取；萨尔瓦多：获取公共信息法，财政部。工资与合同法之月薪列表，2014 年 12 月 31 日起生效。

b/：关于阿根廷的指数，"技术工人"一项中包含科研人员。

信息来源：根据各国官方数据整理制作。

拉美地区公共部门的薪酬结构是怎样的？图 2—15 可显示出评估该结构的第一种指标：该地区一些国家的工资压缩率，即各行业工资列表中最高级别工资的基础工资和最低级别工资的基础工资之比。就专业人才而言，哥伦比亚的工资压缩率最高（5.5），随后依次为阿根廷（4.3）、萨尔瓦多（4.1）以及智利（2.9）。就技术工人而言，阿根廷的工资压缩率最高（4.2），随后分别是萨尔瓦多（3.8）、哥伦比亚（2.4）以及委内瑞拉（2.1）。

但是仅凭工资压缩率单一指标无法判定一国的公共部门工资结构是否过于扁平。若想对其进行判定，需将国有公共部门工资结构与私营部门工资结构进行比较。图 2—16 显示出在公共部门和私营部门中薪酬分配上分别占 90% 和 10% 的两组员工平均工资之间的比率。占 90% 的一组员工为专业人员、脑力劳动者以及技术人员；占 10% 的一组员工为行政人员。

在第一组人群中，根据现有数据计算，拉美地区公共部门的平均系数为 4.0，正规私营部门的平均系数为 5.5。在第二组人群中，其系数低于第一组，另外，在公共部门和正规私营部门的系数几乎相当，分别是 3.0和 3.1。也就是说，公共部门的工资结构比私营部门的工资结构更为扁平，尤其是对于高素质的员工而言这种情况更为突出，这会在招聘和挽留人才方面引发问题。

此外，为了让薪酬结构可以有效地促进员工的事业发展，还应设立有足够弹性并以员工良好品行为基础的晋升和提拔制度，此举可激励员工努力工作，有利于遴选最为出色的人才。根据 CAF2014 年的调查问卷，拉美地区公共部门的晋升和提拔制度相当具有弹性：主要城市公共部门37% 的员工在近五年内至少得到一次晋职，与此相比，在正规私营部门该数据为 30%。

在公共、私营两个部门内按品行晋升的情况是否一样呢？不幸的是，并非如此。在公共部门工作十年及以上的员工，有 41% 的人认为，"即使履行全部责任也并没有增加晋升机会"（在私营部门的此项数字为 30%），35% 的人认为自己的"辛苦工作并没有得到直属领导认可"（私营部门中的此项数字为 28%）。

Evans 和 Rauch（1999，2000）设计了一个由五项指标构成的事业发展指数，通过该五项指标可以反映出职员在事业上晋升的情况。按照该项指数衡量，拉美地区的发展较为落后：与高收入水平国家（无论是否属于 OECD），甚至与低收入水平国家相比（见图 2—17），公共部门职员得到的事业发展机会也并不多。

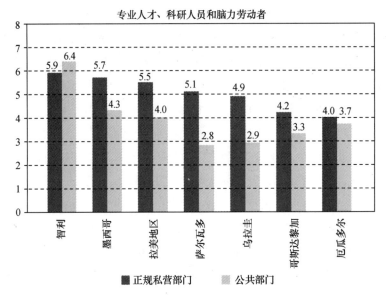

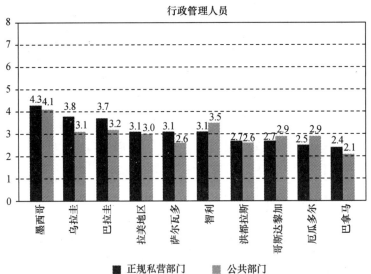

图2—16 部分拉美国家各部门薪酬分别占90％和10％的两组员工的平均工资比率

信息来源：根据 SEDLAC（CEDLAS 和世界银行）数据统计。

可以预见，如果公共部门不能提供良好的事业发展可能，那些在入职公共部门时怀有高事业增长期望值的员工，就会因为其事业发展期望在现实中不能得到满足而逐渐离职。同样的情况还会出现在因薪酬目的就职的职员身上，当薪金的增长不再满足其期望时，也不愿继续留在公共部门工作。CAF的一项问卷对比了不同工龄的职员，并调查了他们加入现职工作的几条原因的重要程度，根据此项调查问卷，本段上述假设可以得到验证。在问卷中，特别设置了一系列提问，比如关于事业发展前景和薪酬等，旨在调查员工对于选择目前工作不同动机的赞同和否定程度。回答分五个等级，从1（完全不同意）到5（完全同意）。图2—18显示出主要入职动机为四项：职业规划与发展、薪酬、工作稳定性以及对国家和社会的贡献。此外，被调查人员按照不同的工龄以及所在部门进行分组。

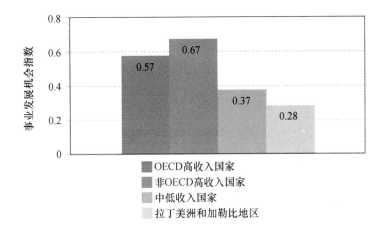

图2—17　官僚阶层质量指数。2000—2013年平均值[a]

a／：图表显示出几组国家员工事业发展机会的指数。该指数基于五项问题答复的平均值，区间范围在0~1，数值越接近1则表明工作绩效对员工在单位内向高职位晋升的重要性越大。

信息来源：根据Teorell等人（2015）数据制作。

结果印证了之前的假设：重视事业发展前景和薪酬的员工会在一段时间之后放弃公共部门的工作。特别是当公共部门的员工工作10年或以上时，便不很认同入职时间短的员工的以下观点，即认为事业提升和薪金是挽留他们的重要原因。但是这种情况既不发生在私营部门员工的身上，也不发生在因其他原因入职——如追求工作稳定性和对国家与社会的贡献——的公共部门员工身上。

公共部门相对扁平的工资压缩率以及工作表现与职位晋升之间相对薄

弱的对应关系，会引发员工对于提升与晋职方面的不满情绪。图 2—19 显示，有无高等教育背景的公共和私营部门的员工对于晋升满意度的对比情况。可以看出，没有受过高等教育的公共部门员工比同样没有受过高等教育的私营部门员工对于晋升方面的满意度要高。但是，相关系数显示，受过高等教育的公共部门员工比受过高等教育的私营部门员工对于晋升方面的满意度要低。

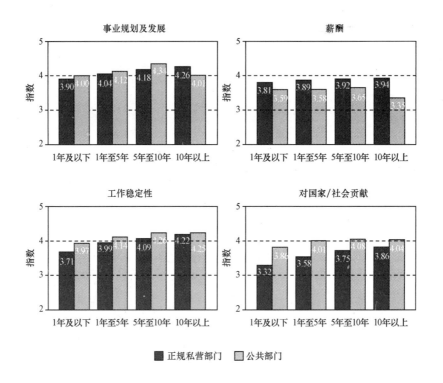

图 2—18　拉美城市员工以工作年限分组，选择现任工作岗位的原因 （2014）[a][b]

a/：图中指数区间为 1~5，1 表示"完全反对"，5 表示"完全赞同"。图中数据基于员工入职动机重要度调查回复统计得出。指数越高则表明，员工在做入职决定时对相关动机的认可度越高。调查对象仅限于具有高等教育背景的员工。

b/：调查城市涉及：布宜诺斯艾利斯、拉巴斯、圣保罗、波哥大、基多、墨西哥城、巴拿马城、利马、蒙得维的亚和加拉加斯。

信息来源：根据 CAF2014 年问卷调查整理制作。

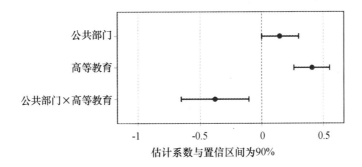

图 2—19　拉美城市中受教育程度不同的公共部门员工和

私营部门员工对于晋升的满意度（2014）[a/b/]

　　a/：员工对晋升满意度为因变量，用数字 1～5 来衡量，数字越大则满意度越高。自变量为：1. 员工是否在公共部门工作；2. 员工是否受过高等教育；3. 前两条件皆满足。通过对自变量和因变量的多组回归分析，用普通最小二乘法得到自变量和因变量的相关系数，置信区间在 90%。其中性别、年龄及所在城市为控制因素。结果如上图所示。

　　b/：调查城市涉及：布宜诺斯艾利斯、拉巴斯、圣保罗、波哥大、基多、墨西哥城、巴拿马城、利马、蒙得维的亚和加拉加斯。

　　信息来源：根据 CAF2014 年问卷调查整理制作。

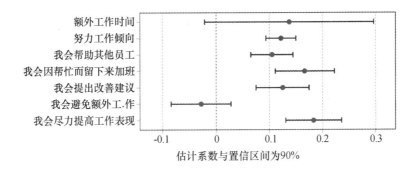

图 2—20　拉美城市中，员工对于晋升的满意度与多种

工作表现指征之间的关系（2014）[a/b/]

　　a/：职工对晋升满意度为因变量，用数字 1～5 衡量，数字越大则满意度越高，自变量为图中左侧所示因素，通过对自变量和因变量的多组回归分析，用普通最小二乘法得到自变量和因变量的相关系数，置信区间在 90%，控制因素为城市、经济部门、性别、教育水平和对工作的整体满意度等其他员工特性。

　　b/：调查城市涉及：布宜诺斯艾利斯、拉巴斯、圣保罗、波哥大、基多、墨西哥城、巴拿马城、利马、蒙得维的亚和加拉加斯。

　　信息来源：根据 CAF2014 年问卷调查整理制作。

在公共部门任职的有教育背景的员工,对于事业前景的不满意不仅会挫伤其工作的积极性,也会导致其离职。图2—20显示出晋升满意度与工作表现之间的关系程度。总体而言,如果员工满意提升和晋职体系,就会更加努力工作、帮助他人、为改善单位建言献策、提高自我素质以及在需要时延长工作时间。

最后,图2—21显示,那些因事业规划和发展动机入职的员工更可能会超时和努力工作,或者在其他各方面的工作表现中都更积极。不幸的是,(如图2—18所示)如果这些员工的愿景不能得到满足时,可能会随着时间的流逝而放弃在公共部门的工作。

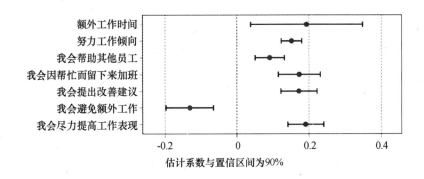

估计系数与置信区间为90%

**图2—21　晋升评估与多种工作表现指征之间的
关系（2014）:拉美城市地区[a/b/]**

a/:员工对于晋升的评估为因变量。员工对于入职现任岗位的动机为职业规划与发展这一态度的认同度用1~5衡量,数字越大表示满意度越高。自变量为图中左侧所列出的因素,通过对自变量和因变量的多组回归分析,用普通最小二乘法得到自变量和因变量的相关系数,置信区间在90%。控制因素为城市、经济部门、性别、教育水平和对工作的整体满意度等其他员工特性。结果如上图所示。

b/:调查城市涉及:布宜诺斯艾利斯、拉巴斯、圣保罗、波哥大、基多、墨西哥城、巴拿马城、利马、蒙得维的亚和加拉加斯。

信息来源:根据CAF2014年问卷调查整理制作。

七 按绩效分配薪酬可以优化
公共部门的运行体制吗

将绩效与薪酬挂钩（以下简称 P×D），可以从不同渠道改善工作单位的运行情况。第一，一个把部分薪酬和某些工作任务挂钩的合同可以让不能完成任务的员工感到压力。第二，只要员工可以感受到有付出就会有回报，按绩效分配薪酬就可以激发员工努力工作。也就是说，将薪酬与绩效挂钩的制度可以达到一石二鸟的效用：吸引优秀的员工，使其与用人单位整体利益保持一致并降低道德风险。①

确实如此吗？举个例子，Lazear（2000）在一家名为 Safelite Glass 的汽车玻璃企业的案例中，找到了按绩效支付薪水的有利证据。在 1994—1995 年间，这家企业把薪水的计算形式从计时改成计件（piece-rate pay）。这个改变使得每个员工的生产能力提高了 44%。大约一半的员工提高了工作积极性，但是也由此出现了另外一个情况：生产能力高的劳动者得到聘用，而生产能力低下的劳动者则被辞退。

但这只是一个特殊的个例。首先，工作任务明确而且工作表现好坏易于衡量：玻璃安装得越多，表现越好。其次，工作努力（无论是否有人监督）和玻璃安装的数量之间有很强的联系。但是这些衡量条件在其他的工作中并非如此明显，尤其是在那些与公共服务有关的工作中。P×D 在公共部门的可行性是怎样的呢？会有哪些风险呢？

研究最多的一种风险就是很多岗位具有的"多重任务"性（Holmstrom 和 Milgrom，1991）。如果工作成效的评估仅与某些任务挂钩（可能因为其他任务不方便评估而没有被纳入），员工可能会因此把精力更多地放在已纳入评估的任务上，从而影响到其他未纳入评估的任务。随后我们会就此展开讨论，一个设计不合理的 P×D 制度甚至会激励员工去完成不被期望的工作。由此，执行这样一个 P×D 可能会对用人单位的整体目标产生负面影响。

---

① 此外这类机制可以激励员工参加培训项目以提高自身竞争力和成功完成既定目标的可能性。另外，还可以促使用人单位思考其战略目标并能形成测评的企业文化。

另外一种风险来自多重利益集团的存在（Bernheim 和 Whinston，1986）。公共部门的用人机制实际上是一条连接机构与利益集团（机构—利益集团）的关系链条，在这条链条最前列的员工实际上能够感受到不同利益集团的不同刺激，从直属领导到普通市民，再到最高领导，不总是单一的刺激来源。

此外，还存在贯彻风险：P×D 体制的执行应当是公平、透明和公正的。为此，应当引入监督和工作绩效测评机制，而这些机制本身是具有复杂性的。应当避免出现监督者评估时不以工作表现为评估基础的情况。比如，出于情面。这可能会导致员工在与工作不相关的事情上浪费精力，比如讨好上级。

另外一项风险——对公共部门而言尤为重要——如何将奖励机制与自我评估相结合并形成工作动机。在这方面，P×D 制度可能会相应地导致两种效果。第一，就人才录用方面，可能会吸引或者排斥对进入公共部门工作有主观需求的员工。第二，就激励机制方面而言，可能改变员工最初入职的动机，结果也会降低员工的努力程度（见 Besley 和 Ghatak，2005以及 Bénabou 和 Tirole，2006）。①

八　CAF 调查问卷分析

哪些人更欢迎 P×D 制度？何种类型的单位更倾向于执行 P×D 制度？P×D 制度下的工资水平是怎样的？基于 CAF 调查问卷所得信息的三项分析可以帮助回答以上问题。

第一，为了考察不同特点的员工与对 P×D 制度不同态度之间的联系，通过收集以下问题的答复进行了统计学分析：您对员工个人绩效（用人单位整体绩效）与薪酬挂钩的赞同程度是怎样的（赞同程度 1～

---

① 关于此项风险案例尤为复杂。一方面，Gneezy 和 Rustichini（2000a）发现在资助学龄儿童项目中引进金钱激励方式反而会降低募捐金额。另一个相似的情况，Titmuss（1970）发现如果给献血者金额补助会降低捐献。据 Gneezy 和 Rustichini（2000b），对接孩子迟到的父母采取强制性处罚时，他们会到得更晚。但是这些与公共部门管理的情况是不同的，因此结果未必能相提并论。另外一方面，Ashraf 等人（2014b）发现在促进预防艾滋病的避孕套销售项目中引入激励（金钱和非金钱）机制，在怀有为社会服务动机的个人和机构中产生了良好的效果。

5)？员工的特点分析包括：年龄、性别、岗位入职时间、受教育程度、风险承受力、为社会服务动机以及努力工作倾向①。一些岗位特点形成的控制因素也计算在内，比如，经济活动部门、公司规模以及是否为公共部门岗位。图2—22显示了分析结果。

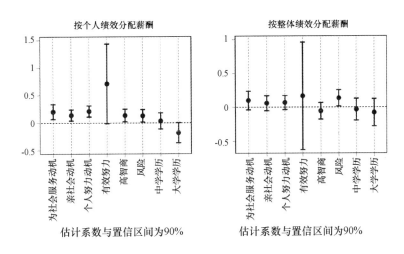

图2—22　拉美城市员工对 P×D 制度接受程度和

员工个体不同特性间的关系（2014）[a/b/]

　　a/：因变量为被测人的回复，用数字1～5来衡量，工资的支付根据个人绩效或整体绩效两种方式支付，变量高智商为二进制变量，如果员工处于指数中间则为1，其余为0，控制因素为城市、公司规模、经济部门、性别、个体年龄以及加入现职原因。通过对自变量和因变量的多组回归分析，用普通最小二乘法得到自变量和因变量的相关系数，置信区间在90%。结果如上图所示。

　　b/：调查城市涉及：布宜诺斯艾利斯、拉巴斯、圣保罗、波哥大、基多、墨西哥城、巴拿马城、利马、蒙得维的亚和加拉加斯。

　　信息来源：根据CAF2014年问卷调查整理制作。

　　可以看出，亲社会性和为公众服务动机、努力工作倾向、智商以及风险承受力与对待 P×D 制度的态度之间呈正效用（左图），也就是说具有以上特点的员工更加赞同按照个人绩效分配工资。在这几项中，只有风险

---

　　①　本章附录中对一些相关变量进行了描述。

承受力一项与按单位整体绩效分配薪酬呈正效用（右图）。在统计学方面没有显示出按照个人或者整体绩效分配报酬与受教育程度或性别（该项未纳入表中）之间的显著联系。

第二，在分析"工作中是否按生产能力或者个人/集体目标接受奖励?"这一问题时，发现公共部门较少倾向于采用 P×D 制度，而大型公司（20 名员工以上）则更加倾向于采用 P×D 制度。

最后，评估了在拉美 P×D 制度是否会纳入奖金奖励机制，如 Bryson 等人（2014）所提供的英国案例那样。在不计入与所在城市和经济部门相关影响的情况下，那些引入 P×D 制度的薪酬与个人绩效挂钩的岗位薪酬提高了 16%，而那些薪酬与集体绩效挂钩的岗位薪酬提高了 21.5%（见表 2—3 的 [1]、[3] 两栏）。这种提高程度的区别可由不同的因素造成①。

表 2—3　　　拉美城市中按绩效分配薪酬岗位的奖金情况（2014）ᵃ⁄

变量	个人奖励		集体奖励	
	[1]	[2]	[3]	[4]
引入 P×D 岗位的员工薪酬差	0.1599***	0.1270***	0.2155***	0.1324***
部门和城市的控制因素	是	是	是	是
个人和企业的控制因素	否	是	否	是
观察所得	1.158	1.158	1.151	1.151

a/：城市：布宜诺斯艾利斯、拉巴斯、圣保罗、波哥大、基多、墨西哥城、巴拿马城、利马、蒙得维的亚和加拉加斯。

***著差异以 1% 表示。

信息来源：根据 CAF2014 年问卷调查整理制作。

————————————

① 理论上，出于多种原因，P×D 制度会使得薪酬成本提高。首先，P×D 制度可以从外界吸引技能更高的员工，而通常这些符合要求的员工薪酬也更高。第二，提高员工的努力工作程度。第三，奖金可以解读为对一个公司规模大小的反映，总体说来，大型公司的薪酬水平更高，也更倾向于采用 P×D 制度，因为对大型公司而言，设计和执行 P×D 制度的成本是固定的也是可以轻松支付的。最后，较高的平均工资水平可以理解为对于那些厌恶大幅工资变动风险的员工的补偿。

因此，计算薪酬变化的百分比时受以下条件影响：企业规模和员工的一系列个体特性，如智商、努力工作倾向、受教育水平、入职动机，以及风险承受力。按个人绩效分配收入后薪酬下降了 3.3%（约占原来的20%）；按集体绩效分配收入后薪酬下降了 8.3%（约占原来的 39%）。然而，在两组奖励方式中产生的收入变化在统计学中有两种原因，一种是因为未能计入的测量因素，有可能是来自用人单位的，也有可能是来自员工个人的因素；另一种则是因离差产生的补偿效应。

九　P×D 在公共部门起作用吗

Hasnain 等人（2012）分析了关于按绩效领取薪酬的案例[1]，关注了绩效评估办法的影响，并区分了"相对容易评估"绩效的岗位和"难于评估"绩效的岗位。[2] 举例说明，相对容易评估绩效的岗位属于教育机构的工作、卫生服务部门和税务审计领域。而从事管理或行政的官员岗位则属于难于评估绩效的岗位。关于这两组分类，Hasnain 等人分析了 110 个调查对象：其中 94 个属于相对容易评估绩效的岗位，23 个属于发展中国家执行 P×D 的岗位，19 个为随机选取的调查对象。总体看来，该报告显示了对于 P×D 的乐观看法，当然还应审慎地加以对待（图 2—23）。

在 110 个研究对象中，有 60% 显示出了引入 P×D 制度的益处。此外，考虑到 68 个研究对象有较高方法学质量，70% 显示为积极结果。然而，P×D 制度引入后能够表现出积极效果的主要是那些相对容易评估绩效的工作岗位，这些岗位约占 64%，属于大多数。在不易考核绩效的岗位中，还没有足够供研究使用的信息，尤其是高质量的研究还不足，不能得出关于 P×D 制度效果的结论，尤其是发展中国家的案例更少。

---

[1]　还有其他的修订；然而，本报告所具有的特点使得它特别符合本章的情况：首先，关注点是公共管理领域重要的职位或者部门。其次，关于不同评估办法的比照，既包含了发达国家，也包含了发展中国家中典型的公共部门运行低下的情况。最后，研究报告把各种工作按照经验主义（如观测、田间实验和劳作实验）、方法学质量（基于内部或外部效力）以及工作性质加以分类。大体而言，研究的重点更倾向于激励渠道而不是人才遴选渠道。

[2]　作者采用了 Wilson（1989）的岗位分类方法。相对易于评估的工作的相应英文说法为"craft jobs"，难于评估的工作为"cope jobs"。

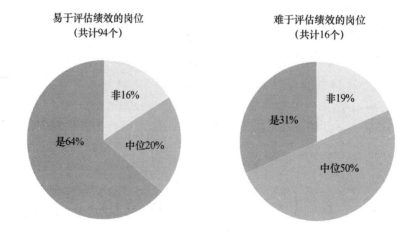

图 2—23 按绩效分配薪酬制度的效率

信息来源：根据 Hasnain 等人（2012）研究成果整理制作。

P×D 制度能够起效用的首要条件是要在适合的环境下执行。Hasnain
和他的联合作者认为，岗位的特性至关重要，在税收管理部门、教育和卫
生健康部门的效果更为显著。一个成功的教育部门案例在专栏 2—4 中可
以看到。

专栏 2—4 按绩效分配薪酬与公共部门劳动者的缺勤现象

缺勤可以理解为一种消极怠工的表现。遗憾的是，在发展中国家
的教育和卫生部门普遍存在缺勤现象。比如，Chaudhury 等人（2006）
的研究显示，秘鲁教育部门和卫生部门的缺勤率分别为 11% 与 25%，
厄瓜多尔的教育部门的缺勤率为 14%。

幸运的是引入金钱激励机制的监督系统可以降低缺勤率。Duflo 和
Hanna（2005）在印度乌代布尔的农村地区率先评估了教育部门的绩
效和薪酬挂钩机制。两位作者设计了一个干预性实验：给每所参与实
验的教育机构安装了摄像头，每日工作时间的一早一晚对教职员工和
学生进行拍照。在这些有监控装置的教育机构中，员工的薪水根据出

勤表现分配为 500～1300 卢比不等。其他非实验学校，即没有安装监控设施的学校，薪酬为 1000 卢比。在参与实验的学校中，缺勤率从 36% 下降到 18%。此外，两类学校的平均薪酬水平实际上是相似的，只是参与有监管措施的学校需要额外的监管设备和行政管理的成本。按绩效分配薪酬的机制是有效的，经济成本是划算的，并且可以推广到其他教育机构。

信息来源：根据 Duflo 和 Hanna（2005）以及 Chaudhury 等人（2006）研究成果整理制作。

在评判按绩效分配薪酬的机制是否方便时，还应考虑以下两点。第一，要根据执行成本核算利润，包括设计成本、监督成本、信息获取成本以及不确定的补偿性酬金成本。此外，也应考虑到预期之外的一些可能产生的社会成本。比如，在教育领域内，如果以学生的数学测试成绩作为考核教师工作的条件，那么教师可能仅会在数学一门学科上努力，而忽略其他学科。

第二，还应考虑影响的传播范围。仍然以教育领域为例，一套 P×D 制度的终极目标是提高学生的素质，但是这点不能直接地被观测到，对于工作绩效的考核基于具体的工具，是远远不够完善的，比如仅以数学考试成绩作为评估办法。在这个例子中，如果 P×D 制度只能提升学生考试成绩，而不是真正有效地提高学生的数学水平，那么这个 P×D 制度的影响范围就是有限的。例如，可能会出现学生突击备考①或者考试作弊（如更换答案或者分数）的情况。一种扩大 P×D 制度影响的方法是准备一个评估绩效的备选方案 B，该方案应当独立于评估方案 A，并且也按照工作绩效对员工进行奖惩。根据方案 A 得出了好的执行效果，也可以通过方案 B 得到。关于教育领域内扩大 P×D 制度影响范围的情况，Neal（2011）的一些研究表明，基于奖惩措施的 P×D 制度会在一些但不是所有的情况中产生效用，这些效益反映了学生中的某些素质提高。也就是说，不是所有的效果都可以扩大其影响范围。

---

① 一种教学策略，旨在提高某个特定考试的成绩，但是却不能真正改善该学科的知识掌握水平。

P×D 和吸引人才优先应聘公共部门:基于 CAF 问卷调查的实例

大部分关于 P×D 制度的评估习惯聚焦在该类制度对员工绩效产生的影响。然而,P×D 制度还可能在聘用人才的渠道上发生作用,也就是说,会吸引或者排斥某些特定特征的应聘者。理论上讲,可以期待 P×D 制度吸引那些倾向于努力工作和具备更高技能的应聘者,同时驱逐那些风险承受力低的应聘者。关于 P×D 制度在具有主观能动性的人才身上产生的影响更具争议性。

为了评估 P×D 制度在人才聘用渠道产生的作用,CAF 2014 问卷调查做了一项测试。测试中随机选取了一组以家庭为单位的被测人员,并告知他们在大部分的私营部门中执行 P×D 制度的信息。测试在拉美地区六座城市的家庭中开展:布宜诺斯艾利斯、圣保罗、利马、加拉加斯、巴拿马城和墨西哥城。

因变量是对于以下问题的回复:"如果下几个月您需要找工作,您会优先考虑公共部门的岗位吗?"用这个问题的回答结果,即是或者否,来衡量员工对公共部门职位的偏向性。考虑到问题是随机提出的,一组被测人被告知上文中的信息,即产生信息干预,被称为实验组;另一组没有受到信息干预的被称为对照组。对于问题的不同答复可能与信息的获取与否有关系。[1]

此外,因为被测者不同的特性,信息的干预会以不同的方式影响被测者。为了探寻这些复杂的效果,建立了一系列二分法变量,以考察被测者的亲社会动机、风险承受力、教育背景、智商以及努力倾向[2]。在这一统计学测试中,包括了前面提到的二分法变量及其在信息干预情况下各自之间的相互系数。这些相互系数反映出了在信息干预情况下被测人员答复的异质性。图 2—24 显示出实验组的系数结果和显示出异质性的特性系数。

"实验组"的变量系数反映了试验对没有高等教育背景、低风险承受力、低亲社会性、低智商和自我提升愿望不足的一组人产生了作用。系数

---

① 重要的是要注意到实验的效果和被测人接受信息时感到意外的程度有关系。在测试中,如果被测试人感觉公共部门内 P×D 制度的存在感低,实验的统计学功效则不能良好发挥。这就使得很难确认相对微小的效果。

② 关于受教育程度的两分法变量,如果被测人具有高等教育背景,值为 1;关于其他变量,如果被测人达到指数的 50%,值为 1。

值是 0.15, 正相关、显著。也就是说, 信息的获得, 即实验的干预, 使得这组人群对公共职位更加感兴趣。

此项实验的回应是否具有异质性? 在某种情况下, 回答是肯定的。尤其是具有以下特性的被测人: 高智商、有自我提升和完善的意向。在两种情况下, 相互系数都接近 -0.2, 这比实验变量的相关系数还要高。这表明, 信息的获取会降低更有才华和更倾向于自我提升的员工的士气。不论是对被测人员排斥风险还是主观能动性这两个特性, 都没有产生异质性的效果。但是这可能是实验的局限性导致的。预期会有风险承受力的相互作用。按劳取酬吸引了更多的主观能动性强的员工。与图 2—22 所显示的结果一致。

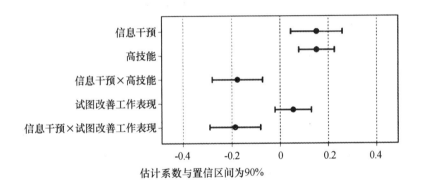

图 2—24 部分拉美城市按绩效分配薪酬和人才聘用的情况 (2014)[a/b/c/]

a/: 如果员工优先考虑公共部门岗位, 那么因变量值为 1, 如果优先考虑私营部门岗位, 那么因变量值为 0。自变量包括: 是否接收到干预信息; 被测人员是否为中等技能以上员工 (该技能的评估需进行一项技能指标中的晶体智商测试); 员工是否试图改善工作表现 (若被测者完全赞同 "我力图提高自己的能力并为改善工作成绩而努力"), 则被归入此项; 这几项变量之间的相互系数。通过对自变量和因变量的多组回归分析, 用普通最小二乘法得到自变量和因变量的相关系数, 置信区间在 90%。结果如上图所示。

b/: 本试验在随机抽取调查人员中传达如下信息 (即干预信息的内容): 在私营部门按劳取酬比在公共部门更为普遍。

c/: 调查城市涉及: 布宜诺斯艾利斯、圣保罗、墨西哥城、巴拿马城、利马和加拉加斯。

信息来源: 根据 CAF2014 年问卷调查整理制作。

十 关于 P×D 制度的设计与执行的指导

我们已经研究的案例说明,在一些公共部门行政环境内存在引入按绩效分配薪酬体系的空间,并可以通过此体系改善公共部门的用人机制。但是该体系的运行成效十分依赖良好的设计①和合理的执行。在着手设计该体系之前,应考虑以下几点。

第一,建议考察员工对于此类 P×D 体系的偏好,这将有助于了解员工对于此体系的认知程度以及可能存在的抵制,这样就可以有的放矢地制定对员工讲解 P×D 的策略。CAF2014 年的调查问卷显示出了对 P×D 的普遍认可(见图 2—25)。尤其是在公共部门,71% 的员工赞同或极为赞

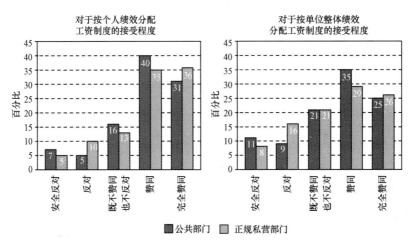

图 2—25 拉美部分城市对于按绩效分配薪酬的接受度(2014)[a/b/]

a/:图中以百分比形式显示了员工对于"部分薪酬与个人绩效挂钩"和"部分薪酬与单位整体绩效挂钩"的态度,选项分别为"完全反对""反对""既不赞同也不反对""赞同"和"完全赞同"。

b/:调查城市涉及:布宜诺斯艾利斯、圣保罗、墨西哥城、巴拿马城、利马、蒙得维的亚和加拉加斯。

信息来源:根据 CAF2014 年问卷调查整理制作。

———————————

① 不存在一个唯一和普世皆准的设计。实际上,我们收集并在此提供了此类体系的诸多特性和其复杂性。在不同环境下,不同的特点可以发挥其相应的长处。但是,看起来有些规则可以超越不同环境而发生作用,本报告便试图反映这些原则。

同将他们的部分薪酬与个人绩效挂钩，55%的员工赞同或极为赞同将他们的部分薪酬与单位整体绩效挂钩。

第二，确认计划在执行过程中的瑕疵是否是由激励方式或其他因素造成的（比如资源的匮乏等），这一点十分重要。例如，有一项关于评估减少拉美地方政府逃税策略的研究发现，收税单位官员在锁定欠税者方面效率低下。在每十个欠税者中就有四个不能被找到。这可能和税务财政官员不够努力有关，但是也可能是因为纳税人的登记地址有问题。因此聘请了一家顾问公司，而这家公司基于同样的地址等数据来搜寻欠税方并使得欠税方的数量下降了一半。这项研究显示，在这种情况下，此部门有引入按绩效分配薪酬制度的空间，并由此能够提高政策的执行能力。

1. 在实践中设计 P×D 体系

设计一个 P×D 体系需要多种要素，如表 2—4 所示。哪些选择是可能性最高的正确选择？哪些是存在一定错误的选择？为了回答这些问题，分析了共计 74 个 P×D 体系，其中教育部门 21 个、卫生部门 32 个、税务管理部门 21 个。①

表 2—4　设计 P×D 体系时选用的参数

何谓基础？	何人参与？	尺度多大？何种类型？	个人或集体？	比照标准
以质量或数量评估时可按任务数量或工作结果评估	评估方是谁？监督人　人力资源部门　同行　第三方　被评估方是谁？　领导与教师　监督人与被监督人	薪酬哪部分是固定的？哪部分与绩效挂钩？　现金或非现金奖励	根据个人、小组还是单位整体绩效？	预先设置的任务目标　最低任务目标与历史绩效相比，与内部、外部绩效相比　按百分比支付薪酬　按产品支付薪酬

信息来源：本文作者制作。

___

① 具体信息参照 Hasnain 等人（2004）以及 Neal（2011）。欲知详细信息，请与本文作者联系。

2. 何谓基础

在给某机构设计 P×D 制度时，一开始就要明确涵盖的步骤和目标（或结果），以及在完成目标时与绩效挂钩的可评估任务都是什么，这对于该机构而言至关重要。评估体制应当建立在容易考核的指标基础之上，考核指标应与用人机构的整体目标保持一致，并且与员工的行为休戚相关。

考核绩效可以以质量为依据，这是基于监管者或受益人的主观意见；或者更为客观的方法是以数量为依据。仅以主观意见作为考核办法的 P×D 体系存在较大的失败风险，尤其是当考核者实施不公正的处理时。[1] 以数量为评估依据的办法可以分成两类：根据工作成果或者工作投入。工作成果通常与用人单位的特性有强烈联系，但是也不仅仅依赖该单位的内部行为，同时也受外部因素影响。例如，教育部门的考核指标可以是学生标准化考试的成绩，而在税收部门，则可以以管辖范围内的逃税情况为依据。以要素为考核指标的例子，在教育部门可以是教师工作时间，在卫生部门可以是医生接待患者的人数，而在税务管理部门则可以是税务官员采取的追税的惩罚措施数量。当然，一个评估体系可以同时纳入不同的评估办法。

在调查的所有 P×D 体系案例中，70% 是根据客观办法进行绩效评估的，这在所有部门中都有所体现（见图 2—26）。几乎余下的所有案例都采取了客观和主观混合的方法来评估绩效，称为主客观混合型。只有两个被调查的 P×D 体系仅采用了主观意见考核办法。[2] 以客观评估为主导的是教育部门（主要是正规考试的成绩）和税务部门（主要是税额的收缴

---

[1]　当采取客观指标作为评估方法时也会出现这种情况，但是在使用主观评估方式时出现这种情况的可能性更大。

[2]　这两个 P×D 体系案例是摩洛哥和巴西的税务管理部门。在摩洛哥的案例中，员工的绩效评估分五项：基本取得工作成效、专业知识、工作质量与团队意识、责任意识以及工作持续性。巴西案例的评估内容是工作投入度和对工作单位整体目标的承诺、业务知识和自学能力、工作质量、创造力、公共关系与遵守纪律以及与同事关系。有意思的是这两个 P×D 体系都引入了某些机制以减少主观评估会带来的问题。在摩洛哥的案例中，该单位采用经理轮换制以避免裙带关系，此外还开展对于评估结果满意度的民意调查，并且委任人力资源部门协助完善 P×D 体系；在巴西的案例中，员工可以就评估结果申诉。

和逃避情况),卫生部门[①]以要素指标作为评估办法(比如,医生接待患者的人数或者已采用的治疗方法)。[②]

绩效考核办法

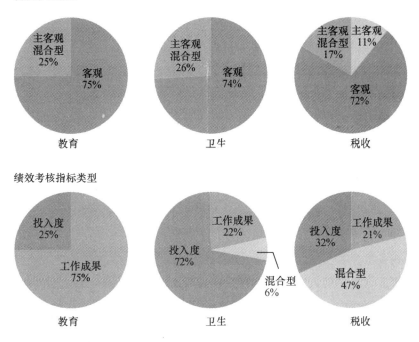

绩效考核指标类型

图 2—26 按绩效分配薪酬体系的特点[a/b/]

a/:第一行的三张饼状图显示了主观和/或客观的考核办法在研究案例中所占的比例。研究案例的个数与所属部门如下:20 来自教育部门、30 来自卫生部门和 18 个来自税收部门。

b/:第二行的三张饼状图显示了按照"要素"和/或"工作成果"作为考核内容在研究案例中所占的比例。研究的案例数与所属部门如下:20 个来自教育部门、30 个来自卫生部门和 18 个来自税收部门。

信息来源:根据调查资料整理制作。

---

① Miller 和 Babiarz(2013)提供的资料也显示出在卫生部门要素是主要评估指标。

② 在教育部门,教师的出勤情况作为要素指标(Duflo 等,2012),在税务部门,则把访问纳税人作为投入度评估指标(Burgess 等,2010)。另外,在卫生部门也采用结果评估办法,比如幼儿园幼儿的体重增长情况(Singh,2011),或者根据该医生治疗的病人的体检结果(血红蛋白和胆固醇指标)(Vaghela 等,2009)。

不同的因素会产生不同的选择。尽管以前人们可能认为最为适合的办法是按照工作成效分配薪酬，但是有可能会导致高额成本或者难于获取可信的评估结果。在另外一些案例中，尽管实行了按成效的办法，但是相对而言这可能和员工的行为联系不大，因为会受到外界因素的影响，所以要尽力摒除这些外界因素。

不论在哪种情况下，评估办法都应该和用人单位的整体目标保持一致。如果不一致的话，就不仅会导致工作成效低下，还会引发不合理性问题的出现，比如 Gavagan 等（2010）提到的卫生部门的案例。

此外，还要注意多重任务的情况（Holmstrom 和 Milgrom，1991）。在这种情况下，如果只是奖赏其中一项任务的完成，会导致对于其他重要任务的忽视。比如在教育部门，如果只激励教师关注学生的营养状况（Vermeersch 和 Kremer，2005），或者某些学生的贫血问题（Sylvia 等，2013），知识的教授就会被减少关注。在这种情况下，如果在员工努力方向、奖金支付和用人单位整体利益目标之间不能达成一致，就算是在评估体系中引入多任务目标，上述问题还是会继续存在的。

最后，很多用人单位已经有了评估系统，但不是 P×D 制度，而是用于监测/评价整个单位的一种工具。如果用这个评估系统来按绩效分配薪酬的话，可能会对员工产生负面影响，因此一些人建议把按绩效分配薪酬和评估用人单位这两套系统分开。

3. 何人参与

在设计一套 P×D 体系时，还应明确由何人去执行以及针对何人：监管者、被监管者或者两者皆是。应当避免评估考核的不公正性和不能如实反映工作绩效这两种情况，有时即使采取客观评估的方法，仍然有出现上述情况的风险。比如，Kremer 和 Chen（2001）提供的肯尼亚教育领域的案例，教师可以因为良好的出勤率而得到奖励，但是负责监督的领导却向教师保证帮助他们做假。另一个例子，Jacob 和 Levitt（2003）提供的资料表明，芝加哥的学校老师是如何把学生的考试答案替换掉，以便使自己在绩效评估时得到奖励。一种预防这种作弊行为的办法是由校外人员来监考。

在教育和卫生部门的 P×D 制度中，有 70% 分别由教育部和卫生部去执行评估绩效的工作。税务管理部门的大部分 P×D 制度则是由单位内部的领导或者监管者实行评估,一方面是由于广泛使用主观评估办法,另一方面是因为只有在税务系统内部才知道如何确立具体的客观评估办法和内容。在一些案例中,比如卢旺达的一些卫生中心(Meessen 等,2006),也使用自我评估的办法,辅之以由随机选取的人员来审查以避免作弊情况的出现,以及由受益人来执行评估。比如,在美国的一些学校中,由学生来评估他们的教师(Eberts 等,2002)①。

此外,应当激励员工还是激励他们的监督者呢?激励监督者的好处在于,在评估方面他们有更大的创新空间。激励员工间的合作和确保最佳的个人素质与任务目标的一致性,这两点可以产生最大的生产力。然而,在实际情况中,许多 P×D 制度更倾向于奖励员工,因为考虑到是他们的努力决定了用人单位整体目标的实现情况。此外,同时激励员工和员工监督者的 P×D 制度也很常见,例如从 20 年代 90 年代起,丹麦海关和税务部门就这么做了(Dewulf,2004)。

4. 尺度多大,何种类型

尽管薪酬与绩效挂钩部分所占总体薪酬比例越高,可能产生的激励效用越大,但是有一些因素却可能导致高奖励低效果。第一,当薪酬与绩效挂钩部分的比例越高时,薪酬的变动幅度也越大,这可能导致预期平均工资水平的上涨,因此要增加更多的薪酬补贴。在拉美地区已经证实薪酬奖励部分持续在 P×D 制度中作为补贴存在。例如,Eichler 和 Levine(2009)提供的资料表明,海地卫生部门执行的一个 P×D 制度如何向美国国际开发署(英文简称 USAID)要求高额财政补贴,以便当地负责执行的非政府机构接受。第二,心理学领域的叶克斯—多德逊法则(Yerkes - Dodson)认为,极高的奖励会造成过大的压力和渴望,从而导致效益的降低(Hasnain 等,2012)。

在实际中,哪怕在部门内部,奖励的大小都是多变的。比如,根据 De Wulf(2004)的资料显示,在税收部门,智利员工的绩效工资从基础工资的30%到100%不等,韩国这一相关水平是15%,而在菲律宾则是

---

① 每季度末,学生都会填写一张调查问卷,问卷上的提问针对老师的教学质量展开。学生对教师进行 15 项评估,每项满分为 5 分,那些在四个季度中,在所有授课班级(同时需平衡授课班级的出勤率),每项都达到 4.65 分的老师,基本工资增长 5%,奖金增长 10%。

1%到18%不等。在卫生部门，有些情况下，与绩效挂钩的薪酬最高限为总薪酬的3%（Gavagan等，2010），而另一些情况下，薪酬与绩效挂钩的部分可以达到全年收入的25%（Doran等，2006）。最后，在教育部门，有时薪酬与绩效挂钩的部分为3%到7%不等（Fryer，2011），也存在25%到100%不等的情况。

奖励尺度在每一个P×D制度中都不尽相同，最佳的尺度取决于工作任务与工作成效之间的关系（也就是说，用人单位的生产职能是什么），以及用人机构采取的绩效评估办法和员工的风险承受度等因素。如果存在巨大的奖励尺度离差性，则要考虑到尺度的不合理。实际上 Fryer（2011）、Rosenthal 等人（2005）以及 Gavagan 等人（2010）均提及了因奖励过低而导致失败的 P×D 制度案例，在这些案例中奖励部分从未超过基础收入的10%。

最后，考虑到有一些人更看重认可度和自己工作的价值，那么对于他们的激励办法可以是非金钱的吗？Miller 和 Babiarz（2013）从员工素质角度证明，不论是报酬还是认可性的证书，在激励这类员工时都成效斐然。而 Ashraf 等人（2014b）则从员工任务完成的数量角度证明，在一些情况下公众的认可比金钱奖励更加能够促使人们的努力。

5. 个人还是集体

在设计一套 P×D 制度时，另外一个重要的决策是，在薪酬与绩效挂钩时应评估的是个人的绩效还是集体的绩效。以集体的绩效为奖励基础的好处在于可以加强合作，但是这却只是促进个人努力的弱小刺激，尤其在大的团体内会导致滥竽充数（free-riding）的员工存在（见 Vigdor 等，2008，教育部门相关案例）。反之，如果以个人绩效为评估基础，则会避免机会主义的问题，但是又会导致员工之间的敌意或者不合作。

在实际运用中，两种评估办法都很常见，甚至在同一部门内会同时出现两种并存的情况。比如，在墨西哥教育部门（事业部）绩效评估办法中设立了教师个人奖励，而在智利（国家教育机构工作绩效评估体系，缩写为 SNED）则以教育机构为奖励对象（Vegas 和 Umansky，2005）。有一种好的策略是把两种评估办法相结合，根据本文涉猎的经验，在税收管理部门常常采用这种策略。在每个 P×D 制度中的奖励比率也多种多样：比如，在罗马尼亚，70%的奖金与个人绩效挂钩，而在南非和伊朗则分别为50%和10%（De Wulf，2004）。

6. 比照标准

最后，重要的是应当把评估结果转化为报酬，而不是如何评估、由谁评估或者评估谁。实施这一转化的机制可以是多种多样的，但是避免负面激励和发生不希望发生的行为是至关重要的。这类机制通常和一些标准结合在一起，比如：测量绝对值、预先设置的目标、可比较群组的比照、历史数据，或者统计学的度量方式。

比如，一个奖励机制可以是"计件式报酬支付"（piece-rate pay），这种奖励机制就是按照一定的标准进行评估（可以按工作成效也可以按工作投入度），然后做简单的乘法。原则上，这种机制可能在公共部门不像在工业制造业部门那么容易执行。然而，也存在一些成功案例，比如根据Duflo等人（2012）提供的资料显示，在印度，教师如果在每月出勤20天的基础之上，每增加一天额外出勤则奖励50卢比，缺勤一天则罚款50卢比。在卫生部门，Li等人（2014）研究了一个加拿大的案例，诊所需要联系病患并劝说其前来做有关疾病预防的问诊，每确定一人来访，诊所得到6.60美元奖励。Kouides等人（1998）研究了一个美国的案例，以65岁以上老人接种疫苗的数量来评估医生的工作，每接种一次，得到8美元奖励，如果接种数量覆盖目标人口的70%，则每次奖励增长0.18美元，若覆盖率达到85%，则增长1.16美元。

在公共部门很常用的一个选择是建立一套不同级别的目标，然后按照目标的完成支付相应级别的薪酬。举例说明，美国田纳西州纳什维尔地区（2006—2009）一个名为POINT的教师激励计划，对那些在"附加值"评估办法①中分别超过80%、90%和95%门槛的教师，分别给予0.5万、1万和1.5万美元的奖励。

这个机制的劣势是，尽管可以对那些略低于门槛标准的员工产生巨大的激励效果，但是对于那些远低于或者超出门槛标准很多的员工则不起作用。这种情况不会出现在以整体绩效考核的激励体制上，还会造成工作绩

---

① 在教育领域内的"附加值"办法是一种很常见的评估绩效措施。该措施试图通过对比某年级组的学生成绩与上一年级组学生在同年级时的成绩，以及与其他地方同年级组的学生成绩来确认教师在学生学习过程中的贡献。

效和薪酬之间关系的脱节（Laffont 和 Tirole，1993）。

两种机制都存在附加弊端，即确立任务目标的不确定性或越过每个目标门槛的员工人数的不确定性，这两种情况会导致薪酬成本的不确定性。有一种避免此类弊端的机制选择，即按员工的绩效名次或者排位进行奖励。第一种选项是按百分比支付薪酬，也就是说，按照个人在全体员工绩效排名中的位置支付薪酬，Barlevy 和 Neal（2012）如此推荐[①]。此类按名次奖励的机制还有一种变体，即加入员工之间的竞争，奖励仅仅给予在绩效排位中名列前茅的员工。竞争机制和名次机制一样，对那些自觉无法胜出的员工起不到激励作用。按百分比或排位支付薪酬的办法，尽管可以对所有的员工产生激励作用，但是却会造成复杂性，并由此减弱激励效果[②]。

在定义一个比照标准时，应考虑的事实是所有的员工并非在相同的条件下展开竞争。一个理想的 P×D 制度可以认可不同的学生、患者和欠税方具有不同的潜力/困难，并由此以不同的方式予以补偿。在评估教师或者学校时，应用标准化测试可以成为一个范例。一个学生的表现不仅和教师的教授质量有关系，也和他的家庭环境有关系：用不同的学生作为衡量教师的统一标准，这是不公平且无效的，因为在问题家庭中成长起来的学生不会受到激励，他们也不易提高考试成绩，并且会给其所在学校在吸引并保留优秀教职工方面造成困难。因此在制定 P×D 制度的奖励标准时，应当考虑到条件的多样性。实际上，很多 P×D 制度可以做到这点，比如智利 SNED 的案例，根据学生的特点把被考核学校分成不同的组，并且承认环境和学生背景的不同会导致不同的绩效（Vegas 和 Umansky，2005）。遗憾的是，有时候在考虑到多样性而使标准灵活性增强的过程中，会采取随意而专断的方法，这会导致不合理的修正方案产生（Neal，2011）。

在 P×D 制度这方面的设计中，避免或者恶化不希望情况的出现是很关键的，对于一些问题之前已经讨论过了。确立的标准过高是一个通病

---

① 该机制是为教育部门设计的。首先，给每个学生建立一个对照组，对照组内的学生都与其有类似的学习成绩、家庭背景以及其他特质。其次，一年之后，把该学生的表现与对照组进行比对。这样一所学校的学生平均水平体现了教师的工作表现指数。教师的奖金比例就由这个指数来确定。

② Fryer（2011）认为 P×D 制度的复杂性会伤害到该制度的运行效果。

（Neal，2011），例如前文提到的 POINT 体系，可能就已经遇到了这个问题，尽管它的奖励很高，但是却不能产生什么作用（Springer 等，2011）。另外一种情况是根据前一个周期的绩效情况来制定这一周期的考核标准，这就会产生"齿轮"（ratchet）效应，即员工会因此把自己的绩效固化在自己的潜能之下，因为如果当前一年绩效成绩过好，下一年的绩效标准将会提高，从而给自己造成困难。

另外一个最为常见和严重的问题出现在确立标准的过程中，即员工对评估标准暗箱操作。例如，如果奖金的支付按照标准化统一考试的平均成绩奖励，教师可能会鼓励差等生不要参加考试；如果奖金的支付按照通过门槛标准的学生数量，那么教师则可能会只把工作重点放在可能通过门槛的学生身上，从而忽略其他学生。类似情况也可能发生在其他领域。比如，Shen（2003）研究过一个案例，关于激励那些看护滥用毒品病人的医生，Shen 认为，医生可能在滥用毒品病人数量过多的时候优先照顾情况轻的病人。

有一些办法可以减少上述问题。为了避免教师在奖金激励下鼓动学习差的学生缺席考试，可以给缺考的学生设置一个最低分；为了避免教师只把精力花在最有潜力的学生身上，可以把全班学生的平均成绩作为评估依据（Muralidharan 和 Sundararaman，2011）。[①] 或者可以奖励老师采取公平的措施（比如，鼓励平均成绩的提高），又或者惩罚不公平现象的出现，比如，对未通过门槛的学生数量或者学生最优成绩与最差成绩之差设置考核标准。

总之，一套 P×D 制度的设计和执行是一个繁杂但同时也是关键的问题。显而易见，一个合理的设计，其具体特点应根据环境条件的变化而变化，并且应当是思索与学习的结晶。然而，有一些重要的规则可以超越不同的环境因素发挥作用。重要的是测评方式要客观，明确并紧密联系用人单位的目标。奖金应该足够吸引人，比如要拉开档次，而所设置的测评标准，既可以使员工达标，又应具有挑战性。P×D 制度应当是透明的，并

---

① Muralidharan 和 Sundararaman（2011）指出，这样的制度尽管可以使教师不忽略任何一名学生，但是也不能保证教师在每个学生身上花费相同的精力。教师更愿意关注那些提升效果明显（参照本周期开始时的测验成绩）的学生，无论是学习成绩好的或是差的。

且易于理解和在管理当中应用。应把外部因素也加以适当考量，因为这些因素会影响到评估，甚至波及更广。此外，还要考虑到 P×D 制度会夸大或者减小不当行为的发生。最后，保证制度的公平性也十分重要：员工应当可以感受到公平与公正，而且也应让员工感受到，重要的工作是能够被观察到并能够得到评估的。

十一 结论

公共部门用人机制的质量决定了国家的强弱。在本章中，分析了拉美国家公共部门的薪酬补偿结构，及其通过人才遴选和激励渠道对公共部门用人机制质量的影响。

一个好的公共部门官员应当是称职的、诚实的并且具有主观能动性的。资料表明，拉美地区公共部门官员的素质基本上比一个典型正规私营部门的职员更高，也更具有主观能动性，但是在一些较为少见的情况中，对腐败的抵抗力较低。然而，这还不足以提炼出最终结论。与正规私营部门对比的资料尚不充分。此外，与相对发达地区的比对结果并不乐观。

通过对公共部门薪酬体系的研究，可以发现其与私营部门的不同之处，有三点值得一提。第一，关于薪酬差别，公共部门女性员工间的薪酬差别较大，不计入员工的特征（如受教育程度和工作经验等）后进行统计，女性员工的薪酬差别仍然存在，但随着员工素质的上升呈减小态势，而同等条件下受过高等教育的男性员工间的薪酬差别则呈增高态势。第二，在劳动生涯中，公共部门员工的薪酬增长却不明显，而且员工的晋职并不总由个人品行决定。第三，按绩效支付薪酬的制度在公共部门的使用率要比在私营部门低。

公共部门薪酬制度的这些特点在吸引、挽留何种类型人才以及员工表现方面会造成一些影响。首先，高技术型人才和其他员工之间不明显的薪酬差别会使得在招聘和留住最有素质的员工方面产生问题。然而，那些具有主观能动性的员工却不受此影响。此外，公共部门相对较低的薪酬补贴会让素质最高的员工产生不满，结果会使得工作绩效不能得到促进，甚至还可能导致欺骗行为发生。

其次，公共部门相对扁平的工资压缩率，以及工作表现与个人事业发展之间相对薄弱的联系，也会引发员工——尤其是素质最高的员工——对于提升与晋职方面的不满情绪。这会导致那些看重事业发展的员工流失，并且挫伤那些继续留在公共部门的员工的工作积极性。

最后，有证据表明，当设计良好的按绩效分配薪酬的体系在合适的环境中运行时，有利于得到较好的工作成效。然而，制订行之有效的 P×D 制度要设置易于评估绩效的标准不能轻易被暗箱操控，并且要与用人单位的整体目标保持一致。反之，则会适得其反。同时，也有证据表明，这种制度有助于吸引素质最高、最努力工作和最佳主观能动性的员工。

总之，分析结果显示，薪酬制度的改善可以使公共部门用人机制存在改善空间。大体上讲，弹性的薪酬结构，最大化的薪酬与绩效挂钩，以及充满竞争力和努力工作的氛围的事业发展前景，可以吸引最优秀的公共部门职员，并且最大化地激励他们的最佳表现。显而易见，这里的研究并不涉及具有巨大挑战的政治经济改革。

还有两点应当考虑的内容。一个是由于员工相对于其公共职能的一些特性不易被观察到，那么就需要考量在招聘员工过程中是否应当引入相关工具以考察他们的相关特性。这些特性包括与主观能动性相关的动机、对于欺骗行为的容忍度、认知能力和情商状况等一些可以提高为国家服务能力的因素。尽管劳动合同可以帮助遴选人才，但是补贴条件的既定变化既可能优化也可能恶化人才库，这就很有必要设立一个补贴机制。此外，关于上面提到的员工特性，应对此展开研究，看是否有可塑性，比如通过培训和锻炼，或者在工作中和用人单位的环境下成长，这都可以是行之有效的办法。此外，除了薪酬制度，其他可能改善公共部门用人机制的方式不在本书讨论范围之内，比如组织结构方面、自我管理和岗位自治以及监测、管理机制等。

十二　附　录

CAF2014 年问卷调查中关于员工入职动机、才能以及偏好的测评

为公众服务动机（Perry 和 Wise，1990），被定义为"个人对于公共机构或组织现阶段的主要或唯一动机所作出的回应"。出于为公众服务的动机的人员，会优先考虑入职公共部门并且在岗位上表现出良好的品行。

此外，公共机构可能不需要实施外在刺激以吸引怀有这类动机的人才。关于此方面的测评基于 Coursey 和 Pandy（2007）设置的简化至 10 道的问题：

1. "政治"对我而言是一个肮脏的词汇。

2. 任何一个政客对我而言都是一样的。

3. 我对政治不感兴趣。

4. 我不对个人利益有所期待，并且和我的小区或者社区一起做贡献。

5. 提供良好的公共服务对我很重要。

6. 哪怕会伤及我的个人利益，我也宁愿公共官员们做出最有利于社会的事情。

7. 我觉得服务我的社会是一项公民责任。

8. 当我看到人们因自己的问题而苦恼时，我很难抑制我的情感。

9. 每当我看到一些日常生活情景时，会想起我们都是互相依存的。

10. 我很少会去怜悯那些身处困境却不自助的人。

亲社会动机（Grant，2008），被定义为帮助他人的愿望，测量这一动机的 8 项确认条件由 Ashraf 等人（2014a）制订：

1. 帮助他人令我觉得快乐。

2. 当我无偿付出时，我不感到幸福。

3. 每次在帮助别人之后，我都会感觉很好。

4. 帮助那些身处逆境之人，并不令我振奋。

5. 我不觉得我应当行利他之事。

6. 我觉得我应该捍卫他人。

7. 我不觉得我应当无私行事。

8. 我觉得帮助他人总是可能承担责任。

努力倾向。诸多有关工作态度的提问都可作为工作努力与否的衡量办法。调查问卷尤其应当能够反映被测试人对一系列确认式陈述的反对或赞同程度，答复从 1（完全反对）到 5（完全赞同）。确认式陈述如下所示：

1. 尽管我没有被强制要求，但是我也会帮助新员工。

2. 如果需要我的帮助，我会加班。

3. 我会提出改善建议。

4. 我会避免附加的任务和责任。

5. 我会寻求自我提升以提高我的工作成效。

风险承受力。风险承受力通过一些问题来测试,这些问题旨在探究员工个体在做出一项决定前是否有必要被告知全部相关信息,以及员工更倾向于薪酬有保证的一份工作,还是倾向于一份有薪期待、但薪酬却又有很大不确定性的工作。员工风险承受力的评估结果按序排列为从 1(低风险承受力)到 4(高风险承受力)。

向员工个体提供两种收入选项,一种是固定收入,另一种是每月都会产生变化的,可能是很少或很多的风险收入,并向他们进行如下提问:"假设您的薪酬是家庭中唯一的经济收入来源,您必须在两种中做出选择,您选哪项?"如果选择风险收入一项,则被列入高风险承受力一组(即 4);如果选择固定收入,则再向其提供一种比第一次的风险选择薪酬还要高的风险选择。如果接受第二种风险选择,则被计入中高风险承受力一组(即 3),如果不接受,则对其提供第三种薪酬的风险选择,这次比第二次风险选择的薪酬还要高。如果接受则被归入中低风险承受力一组(即 2)。如果仍不接受,则属于低风险承受力组(即 1)。

关于语言概念化能力的简单测试(Brenlla,2007)。语言概念化能力的定义是,一个人概括、抽象看问题以及找到语言概念之间联系的能力①。一个人需要通过领会事物的相似或者不同之处,通过周围的事实或者想法以及个人的技能来把相似事物进行整理或分类。与此同时,还需要配合记忆力、理解力以及联纵思考和归纳思考的能力。

此项测试评估了以归纳方式形成语言概念的技能。该测试的设计旨在应用于调查问卷中。任务目标是推测出一组刺激项(此处为两种事物,比如"桌子—椅子")中事物之间的联系或者规律,并加以口头表达(回答:"二者皆为家具")。在实际中需要三个基本步骤以完成归纳:编码、推断以及映射。

这个测试的内容基于 Wechsler 承认智商阶梯测试Ⅲ(WAIS-Ⅲ)的"类比"分支测试。② 容易的测试刺激项从该分支测试中最容易的组中抽

---

① 与语言竞争力有关的一项能力。语言的竞争力强可以加强人与人之前的交流以及对于外界提供的语言信息的理解与表达。

② 该测试含 19 个测试组,并按照难度上升趋势排列。

取第一个和最后一个;中等难度的测试刺激项从相应组别中抽取前两个;最难的测试刺激项从相应组别中抽取前两个。

抽取所得的测试刺激项如下:

1. 狗—狮子

2. 船—汽车

3. 桌子—椅子

4. 民主制—君主制

5. 鸡蛋—种子

6. 蒸汽—雾

答案被分为下列等级:"正确且抽象""正确,但偏功能或具象""不正确"。比如,狗—狮子一组,回答为"都是动物""四足动物"或者"哺乳动物",得 2 分(正确且抽象);回答为"有毛""有牙"或者"有爪子",得 1 分(正确,但偏功能或具象);不正确的回答为"都有攻击性""危险",得 0 分。测试的成绩是每一项测试组得分的累加,每组的得分可以为 0(不正确)、1(正确,但偏功能或具象)以及 2(正确且抽象)。因此总得分在 0 ~ 12 之间。未能做出回答的按作废处理,因为没有设置相关评估标准。

表 A2—1　　　　　　　拉美国家员工的人口学特征与受教育程度

国别	年份	具有高等教育北京（%）		平均年龄（岁数）		女性（%）	
		公共部门岗位	正规私营部门	公共部门岗位	正规私营部门	公共部门岗位	正规私营部门
阿根廷	2012	4923	41	37	53	34	
玻利维亚	2012	57	30	40	34	47	30
巴西	2012	39	16	40	34	58	37
智利	2011	46	25	41	37	54	36
哥伦比亚	2012	59	22	41	34	48	38
哥斯达黎加	2012	42	12	41	34	50	32
厄瓜多尔	2012	58	22	42	35	46	33
洪都拉斯	2012	30	10	38	32	53	34

续表

国别	年份	具有高等教育北京（%）		平均年龄（岁数）		女性（%）	
		公共部门岗位	正规私营部门	公共部门岗位	正规私营部门	公共部门岗位	正规私营部门
墨西哥	2012	46	18	40	34	48	32
巴拿马	2012	41	21	42	35	54	35
秘鲁	2012	67	36	43	34	45	35
巴拉圭	2100	42	20	37	33	50	30
萨尔瓦多	2012	27	12	40	34	45	34
乌拉圭	2012	35	12	42	36	52	41
委内瑞拉	2011	50	24	9	35	55	35
拉美地区平均值		46	20	40	35	51	34

信息来源：Aricidiacono 等人（2014）。

表 A2—2　拉美城市公共部门和正规私营部门的员工素质和岗位要求

城市	公共部门				正规私营部门			
	称职	不称职			称职	不称职		
		超出需求标准	低于需求标准	不同于需求标准		超出需求标准	低于需求标准	不同于需求标准
布宜诺斯艾利斯	88.2	5.9	5.9	0.0	87.8	5.6	5.6	1.1
拉巴斯	76.2	10.5	4.8	8.6	71.1	14.0	2.6	12.3
圣保罗	59.5	35.1	5.4	0.0	69.2	22.1	4.8	3.9
波哥大	84.4	4.4	6.7	4.4	89.0	6.3	2.6	2.1
基多	80.0	6.7	6.7	6.7	81.4	6.0	8.4	4.2
墨西哥	69.5	15.3	11.9	3.4	85.1	7.5	3.2	4.3
利马	72.6	15.7	5.9	5.9	71.8	17.0	4.9	6.3
蒙得维的亚	82.6	10.1	7.3	0.0	84.2	8.5	5.3	2
加拉加斯	82.3	10.4	4.2	2.1	87.6	9.3	1.8	1.3
巴拿马城	81.6	14.5	0.0	4.0	79.0	9.4	7.3	4.4
各城市总计	79.7	11.3	5.6	3.4	81.0	10.7	4.6	3.8

信息来源：根据 CAF2014 问卷调查整理制作。

表 A2—3　　　　拉美城市公共部门和正规私营部门的职业培训

国别	年份	长期合同（%）		岗位在职时间（月）		每周工作时间		退休权力		医疗保险权力	
		公共部门	正规私营部门	公共部门	正规私营部门	公共部门	正规私营部门	公共部门	正规私营部门	公共部门	正规私营部门
阿根廷	2012	s. d.	s. d.	109	81	38	44	90	79	91	79
玻利维亚	2012	88	47	106	63	42	49	82	43	77	40
巴西	2012	s. d.	s. d.	123	55	38	43	92	89	0	0
智利	2011	95	91	125	73	43	45	91	88	89	85
哥伦比亚	2012	99	79	129	48	46	51	98	79	96	89
哥斯达黎加	2012	s. d.	s. d.	131	53	46	49	99	82	99	82
厄瓜多尔	2012	100	84	142	82	42	44	95	67	16	7
洪都拉斯	2012	98	87	104	43	43	50	22	4	s. d.	s. d.
墨西哥	2012	87	59	115	47	44	51	60	50	82	61
巴拿马	2012	s. d.	s. d.	131	55	43	46	s. d.	s. d.	0	0
秘鲁	2012	100	64	146	41	44	48	85	60	69	39
巴拉圭	2011	100	54	113	59	43	52	79	42	97	82
萨尔瓦多	2012	s. d.	s. d.	99	52	42	47	90	62	94	62
乌拉圭	2012	s. d.	s. d.	180	70	42	44	100	93	96	92
委内瑞拉	2011	s. d.	s. d.	112	45	40	43	90	80	90	80
拉美地区平均值		96	71	124	58	42	47	84	66	83	67

a／: s. d. 为无相关信息

信息来源：Arlcidiacono 等人（2014）。

表 A2—4　　　拉美国家公共部门和正规私营部门劳动合同的特点

城市	所有被调查对象		具有高等教育背景的员工	
	正规私营部门	公共部门	正规私营部门	公共部门
布宜诺斯艾利斯	26. 9	38. 4	35. 6	43. 5
拉巴斯	42. 0	49. 6	55. 1	53. 4
圣保罗	33. 1	48. 8	53. 4	53. 0
波哥大	39. 3	64. 5	49. 7	69. 6
基多	35. 2	49. 9	22. 9	42. 4

续表

城市	所有被调查对象		具有高等教育背景的员工	
	正规私营部门	公共部门	正规私营部门	公共部门
墨西哥	43.6	47.7	58.6	58.0
利马	31.9	53.0	54.5	52.2
蒙得维的亚	37.5	46.6	55.7	52.1
加拉加斯	40.0	56.0	42.2	71.8
巴拿马城	52.7	49.2	51.6	58.2
总计	37.8%	47.6%	51.4%	55.3%

信息来源：根据 CAF2014 年问卷调查整理制作。

表 A2—5　　　　拉美国家公共部门和正规私营部门的工资差别

国别	年份	月薪[b]			时薪[b]			基尼系数	
		公共部门	正规私营部门	差别（%）	公共部门	正规私营部门	差别（%）	公共部门	正规私营部门
阿根廷	2012	1.010	910	11	6.9	5.4	29	0.326	0.325
玻利维亚	2012	826	718	15	5.7	4.0	42	0.361	0.391
巴西	2012	1.007	645	56	7.7	5.0	53	0.531	0.535
智利	2011	s. d.	s. d.	s. d.	s. d.	s. d.	s. d.	0.450	0.468
哥伦比亚	2012	s. d.	s. d.	s. d.	s. d.	s. d.	s. d.	0.367	0.416
哥斯达黎加	2012	1.497	798	88	8.5	4.3	97	0.361	0.377
厄瓜多尔	2012	1.047	618	69	6.5	3.6	78	0.302	0.306
洪都拉斯	2012	788	512	54	5.0	2.8	79	0.374	0.379
墨西哥	2012	963	672	43	6.6	3.7	76	0.449	0.451
巴拿马	2012	1.083	837	29	6.7	4.8	39	0.389	0.401
秘鲁	2012	672	635	6	4.3	3.6	19	0.389	0.413
巴拉圭	2011	795	669	19	5.2	3.5	51	0.355	0.357
萨尔瓦多	2012	795	488	63	5.1	2.7	87	0.312	0.347
乌拉圭	2012	879	667	32	5.6	3.9	45	0.298	0.388
委内瑞拉	2011	567	502	13	3.4	2.9	17	0.268	0.256
拉美地区平均值		918	667	38	5.9	3.9	54	0.369	0.387

a／：s. d. 为无相关信息

b／：美元，可与 2005 年对照

信息来源：Aricidiacono 等人（2014）。

表 A2—6　拉美城市公共部门和正规私营部门中存在的 **P × D** 制度情况

城市	正规私营部门		公共部门	
	按个人产出奖励	按用人单位整体产出奖励	按个人产出奖励	按用人单位整体产出奖励
布宜诺斯艾利斯	14	11	3	2
拉巴斯	35	28	28	26
圣保罗	31	26	23	20
波哥大	25	20	31	30
基多	27	21	9	9
墨西哥	30	24	10	10
利马	23	13	15	9
蒙得维的亚	51	45	42	34
加拉加斯	59	52	24	24
巴拿马城	37	29	43	41
总计	30	24	22	20

信息来源：根据 CAF2014 年问卷调查整理制作。

第 三 章

公共采购：鼓励自主性还是强化监管[①]

人人关切的事务，也就无人过问。

——拉塞尔·哈丁

一 引言

公共采购历史久远，正如公共部门一样古老。关于公共采购的规定，最早可以追溯到公元前 2800 年，当时的古埃及政府下令购买 50 罐香油（Coe 1989）。在美洲大陆上，管理公共采购系统的最早法规是美国政府制定的，而且市政层面的法规远早于国家和联邦层面，最初订购的服务是文件印刷（Page 1980）。从那时起，公共采购体系经历了很多变化，各国政府情况也不相同；出于效率和配比的考虑，各国政府长久地信赖私营部门能够提供政府为推行政策所需的产品和服务。这使得公共部门成为全球经济体当中消费品的主要购买者之一，有时甚至对经济体内公共、私有财富的分配额度产生着重要影响。

就其本质而言，公共采购有自身的特点，有别于私人采购。一方面，采购对于政策的实施有直接影响，对国家能力也有影响。通过这一渠道实现的公共采购，影响到整体福利，因为它有助于完成上述政策与服务，而这些政策与服务涉及整体利益，而非个人利益。然而，针对实施公共采购的代理人的鼓励政策，未必能与整体利益结合起来，也就是说，这些代理

---

① 路易斯·金特罗（Luis Quintero）负责本章写作，卡洛斯·罗德里格斯（Carlos Rodríguez）担任研究助理。

人未必能凭借指定的资源，实现公共产品质量与数量的最大化。这种不一致，可能导致代理人不尽全力实现最佳效果，由此造成资源浪费和一定程度的资金偏离，并滋生腐败。腐败，不仅意味着降低了用于产品与服务供应的资源的可支配性，还降低了国家的合法性，因为国家正是依靠这些开销而实现市民参与和公共管理的。①

激励政策的问题在私营部门不那么显著，因为在私营部门更容易确定成效（例如销售或收益），并在一定程度上与劳动者报酬挂钩。但在公共部门，与之相反，很难复制私营部门使用的支付框架，因为就像不能将股份交给官员以提高他们的工作业绩一样，目标实现与否也很难衡量，改善不一定意味着国家获得了更多的资源（参见第二章）。

解决激励问题的一种方式，可以通过建立监管机制来实现；由于公共采购过程的内在复杂性，监管可以将严格性和额外成本引入服务供给当中。特别是，可以延长受益人享受公共产品的时间；但是，假如这些规章减弱了公职人员选择更有竞争力的服务供给者的灵活性，那么就有可能造成更大的费用（例如，是否存在供应者必须满足的最低资本条件）。更有甚者，公职人员对受到惩罚或成为司法部门规管对象的担心，有可能造成整个体系运行的瘫痪。

这样一来，政策制定者就可能面对两难困境或矛盾（权衡利弊）：一方面是让不同机构拥有公共采购决策的自主权，另一方面是为避免公共资金过度耗费或滥用（腐败）而加强监督管理机制。假如能采取一种赋予采购体制更多透明度和竞争性的机制，则这一突出矛盾，就不再那么不可克服了；例如，利用电子门户通报、汇集交易信息。类似创意可以降低效率低下或腐败的风险，而不必强化控制，或过分限制自主决策。

本章其余部分是按照如下方式组织的。第一部分，对拉丁美洲公共采购部门的体量做一个描述性的考察。之后，考察那些强调公共采购以实现政策的概念描述，实施的激励机制当中的问题，以及监督机制设计带来的挑战。随后对材料之中国际经验提出的建议以及拉美现行体制的共同特征做出分析。最后，对评估体制运行有效性的学术研究所提供的经验证据加以考察。

① 关于公民参与对于服务部门管理的影响，可参见第四章当中的分析。

二　拉丁美洲公共采购的规模

　　整体而言，政府是国家内部产品最主要的购买者，这导致公共采购在公共消费和国内生产总值（PIB）当中占有重要位置。这些采购为公共产品和服务的正常供应提供了必要条件。公共采购的部门规模之大，导致政府兼具价格形成者和市场创造者的优势。在某些情况下，政府是市场上唯一的购买者（或许是如下案例：购买武器装备、教育健康资源，假如这些服务是公共部门排他性专营的）。这种情况可以采取专门购买机制（如招标）以保证以最低价格获得产品。在另一些情况下，当政府产生了对本国不能生产的产品或服务的需求时，公共采购可以创造新的市场（Edler 和 Georghiou 2007）。

　　拉美国家平均约 3% 的国内生产总值用于公共采购，这一数据略低于 OECD 国家的 3.3%。而且，这一百分比在长时间内保持稳定（图 3—1）。[1][2]

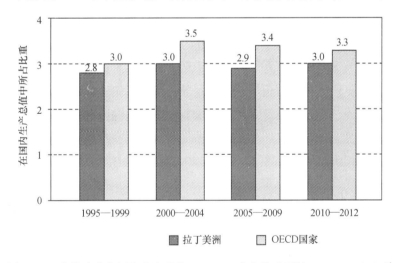

图 3—1　公共采购在国内生产总值（GDP）当中的重要性（1995—2012）[a]

　　a／：本图报告了每一地区每 5 年内的平均值。该数据不包括服务类的公共企业采购。
　　来源：根据世界银行数据（2015）自制。

----

　　① 世界平均值在 GDP 的 4% 左右。所有案例中，数据都不包括服务部门公共企业的采购。
　　② 使用世界银行（2015）关于 210 个国家在 20 年内关于公共采购的数据，可以获得与百分比类似的 GDP 和公共采购权重之间的相关系数 0.45。

公共采购平均占拉美国家公共预算的12%。在相对发达国家，这一数字略低于12%，OECD国家的平均值在10%左右，而美国为9%（图3—2）。[1] 在拉美国家当中，公共采购占公共支出的比重，在不同国家间有轻微变化。阿根廷公共支出中的4%用于公共采购，而秘鲁达到了20%。通过对比，图表也显示了公共开支中用于公务员工资的比例。大致可以看出，各国用于公共采购的资金数量，低于支付给公务员的薪水。[2][3]

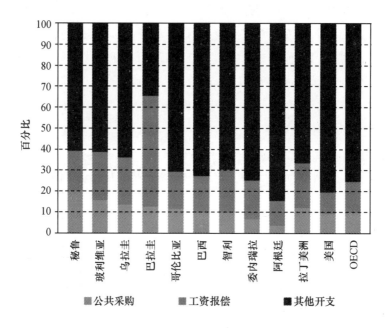

图3—2 公共采购在公共开支中的重要性（2002—2013）[a]

a/：本图报告了不同国家的平均公共开支的分布情况。图中显示了12年内（2002—2013）排除了周期效应之后的平均值。

来源：根据世界银行数据（2015）自制。

除规模庞大外，公共采购还有覆盖多部门的特征。表3—1展示了在

---

① 该表中不包括加勒比国家，其数值在平均水平之上。

② 表中所显示的国家中，秘鲁是一个例外，该国公共采购开支占比仅略高于薪酬支付占比。

③ 基于多种原因，很难通过对比各开支项目的占比，对公共预算内资金分配的合理程度得出结论。不同项目的占比受到劳动时间、工资水平、公共采购体系的效率等各种因素的影响，此外还需考虑预算计账方法的差异，所以很少能对其进行直接比较。

智利、阿根廷和墨西哥,公共采购的分布情况。其中可以得出两种观察结论。首先,公共购买涵盖了大量性质相当不同的部门。有些部门购买同类的基础产品,而有些购买复杂而有差异性的产品;还有些需要量身定制的和由熟练劳动力提供的服务。在同一部门内部,所购产品和服务的种类也是相当多元化的。例如,在办公用品和服务部门,采购项目从铅笔到人员进出的电子门禁系统等样样俱全,而军需装备和安保部门则有着从靴子到技术专家咨询的多方面购买需要。这种多元性对于公共采购系统的设计十分重要,需要系统具备灵活性,既要包括同类物品和常规物品的购买(如铅笔),也要包括那些需要专家评估及零星购买的复杂商品(如通信控制软件)。

不同国家之间,公共采购项目的行业构成差异很大。墨西哥公共预算的三分之一用于建设的供给与服务,大约四分之一用于专业、教育和娱乐服务。而智利似乎更专注于医药、制药和医疗供给;建设供给和服务以及办公服务和物资。阿根廷的主要项目是养护、维修和清洁的需求;其次是医药、制药和医疗需求;再次是食品物资需求。这一差异性,既是由于各国政府机构提供的公共产品和服务类型的不同,也是由于生产这些产品和服务的方式不同,这就越发凸显出依靠一种可应用于不同部门和产品的灵活系统的必要性。

表 3—1   阿根廷、智利和墨西哥公共采购的行业分布(百分比)[a]

行　业	阿根廷	智利	墨西哥
燃料、润滑油	2	2	1
军事与安全设备	3	2	1
机械、化工及其他生产原料	9	4	10
食品	13	4	0
专业、教育及娱乐服务	7	12	24
运输及仓储服务	3	8	2
办公用品和服务	3	12	2
养护、维修、清洁供应	19	6	3
电力、信息、通讯供应	8	6	11
药品、制药、医疗供应	16	25	4

续表

行　业	阿根廷	智利	墨西哥
建筑服务及供应	3	16	37
其他	13	3	4

a/：本表反映了阿根廷、智利和墨西哥在最近一年内对不同类型产品进行公共采购的分布情况

资料来源：根据 ArgentinaCompra，ChileCompra 及 Compranet（墨西哥政府）网站提供数据自制。

　　最后，探究公共采购在不同的政府实体或公共服务机构当中如何分配也很有意味。在智利个案中，智利采购门户（Portal Chile-Compra）包含这方面的信息。图3—3显示了这一标准下的公共采购构成。最主要的购买者是医疗卫生部门，占2014年公共采购总量的33%。其中大多数分类采购项目由卫生部购买。占比排在其后的是各个市政府购买的产品（占2014年购买总量的27%）及中央政府和各个大学的采购（占26%）。在最后一类购买者当中，包括各个部委，如教育部、司法部和经济发展与旅游部，还包括与部委无关的购买项目，如智利大学（Universidad de Chile）的采购。武装力量完成的公共采购占2014年总量的9%，包括内务及公安部和国防部的采购。当年的其他公共采购是由公共工程部门（5%，住房和城市规划部是这类采购单位中的主要实体之一）以及立法机关和司法机关（1%）实现的。

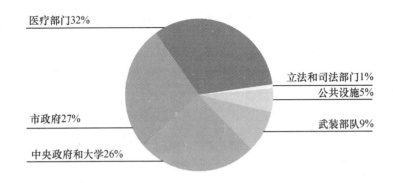

图3—3　智利各类机构的公共采购

a/：本图显示了2014年智利各类公共机构占总采购的百分比排序。

来源：根据智利采购网（Chile Compra）提供数据自制。

三　公共采购与国家能力

（一）公共采购作为产品与服务生产的投入

公共采购在国家实施公共政策能力方面，担负了基础性角色。例如，为落实一项低收入家庭儿童社区食堂建设的营养政策，就需要一个公共采购体系来购买餐桌、租用或购买场地以及购买食品、就餐用具和清洁工具。此外，还需要按照恰当的频率，以合乎项目预算的价格购买。没有合适的公共采购体系，意图良好的政策最后只能变成没有食品的公共食堂、没有汽油的校园公交车，进而暴露出政府在基础服务供给方面的缺陷。

以公共产品与服务的"生产功能"为观察点（参见第一章），构成公共采购的产品与服务可以是一项与官僚机构同样重要甚至更加重要的投入（Bardhan 2002）。[①] 因此，在资源有限的情况下，公共采购的良好运行，对公共产品的数量产生了积极影响。假如以更低价格，实现更高的投入，那么这种有效的公共采购体系就能增强政府行为与资源所带来的效果。[②] 在这个意义上，公共采购体系的进步，提高了每名公务员的效率，对于政府官僚体制能力的提高也有类似效果（Bardhan 2002）。

公共采购对贯彻公共政策的效果很难量化，特别是因为这一体系并非存在于真空中，而是在不同机构、社会和经济领域之间发挥作用。公共采购体系影响内部环境、市场环境、法律环境、政治环境和社会经济环境，反之也受到这些环境的影响（Thai 2001）：

> 内部环境是指公共采购框架实现自身购买目标的能力。这一概念与国家能力的概念类似，但仅限于公共采购体系的内部功能。这一层面深受负责实施采购与体系设计的官僚机构的影响。
>
> 市场环境是指潜在供应者的总量和竞争水平，政府可以推动这些

---

① 将公共交易过程视为对公共产品的生产功能的投入，这种研究视点在关于这一主题的法律研究与经济学研究文献中已颇为常见（Childs 等，1994 和 Lineberry，1977）。

② 对特定生产功能增加资本投入，也能带来类似影响。

供应者实现效率最大化,市场环境决定着国家所能企及的公共产品与公共服务的价格与质量。通过扩大市场规模,公共采购可以现实更高的效率(Lember et al. 2011)。

法律环境是指影响公共采购项目实施的规章制度背景。它不仅包括公共投标的相关法律,还包括管理开发活动、产品生产与分配,以及解决商务合同纠纷、控制与监管的相关法律。

政治环境是指牵涉到公共采购体系的不同集团之间的互动,包括个人、组织、私营部门、行业协会和各种利益集团。

最后,社会与经济力量的环境是指需要公共采购的各项公共政策及其效果。购买需求和公共预算决定了公共政策的总量。此外,公共采购可以反馈社会与经济现实:一个有效的公共采购体系有助于国家落实其政策;假如这些政策行之有效,则会对现实产生影响。例如美国疾病控制与预防中心(CDC,2011)将食品购买作为贯彻多项医疗政策绩效的决定性要素。

最后,需要着重强调的是,公共采购涉及多种主体和多个层面。例如假设官僚系统不能称职工作,则即便制定了公共采购的法律也是不够的;反过来,公共采购也在很大程度决定了官僚体系的运作能力。公共采购和上述环境之间的关系,以及与政策实施过程中多种主体之间的关系(其中包括制定和设计政策的政治家、官僚体系、评估的其他参与者及公民),决定了其对国家能力的影响。

(二) 刺激公共购买所引发的问题

公共采购的规模使其成为一个受欢迎的市场,同时也是一项潜在的收益来源。假如和公共采购结合在一起的,是一个不鼓励公职人员为公共预算负责任的制度,那么就要设法对这种滋生一种挥霍资源、易于腐败的体制提出解决办法。因此,这里有必要对挥霍资源和腐败行为做出区分。出现第一种情况,是由于体制的缺欠(例如供应者之间缺乏竞争)或者公职人员漫不经心,致使动用了更多开支或资金来购买某项产品(或以相同价格购进了劣质产品),不过,过多的开支并没有(以金钱或其他方式)变成制度管理者的私人收益。而当大量开支确实都与管理部门的领导层和雇员的私人收益或利益直接挂钩时,那么,摆在我们面前的就是不争的腐败事实。然而,两种情况都与主导交易的鼓励机制有关,其中既涉及信息不全面的问题,也涉及需要购买消耗品(如一次性手套)的公共机构(例如医院)的利益,通常与管理这项采购的公职人员不直接相关的情况。

虽然腐败问题总能引发新闻媒体更大的关注,但资源浪费也可能造成同等甚至是更大的损失。例如,班迪埃拉(Bandiera)等人对意大利的研究(2009)发现,不同单位购买的相同产品或服务价格差异悬殊,而这种情况正是导致资金流失的主要原因,但并非腐败(成本最高的个案当中,83%属于资金浪费,仅有17%的情况是腐败造成的)。

正如此前提到的,不管是资金浪费还是腐败,都可以纳入鼓励机制失范的框架之内来考量。存在浪费,是因为没有奖励机制督促管理公共采购的人员尽最大努力来节省资金;存在腐败,是因为不仅没有鼓励节省的机制,而且存在促发资金使用偏离的条件。

总的来看,鼓励机制失范,可以放在"委托—代理"问题(agente-principal)的框架下来思考(可参看第二章)。在公共采购部门,雇员就是代理人,而政府,或者说最终而言,全体公民是委托人(Laffont 和 Martimort,2002)。由于委托人性质不同,代理问题在公共采购部门,比在私人采购领域更加重要。这是因为:一方面,政府不是一个看得见摸得着的个人;另一方面,公民是很分散的,他们对于采购过程知之甚少,感觉不到自己就是公共资源的主人:公共资源归大家共有,并不属于某些特殊的人群。这一情况就让监管变得越发困难。再者,鉴于公共部门的特性,也难以实行私营部门所采取的某些措施,以解决代理人的问题,例如引入绩效薪酬。

因此在最近30年,绩效薪酬在私营部门增长显著(Shue 和 Townsend,2014),而在公共部门,由于性质不同,这种增长并不常见(参见第二章)。①虽然薪酬对于提高绩效表现的有效性尚在讨论之中,但

---

① 绩效工资对于补偿高层雇员来说,是相当重要的。例如2012年,大约75%的执行总裁享受股票薪酬(试图表现为根据绩效支付薪酬),而在2013年,在标准普尔500指数所覆盖的所有公司中,股票薪酬占到执行总裁所有报酬的60%(Equilar Annual Report,2013,2014)。根据CAF2014年的调研数据,拉美地区主要城市正规私营部门30%的雇员按照个人绩效获得报偿,而在公共部门,这一比例仅为22%。另一方面,私营部门24%的劳动者依据其所在部门绩效获得薪酬,而在公共部门,相较而言仅为20%。

显然，这种机制设计背后的理念在于规范奖励机制。

假如在公共采购部门，奖励机制的问题不能解决，那么它所造成的后果就不仅仅是低效或资金浪费，而且还将导致严重的腐败，这将给公民对政府合法性的判断造成负面影响。合法性判断的降低，将影响公民参与程度，其中既包括公民对公共项目使用和收益的尊重（假如可能，公民将选择私营部门的产品），也包括公民为优化政策和监督供应商业绩而建言献策的参与程度，正如本书第四章所述，公共参与对于服务的良好管理也是相当关键的。

代理问题于是就成了决定公共采购是否能良好运作的核心。解决办法并不容易找到，但很显然需要构想一种制度设计，规范针对公务员的激励政策，但不必过度监管并导致公共机构自主性不足，这样会不必要地抬高体制管理的支出。然而，自主和监管之间的平衡是很难把握的。例如，拉苏尔和罗杰斯（Rasul 和 Rogers）2013 年的研究显示，过度控制可能产生负面效果，丧失自主权可能影响公共服务者的生产率，就实施政策当中的有效性而言，其结果也是负面的。正如我们将在下一段落看到的，引入其他要素提升系统的竞争力和透明度，例如利用电子门户网站来提供信息并统一管理，可以使得这组矛盾的制约有所缓解。

四 拉美国家公共采购的管理制度

拉美国家的公共采购立法都很复杂，而且各不相同。往往有几百页的文件决定某些特殊案例应该依据哪一种规定。根据卡斯蒂利亚的研究（Castilla，2015），公共采购制度包括：

（1）一部公共采购法；

（2）一个运作采购的执行机构；

（3）一种监控机制；

（4）一种分歧仲裁机制；

（5）购买的手段和类型。

《公共采购法》明确了政府向私营部门购买产品或服务的可运用的手段，一般都规定了不同人员应履行的职责。其中包括执行代理机制和监管体制的建立、采购机制执行当中的细节以及信息提供等内容。表 3—2 显示了拉美地区公共采购法的列表清单。

执行代理机制为政府的不同行政部门购买公共政策所需的产品和服务提供服务。总的说来,这些代理机构并不能确定预算,也不能确定所要实施的公共政策。这些一般是由立法机关决定的,而后行政机构将其细化(例如各个部委)。虽然行政机构能够进行一些少量和/或常规产品和服务的直接采购,但在许多国家,最新趋势是各部和公共机构的采购都集中到单一执行代理机构,统一完成大多数采购需求。因此,这一代理机构能够提升为各个政府部门服务的技术能力、处理法律方面的能力、后勤能力,并降低成本、提高效率。属于这类代理机构的有:智利采购(Chile Compra),这一机构从 2003 年起正式运营,虽然它隶属于财政部,却是一个被下放权力的公共服务部门;哥伦比亚高效采购(Colombia Compra Eficiente),设立于 2011 年,担负着核心协调的角色;乌拉圭的政府采购与交易代理局(Agencia de Compras y Contrataciones del Estado),它近期开设了一家实体店以配合国家采购;以及厄瓜多尔的国家公共交易服务局(Servicio Nacional de Contratación Pública,简称 SERCOP),它负责统筹厄瓜多尔国家级的公共采购。

表 3—2　　　　　　　　　　拉美及加勒比各国公共采购制度

国家	公共采购法	公共采购电子门户
阿根廷	授权法 Decreto Delegado No 1023/2001	Argentina Compra (http://www.argentinacompra.gov.ar)
玻利维亚	法案 436/2000 号 Decreto No 436/2000	
	最高法令 181 号 Decreto Supremo No. 181 (产品与服务管理系统的基本规则)	
巴西	法案 8666-93 号 Ley 8666-93	Compras Governamentais (http://www.comprasgovernamentais.gov.br/)
智利	公共采购法 2003 年第 19886 号 Ley de Compras Públicas No 19.886 de 2003	Chile Compra (http://www.chilecompra.cl/)
哥伦比亚	法案 1993 年第 80 号 Ley 80 de 1993	Colombia compra eficiente (http://www.colombiacompra.gov.co/)
哥斯达黎加	法案第 7494 号 Ley No 7494 (交易管理法)	Compared (https://www.hacienda.go.cr/)

续表

国家	公共采购法	公共采购电子门户
厄瓜多尔	国家公共交易系统组织法 Ley Orgánica del Sistema Nacional de Contratación Pública（LOSNCP）	Sistema Oficial de Contratación Pública（http：//portal. compraspublicas. gob. ec）
萨尔瓦多	采购与交易公共管理法 Ley de Adquisiciones y Contrataciones de la Administración Pública	COMPRASAL （https：//www. comprasal. gob. sv/comprasal_ web/）
危地马拉	国家采购法 法案第 57—92 号 Ley de Contrataciones del Estado. Decreto 57 – 92.	*GuateCompras* （http：//www. guatecompras. gt/）
海地	关于公共服务的采购与交易的总则 （2009） *Loi fixant les règles générales relatives aux Marchés Publics et aux Conventions de Concession d'Ouvrage des Services Publics*（2009）	*Commission National des Marchés Publics* （http：//www. cnmp. gouv. ht/）
洪都拉斯	国家采购法 Ley de Contratación del Estado 电子门户高效透明采购法细则 Reglamento de Ley de Compras E cientes y Transparentes a Través de Medios Electrónicos	HonduCompras （http：//www. honducompras. gob. hn/）
墨西哥	公共部门采购、租赁与服务法 （2000 年）Ley de adquisiciones arrendamientos y servicios del sector público（LAASSP） del 2000（2012 年最新修订）	*Compranet* （https：//compranet. funcionpublica. gob. mx/ web/ login. html）
尼加拉瓜	公共部门采购管理法 法案第 737 号 Ley No. 737. Ley de Contrataciones Administrativas del Sector Público.	Nicaragua Compra （http：//www. nicaraguacompra. gob. ni/）
巴拿马	2007 年 7 月 27 日公布的公共采购法 法案第 22 号 Ley N° 22 de Contrataciones Públicas del 27 de julio de 2007.	Panamá Compra （http：//www. panamacompra. gob. pa/）
巴拉圭	法案第 3. 3439 号 Ley No 3. 3439	Dirección Nacional de Contrataciones Públicas （https：//www. contrataciones. gov. py/）

国家	公共采购法	公共采购电子门户
秘鲁	政府采购法细则 第 184 - 2008 - EF 号 Reglamento de la Ley de Contrataciones del Estado DS. No 184 - 2008 - EF	Organismo Supervisor de las Contrataciones del Estado（http：//portal. osce. gob. pe）
多米尼加共和国	对法案 449 - 06 号关于购买与交易法的修正案 法案第 340 - 06 号 Ley No 340 - 06 sobre Compras y Contrataciones con modificaciones de la Ley No. 449 - 06	Compras Dominicana（http：//www. comprasdominicana. gov. do/）
特立尼达和多巴哥	中央招标委员会条例（1961）*Central Tenders Board Ordinance*（1961）	
乌拉圭	1975 年第 9542 号法案 Ley 9542 de 1975	Agencia de Compras y Contrataciones del Estado（Uruguay）（http：//www. comprasestatales. gub. uy/
委内瑞拉	关于公共采购的等级、价格及效力的规定，2008 年法令第 5929 号 Decreto con Rango，Valor y Fuerza de Ley de Contrataciones Públicas No 5. 929 de 2008	Servicio Nacional de Contrataciones（Venezuela）（http：//www. snc. gob. ve/）

资料来源：作者自制。

监管机构，通常称为监督局（Contraloría），负责核查公共资源是否获得了有效而高效的使用，直接或间接地指导对公共采购体系涉及基金的常规和特殊调查。这类监管机构，包括哥伦比亚的共和国总审计署（la Auditoría General de la República en Colombia）、智利的共和国监督总局（la Contraloría General de la República en Chile）和乌拉圭的监督总局（la Contraloría General en Uruguay）。

监督局是政府财政监督的最高机构。通常而言，由国家级和次国家级的附属机构组成。监督部门负责看管公共资产，通过有效和高效的工作提升政府能力。

监督部门的职责不限于监督公共采购，大体来说包括：1）依据经济、有效、高效、平等和环境可持续等原则，评估资产管理取得的成效；2）研究政府部门的财政状况，完成阶段性预算方案；3）对损害公共财产的公共服务人员及个人进行财政追责；4）实施经济处罚，虽然在许多国家的制度中，这些工作是由司法部门人员实施的；5）填补损失的资金和公共财富。这一机构的功能包括直接监管公共采购、采取旨在预防资金浪费和腐败的措施。例如对公职人员和其他作为顾问和供应商与政府打交道的私营部门人员进行教育；推动公民积极参与资金控制与监管的有关工作。

当然会出现监督部门由谁监督的难题。不少拉美国家选择将监管的任务交给议会，或交给司法部门作为补充。

从这一角度而言，为确保体制的所有参与者都能享有透明度和公正性，必须建立一种机制，一旦政府选择了报价者和提供产品或服务的供应商，这种机制就能够协调政府与他们之间的分歧。这一点对于政府是唯一买方的部门来说是特别重要的。这种机制一般由遵循公共采购法及与政府相关的其他商业法的行政法院构成。这类法律有：哥伦比亚的行政程序及行政诉讼法，即第 1437 - 2011 号法；墨西哥的公共部门采购、租赁与服务法（Ley de adquisiciones, arrendamiento y servicios del sector public）和智利的第 1563 - 2012 号法。

此外，鉴于仲裁冲突的正规程序花费高昂，许多拉美国家政府成立了公共交易机构内部的仲裁组织。这种仲裁组织的法律权限仅限于界定冲突的性质、出现矛盾的购买过程的总额和争议所在。例如，在智利的公共采购法之下，创建了公共采购法庭（el Tribunal de Compras Públicas），它的司法权限仅限于招标发布和供应商中标过程中出现的冲突，它的职权仅限于宣布有争议的行为已经失效。与之相似，厄瓜多尔建立了公共交易的国家服务调解中心（Centro de Mediación del Servicio Nacional de Contratación Pública），作为解决冲突的司法机构之外的另一种渠道。除此之外，在多数情况下，监督部门负责收集卷入分歧者的投诉。

最后，除去公共采购法，有关采购工具与方式具体细节的各种规章也十分重要。采购工具之中包括电子采购系统，这类系统为政府采购降低了花费，也为相关各方降低了交易成本；同时也增强了交易的透明度，降低了资金损失和腐败的可能性，还增强了人们对采购过程合法性的认可程度（Jap，2007）。采购方式当中，在拉美国家当中占主导地位的包括投标或逆向拍卖、框架协议和价值评估等。

逆向拍卖的投标方式试图利用报价者之间的竞争关系,以更低的价格获得更好的产品或服务。通过逆向拍卖,公共机关能以更低廉的价格,挑选可以提供招标书中所要求的产品或服务的供应商。投标目录中涵盖的技术名单,通常由执行公共采购的机构制定出。逆向拍卖一般在两种方式下施行:现场拍卖和电子拍卖。在现场拍卖时,拍卖在公共机构确定的日期、时间、地点通过一场公开活动而举行,每名供应商都要向其他供应商、一名公证员和特别委员提交方案。这个过程一般会给每位参与者都提供机会,让他们能够掌握竞标报价,通常参与者之间会形成相互监督。

至于电子方式,这种渠道又能分成部分电子化(只是公布投标信息)或全部电子化(通过电子门户完成报价的接收和检验)。

逆向拍卖对于特殊和偶发的采购项目而言是一种适当的机制,鉴于这一方式组织起来复杂而且费用高(即便通过电子投标方式),因此对于低廉产品或日常用品的购买来说,逆向拍卖是不适宜的。即便如此,它仍旧是一种广泛应用的方法。例如在智利,56% 的公共采购都是通过逆向拍卖(或公开竞标,见图 3—4)完成的;尤其是 75% 的基础设施项目都应用了这种方法(见图 3—5)。

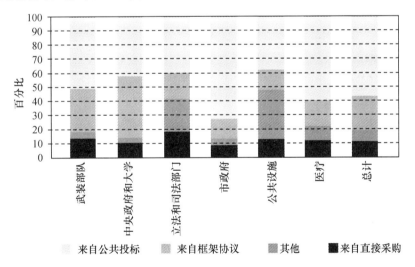

图 3—4　智利不同机构所采用的公共采购方式的分布情况（2014）[a]

a/:该图报告了 2014 年智利不同机构完成公共采购时所采用的不同购买方式的分布情况。
来源:根据智利采购网(Chile Compra)提供的数据自制。

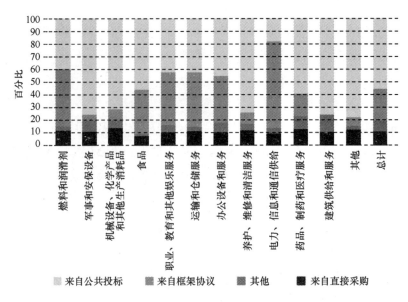

图3—5 根据产品类型，智利公共采购方式的分布情况 (2014)[a/]

a/：该图报告了2014年根据产品类型，智利公共采购形式的分布情况。

资料来源：根据智利采购网（Chile Compra）提供的数据自制。

逆向拍卖给买方带来了很多好处，因为这种方法可以压低采购价格，增加了选择一个优质供应商的机会，也减少了讨价还价的时间。[①] 此外，也节省了争议造成的开支，因为不可能质疑投标书中已经明确的技术方面的详细说明（Castilla，2015）。同时，这种方法也给供应商带来很多好处，特别是提供了一个更加公正、透明的竞争环境，关于所需服务和产品的信息也更加清晰而全面，决定是否参与这个项目仅取决于价格能否带来利润。这一方法可能带来的风险在于可能损害与战略供应商之间的关系，长期可能造成价格抬升及所购产品质量的下降（Manoochehriy Lindsy，2008）。在现实当中，这种方式经常利用信息技术的进步，这极大地改变了大多数政府采购项目的实施方式。规范逆向拍卖的法律有秘鲁的第30225号法案（la Ley No 30225），墨西哥的《墨西哥国家与市政府公共

---

① 秘鲁建筑业商会（CAPECO）估计，启动电子逆向拍卖以来，为签署合同而讨价还价的时间减少了50%（Castilla，2015）。

交易法》，即第 85 号法案（la Ley de Contratación Pública del Estado de México y Municipios，Decreto No 85）。

框架协议是另一种常用方法，在长期采购中尤其普遍。在这种方式下，买方公布对产品或服务的特殊要求，之后和一个或多个供应商签订长期合同，此后就不必再为每笔采购重新提供特殊说明。政府交易监督机构选定供应商，公共机关可以与这些供应商签署采购急需产品与服务的合同，而无须经过投标。产品和服务一般通过多种供应商目录提供报价，这就意味着同样的产品或服务可以由不同的供应商来提供。公共机构拥有购买决定权，可以根据多种变量，如价格、质量、交货时间、数量、折扣等等，来选择一位合适的供应商。

框架协议在公共采购中被广泛使用。例如在智利，全部采购中的 25%（图 3—4）是通过采购框架协议完成的，在购买同类产品的交易中，如办公室和医药消耗品（图 3—5）等，这一比重更大。在拉美国家中，有关框架协议的规章包括哥伦比亚第 1510 号法案的第 46 - 49 条（Decreto 1510，artículos 46 al 49）以及智利第 19886 法案的第 30 条细则（d）（ley No 19.886）。

最后，价值评估是本地区公共采购制度中另一种重要机制。在这种方式下，通过不同的评估机制，完成一份鉴定并确定被认为合理的最高合计总额。这是一项包含了技术考量和市场调研的参考总额，但不是用于拒绝或接受报价，而是为了确定用来估价和审计的参数。此外，价值评估也作为确定预算的基础。价值评估在国际法体系中很常见，被认为是公共采购管理中的一种良好经验。当市场上没有太多竞争时，则可以使用这种方法。例如，市场上仅有一个供应商，或者要为某个项目或政策特别订制一项产品或服务。在上述情况下，市场价格难以获知，组织一场拍卖可以促使供应商准备报价。此外，价值评估与逆向拍卖和框架协议有时也混合使用。

除上述机制以外，还存在着其他交易方式，例如直接采购，在全部采购当中只占据较小比例（正如在图 3—4 中看到的，智利的直接采购不足 10%）。大体而言，采用这些方式，意味着市场的竞争性较低，例如直接采购允许未经公开招标而直接报价，或者在某些情况下，直接挑选某个供应商，因此这些方式一般只用于特殊情况，如紧急需求、敏感项目和机密项目。这些方式包括：

◆总额较小情况下以最低定价完成的直接采购；

◆私人投标宣布无效后，对某项产品的直接采购；

◆某类产品或服务，如果通过招标而被公众获知将给交易对象带来危险的情况；

◆涉及带有知识产权或工业产权认证的产品的交易；

◆依赖供应商特别能力的咨询类交易；

◆突发性、紧急，或即兴购买；

◆供应或服务合同延期，或附加服务交易；

◆具有机密性质的服务；

◆当仅有一名产品或服务的供应商时，按照价值评估直接交易。

为了使实施政策所需的消耗品采购工作能透明、有效而高效地进行，前文所描述的有关采购制度的结构具有根本意义。正如我们已经看到的，需要一种制度来满足政府机构为确保其良好运转而购买产品的各种不同需求。

同时，还应该建立一种平衡，即一方面具有灵活性，允许系统合理运行，另一方面还要具备一套监控框架，但这并不意味着繁文缛节，操作起来带来不必要的拖沓和更多的开销，或者滋生腐败行为和缺乏透明度（Bardhan，2002）。

五　公共采购的有益实践及效果展示

如何提高公共采购的效率？一方面，发达国家和发展中国家提供了大量经验，不同的国际机构或公共政策研究中心又从这些经验中总结出一系列建议或有益实践。另一方面，有关这方面的学术研究虽然较为稀缺，但对涉及公共采购制度政策的评估，也提供了大量的经验性研究成果，其中涉及的公共采购制度，都以减少腐败和资金浪费为目的。

（一）关于有益实践的建议

为实现公共采购的有益实践，许多机构已经确立了一套规范。这些建议可以归纳成，采用促进竞争性（如逆向拍卖）与透明度（如网上公共采购的工具）的机制，并采取遏制、预防腐败与资产浪费的措施（如通过监督局等控制机构)。这些建议意识到了委托—代理问题及其后果。此外,某些机构还建议要关注平等对待供应商的问题。世界贸易组织(WTO)特别重视提升竞争机制,以此作为解决腐败和提高效率的方法。例如世界贸易组织 1994 年 4 月 15 日在马拉喀什签署的《公共贸易协定》(ACP)① 加入了在产品、公用事业和建设服务的交易中,不应在本国供应商和国外供应商之间制造歧视的条款,以此作为一项减少内部报价进而提高竞争性的政策。此外,这项协议还建议引入国际竞争者,以降低国内投标人形成垄断的可能性,杜绝政府机构代理人与熟识的投标人进行任何形式的串通,因为这种情况会产生高于市场最低价格的报价。世界贸易组织估计,由于这项协议,在其原则框架下,成员国向国际竞争开放的交易金额增加了 10 倍。

另一方面,从世界银行、美洲开发银行和拉丁美洲开发银行获得贷款的多边组织已将它们从采购方面获得的内部经验转换成了服务于国家的政策建议。这些建议主张关注所资助项目和相关国家公共采购中涉及的产品质量、成本和及时应用。建议特别指出,应实行平等而透明的程序,以创造可靠而稳健的市场,使之能够吸引讲求效率的供应商和承包商,并维护管理的责任原则及公共资源的有效使用。

联合国国际贸易法委员会(英文缩写为 UNCITRAL)2011 年公布了一项关于产品与工程公共交易的示范法。这一文献的主要目的在于,特别是为发展中国家,提供一个公共采购司法框架的示范,使之能够在交易过程中促进经济发展,提高效率和竞争力;并在裁决过程中形成廉洁、可信、平等、透明的环境。这一框架以平等、透明、竞争为原则,并将其作为效率的主要推动因素。联合国国际贸易法委员会特别建议线上公共采购系统利用其优势促进上述原则。

最后,经合组织(OECD)的发展援助委员会(DAC)在 2003 年设立了政府采购圆桌会议机制,提供了整体评估国家公共采购体系的平台,并为成员国之间交换关于共同资金使用的透明度和有效性等方面的经验和有益实践提供了可能。在发展援助委员会首批报告得出的最终结论当中可

---

① 《公共贸易协定》是一个多边协议,但并非所有世贸组织成员国都承担这一协议规定的义务。

以发现，竞争性和透明度仍旧是最基本的原则。

国际组织的共同建议是，凭借信息技术来提高采购体系的竞争性和透明度，特别是通过公共采购电子门户网站的方式。这些机构建议将电子目录、综合采购和电子逆向拍卖合并起来，作为扩大供应商数量（提高竞争性）和简化交易（降低交易成本）的机制；所有这些都是为了给政府采购创造最低价格。此外，建议当中还强调，这些系统应允许公民了解采购过程的信息，公民可以完善监督程序，而这将对公众投票选出的官僚和公务人员的业绩产生重要影响（参见第四章）。部分拉美国家已经采用了新的信息技术，设计出了新颖、灵活的交易机制，这有助于简化采购程序，对于公共部门和供应商而言，这节省了大量时间和管理成本。在这些机制中，墨西哥的网络采购门户网站 Compranet 是一个突出的例证，专栏3—1 对此进行了专门介绍。

专栏 3—1　墨西哥采购网（Compranet），墨西哥成功的公共采购门户网站

直到 1995 年，墨西哥联邦政府还很少或者根本没有任何关于公共采购的代理商、价格或供应商的集中信息。而且，采购过程耗费大量经费，采购过多集中在首都地区，采购价格过高，总之，造成了资金浪费和腐败。1995 年，以"龙舌兰效应"为特征的金融危机爆发后，政府必须大幅缩减预算，对公共开支进行严格控制。正是在这一背景下，政府引入了采购网。采购网这一公共采购系统是由公共事务局（Secretaría de la Función Pública）通过公共交易政策处（Unidad de Política de Contrataciones Públicas）推动实现的，这一机构收集了绝大多数采购事项的信息和交流情况。目前，87% 的公共采购信息都通过采购网公布。大约 3000 家代理机构或政府采购单位都在线公布它们的需求，供应商能够快速地回应这些需求。大约有 25000 家供应商已经在系统上注册。此外，鉴于投标的成本降低了，中小企业和首都墨西哥

城以外的企业的参与程度就相应提高了。采购的各种程序在网站上明
白可见。某些情况下,采购交易可以在线完成;虽然这种可能性仅占
所有公共采购的 2%,但却显示了增长的趋势。采购网也有助于增强
公民对公共采购过程的监督。一个广为人知的事例是,《千禧日报》
(Milenio) 在 2001 年进行了一次调查,报纸使用采购网的公开数据,
发现某些产品被高价采购。这一案件引起了审计长的全力调查,最终
导致政府行政机构的 3 名成员辞职。《连线》杂志 (Wired) 曾突出赞
誉采购网,认为这是一个给墨西哥带来电子革命的系统。

　　采购网取得的成就还获得了许多机构的认可。这个系统荣获国际
班格曼挑战赛 (Global Bangemann Challenge) 电子商务门类中的冠军。
发展政策与管理研究所 (Instituto de Política y Administración del Desar-
rollo) 的电子政务发展信息交流项目 (proyecto de Intercambio de
Información de e – gobierno para el Desarrollo) 也将采购网评定为成效卓
著 (http://www.seed.manchester.ac.uk/subjects/idpm/)。然而,在
优化建议当中,这项评估强调应公布系统运作成本、腐败调查情况以
及新供应商进入情况等有关信息。

　　来源:依据网络信息完成,可参见 https://compranet.funcionpublica.gob.mx/;Scheeres
(2002) 以及 Ibarra Estrada (2002)。

(二) 效果评估结果

　　公共采购的有益实践能带来怎样的效果呢?不同措施的效果评估,在
确定因果关系时,面临各种严峻的挑战,因为公共采购规则的变化通常不
是随机发生,因此变化的结果也被同步发生的其他因素所干扰。

　　减少腐败的一个常见措施是提升竞争性。供应商之间的竞争不仅提高
了效率,同时还减少了可支配收益和资金流失的概率。例如特伦 (Tran
2009) 进行了一项非常具有原创性的研究,利用一家亚洲企业对行贿的
内部记录,评估提高竞争性对非法支付问题发生概率的影响。起初在拍卖
尚未强制推行时,贿赂占产品价值的 14%。研究者发现,使用高价拍卖
(既考虑价格,也考虑供货质量的主观评估) 并不能降低行贿的发生概
率,而使用低价拍卖 (在客观观察的质量达到最低水平的情况下,仅仅

比较报价）可以极大地降低非法支付的发生概率（大约占到产品价值的8%）。很明显，这类以最低价格进行的拍卖限制了公职人员在评估当中的自由裁量权，提升了供应商之间的竞争性。

应对代理问题及为消除其对低效与腐败产生的影响而采取的第二项措施，在于建立控制与监督机制。这一措施的用意不在于预防，因为只有在违法行为发生之后才会采用。然而，也有意见认为，这项措施有助于预先压制腐败行为。

在本报告委托进行的一项研究中，赫拉蒂诺及其合作者（Gerardino et al. 2015）使用了断点回归的分析方法来评估智利增加对公共机构的监督审计所带来的影响（参见专栏 3—2）。这项研究发现，当被监管的概率增加时，公共机构会作出有效反应，并增强透明度，反之亦然。另一方面，利茨奇戈和赞博尼（Litschig y Zamboni 2011）则对巴西进行了随机性的分析，他们发现，当遭遇监督的风险增加时，公共采购中非正规交易的比例显著降低。与此类似的是，迪特加和沙格罗斯基（Di Tella y Schargrodsky 2003）使用了准实验性的分析方法来评估在布宜诺斯艾利斯的多家医院里通过增强检查和审计来打击顽固腐败行为这一项目的效果；他们发现，这个项目成功减少了腐败行为，其结果是同类产品价格下降了15%。最后，奥肯（Olken 2007）的研究以一个抽样调查的方式，选取了印度尼西亚的 600 个城镇，将接受政府审计的交通项目公共采购比例从4%上升到100%；研究发现，这一措施减少了8%的"流失的开支"，这项开支原先被认为是项目官方开支和工程师预估开支之间存在着差异。

专栏 3—2 对公共采购不同方式的审计效果

赫拉蒂诺及其合作者（2015）评估了智利针对腐败行为采取外部审计措施的效果，他们采用模糊型的断点回归模型作为定向策略来进行研究。这种方法论探究了如下事实：某些法规确定了受到某种待遇的概率，在这一案例中，具体指监管措施，这些法规包含着随意的成分，因此也就提供了一种类似准实验性的框架（Imbens y Angrist，1994）。

通过对可能受到某种待遇的临界值的对比观察, 就可能确定那些在被观察的各个方面都十分类似的单位, 但数量少于受到这种待遇的单位。对智利来说, 监管部门根据机构的重要性及其有害做法所引发的风险 (由监管部门自行决定), 确定了可能实施审计的概率。那些处在风险级别界线边缘上下的机构, 于是就面临着不同概率的审计, 虽然这些机构具有相似的突出特征。因此, 这些机构之间存在的估算差异, 可能成为他们受到最高概率审计的评判依据。利用智利代理机构 "智利采购" (Chile Compra) 2007—2013 年间关于公共采购的信息, 以及监管部门2011、2012 和 2013 年的审计信息, 赫拉蒂诺及其合作者发现, 各种机构面对遭受审计的风险时都以一种相当独特的机制作出回应:鉴于审计机构极少连续两年进行核查, 已经被审计的机构试图极力降低再次接受审计的概率, 于是它们采取最便于腐败的方式进行采购, 例如直接购买。特别是一些机构将大约 20% 的采购转向了更加不透明的方式 (图1)。作者得出的结论是, 审计确实对机构行为产生影响, 但受审计的机构也会作出策略性的应对, 临时性地采用更易于腐败的方式进行采购。

来源: Gerardino et al. (2015).

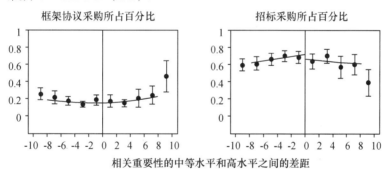

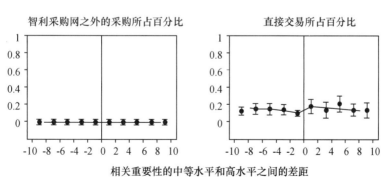

图 1　智利各机构所使用不同采购方式接受审计后的影响 (2012)[a/b/c]

a/：该图显示了在后审计阶段，针对通过智利采购网确定的公共采购的三大类主要方式（框架协议、投标和直接交易）及智利采购网之外所完成的采购，采用断点回归的分析方法，而估算出的系数和 95% 的置信空间。

b/：横轴显示了 2015 年内，本地区标准化机构的相关重要性。相关重要性由审计部门根据各机构在公共部门中的重要性确定，机构预算的规模、社会转移支付的规模等等都是纳入考量的标准。对于那些经过审计的机构来说，后审计评估阶段由完成审计之后的数个月份组成，同时，对那些未经审计的机构，该阶段指当年的 9～12 月。纵轴的原点标明了由审计部门明确的边际，它决定了哪些机构接受审计（正值）和哪些机构无须接受审计（负值）。

c/：从图中我们可观察到，在那些受到审计的机构当中（横轴的正值部分）通过直接交易而完成的采购（右侧下部）所占比例有所增长，通过投标完成的采购（右侧上部）有所减少，同时不能观察到，审计对通过框架协议完成采购及智利采购网之外完成采购（左侧上、下两部分）所造成的影响。

资料来源：赫拉蒂诺等人研究（2015）。

然而，这些结果不应被视为鼓励将监管提升到最大化的空头支票。在某种程度上，拉美国家的政府工作人员有可能因长期受到监管部门的胁迫而被迫陷入瘫痪状态。[①] 即便官员的行为是清白的，但从公职人员的视角来看，审计调查也可能带来风险，因为错误、失职或下属的行为均可能引发调查。况且，即便调查过程没有导致处罚，那也意味着在声誉、时间和精力方面，官员要付出相当高昂的成本。因此，公职人员在工作中表现出对风险的极大厌恶，他们宁可较少进行公共采购，也不愿选择实现最佳效果。这种情况可能导致仅仅因为公职人员担心卷入监督部门的纪检或司法调查，公共政策的实施受到影响。因此，一定程度的自主性或灵活性，特别是在公共采购领域，对于实现公职人员和服务部门人员的绩效是必不可少的，虽然这同时也意味着给资产流失或腐败留下了更多的活动空间。[②]

那么经验性研究又证明了什么呢？在一项近期研究中，拉苏尔和罗杰斯（2013）评估了尼日利亚 4700 个项目当中公务员的表现，研究了他们

① 在与拉美地区公务员的交谈当中，从他们提供的细枝末节的例证里，已出现了这种可能性；接受访谈的公务员表示，高强度的控制是担忧顾虑的来源，这使得他们有时不愿完成必要的工作，特别是在公共采购领域。

② 这一可能性已被多项理论研究证实；例如可参见 Miller，2005.

是否受到所在机构监管和审计工作的影响。研究发现,随着公务员自主程度的提高(标准偏离程度之上),项目完成的比例提高了18%;相反,随着公务员受监管强度的提高(在标准偏离程度之上),项目完成的比例则降低了14%。

对抗腐败的第三个措施,其效果已经获得实证研究的证明,那就是提高透明度,例如公布审计结果,允许公民或其他私营部门代理人参与其中,揭发不当行为(及在某些案例中,参与到政治惩处的决策当中)。例如关于巴西公布审计结果的影响,费拉斯和菲南(2008)所进行的研究表明,公共采购中的营私舞弊行为所导致的惩罚性选举后果,使市长获得连选的概率降低了17%(参见第四章)。

最后,另有一项旨在提高透明度的措施也获得了实证性的评估,那就是实施在线电子门户系统。针对印度和印尼的案例,刘易斯-福贝尔等人(2014)为评估电子门户的效果,探究了这两个国家在采用电子系统时区域及时段上的变化。虽然没有发现价格降低的证据,但确实观察到所采购产品和服务的质量有所提高。特别是对印度建筑业质量的独立评估结果利好,在印度尼西亚,公共设施的完成时间也有所缩短,而这两个主要领域原本就是促成采用电子系统的重要原因。因此这项研究证明了在线采购系统对绩效产生影响的途径之一,就在于让更加优质的供应商进入市场,其中既包括非本土的供应商,也包括原先通过其他方式无法参与采购过程的供应商。

总之,上面研究所获得的成果认为,加强对公共采购的控制和监督的措施,将减少低效和腐败的发生;但强化监管也可能意味着公共机构将丧失灵活性和自主权,这种情况可能对服务供给和项目完成带来负面影响。无论如何,这一突出矛盾可以通过提高交易透明度的措施获得部分的解决;这有助于控制潜在的低效或资金流失,而不必强化形式上的控制与监管。

六　结论

公共采购是为完成公共政策而进行的基础性投入,因此在国家能力建设方面扮演着关键角色。在这个意义上,公共采购因其在经济体中的规模而占据重要地位:在拉美国家当中,公共采购占GDP的3%,占公共开支的 12%。除体量巨大外，公共采购涉及的部门之多、产品与服务的种类之全也是显而易见的，也就使得这一必不可少的系统越发复杂。为了设计一个高效的公共采购系统，必须注意到它不同于私营部门的种种特征，特别是它对公共政策的影响涉及公共利益，它对公共资金的利用可能造成激励政策的失范及腐败问题。

拉美国家的政府已对这些复杂情况做了内化处理，并已建立起相关制度，包括监察机构、独立的采购代理机构和不同的采购方式；这些要素都聚焦于如何应对这一部门的特殊难题。虽然已经取得了长足进步，但本地区的相关系统还可以通过借鉴良好的国际经验和用以评估效果的经验性研究成果，得到进一步强化。首先从国际经验来看，这方面的建议可以归纳为加强系统内的公平性、透明度和竞争性。公平性是指公平对待与之交易的提供产品和服务的各种供应商。这一目标一般可以通过信息公开而实现。这项措施与透明度密切相关，透明度要求系统中的各个组成部分都能获得最大量的讯息。这一措施，加上增强竞争性，可以被视为针对浪费与腐败行为的解决之道。最后，增强竞争性的措施能让政府以更低的价格获得更优质的产品和服务，同时还能让不同的供应商见证程序的透明运作。更大的竞争性可以通过设立多种采购方式而获得，例如促进不同供应商面对面竞争的拍卖，也可以通过向大批供应商公布信息获得，例如在线采购系统。这些系统在政策建议中极具重要性，因此已被本地区大多数政府所采用。

关于经验研究的成果，虽然衡量政策对于系统运行效率的影响较为困难的，并且还存在着如何评估腐败、浪费等现象的问题，但研究结果发现，强化监督、审查机制对于减少浪费和压低采购价格是有正面效果的。采用了更具信息透明度的系统之后，也能产生类似效果。此外，这些措施提高了系统的合法性。在许多案例中，公民参与改善了机制的运行，公民监督提高了腐败和浪费行为的代价。

无论如何，审查措施的过度监管可能降低公务员的自主性，压制绩效表现，这意味着应该在自主性或灵活性及强化监管之间把握平衡。相关研究证明，赋予采购系统更多的透明度和竞争性，例如应用电子采购门户，可以调和这组矛盾。也就是说，可以降低无效或腐败的风险，但不必过度强调监管或过分压制自主性。因此，这些方面应该成为在公共采购领域设立干预性政策的重要支柱之一。

第 四 章

公民参与权[①]

坚持发表意见是公民的责任。

——君特·葛拉斯

一 引言

有人说，一个人的品性取决于他在没有其他人在场时的行为。[②] 这是因为，如果有别人在观察，人们都会表现得更好。公民的参与是一种重要的外部监督方式，可以改善国家作为公共产品和服务提供者的表现。

在现代民主体制下，公民参与政治最为普遍的形式就是选举。然而，在参与选举与更好的政府表现之间还隔着不少环节，而这些环节并不总是运转良好。只有当公民获得了正确的信息，根据执政者表现对其进行奖励或惩罚，而执政者又有动力和能力去回应这种反馈时，选票才能成为一种有效的外部监督机制。然而，公民通过选票所传达的信息并不总能传达到真正提供公共产品和服务的人耳中。这是因为公共产品和服务的生产和交付一般掌握在政府官僚手中，而这些人大多数都是非民选的公务员（例如公共管理部门的工作人员、中小学教师或者护士）。也就是说，当公民将制定和执行公共政策的权利委托给政治家时，传统上所遇到的问题在于政治家和公民所追求的利益并不一定一致。但其实问题更加复杂，因为我

---

① 卢西拉·伯涅尔（Lucila Berniell）和多洛雷斯·德拉马塔（Dolores de la Mata）负责本章写作，阿古斯蒂娜·哈德里克（Agustina Hatrick）和迭戈·霍拉特（Diego Jorrat）担任研究助理。

② 引用 J. C. Wells 的话。

们还要考虑第三种角色,也就是向公民提供其所需公共产品和服务的供应商。①

不少选举之外的参与途径,如申诉可以部分缓解公民与公共产品和服务提供者之间目标不一致的问题。这是因为通过选举之外的参与途径,公民可以对公共产品和服务的提供者进行更直接的监督。②

有效进行外部监督需要经历两个阶段。第一,国家应当通过信息发布真实地反映其政绩,信息公布要及时准确,以方便民众根据信息参与政治。第二,公民要有效利用信息,表明其对所享受到的公共服务是否满意,并期望政治家和服务提供者有能力和意愿给出令人满意的答复。然而,在这两个问责阶段中都有可能出现问题。③

在第一阶段,即公布信息时,公务员和政治家可能都会认为不便公开与其职能相关的一些信息。此外,也可能缺乏足够的技术手段和人力资源来向公众提供高质量的信息。而且,国家的行为往往涉及面很广,任何将其政绩浓缩成某种信息的努力都可能忽略一些重要的内容。当信息的受众是普通民众时,这一点就尤其重要,因为对于一般人来讲处理大量的复杂信息是一件非常困难的事。一些公民社会组织,例如非政府组织、高等院校或大众传媒会对公共信息进行处理,使得公民更加便捷地接触并了解这些信息。但是,这一过程也受到利益集团的威胁,它们往往通过干预手段向公众传播歪曲的信息。

在第二阶段,即便公民掌握了真实的信息,也有可能出现意愿和能力方面的问题,但这一回问题出在公民身上。从意愿的角度出发,积极参与公共生活的成本不低,而大多数情况下参与政治是为了大众的利益,因此不少公民会选择不承担参与成本而坐享其他人参与政治所带来的利益。而且,政治参与往往还需要集体行动,而要协调各方行动所需的成本实在过高。从能力角度出发,要消化重要且相关的信息,并由此判断公共服务的

---

① 在第一种情况下,问题出在公民和政治家之间目标不一致;而在第二种情况下,则是政治家与公共产品与服务提供者之间目标不一致。

② 文献指出,如果公民通过选票奖励或惩罚政治家(是否将选票投给政治家)来监督公共产品和服务的提供者,这一途径被称为问责的"长路径";而问责的"短路径"则是指公民对公共产品和服务提供者进行直接监督的一系列机制(世界银行,2004)。

③ 英语中使用 accountability 来表示这种问责体系。

质量水平并非易事，这也限制了相当一部分公民的政治参与。

本章探究拉丁美洲外部监督机制在这两个阶段所面临的困难。证据表明，拉美国家在向公民提供信息方面既存在意愿问题也存在能力问题。能力的缺乏反映在以下方面，如信息技术等成本低、受众广的传播手段运用不足，以及国家行为所产生的行政记录信息传播不足。为了研究信息公开意愿缺乏的问题，我们与一些地方政府设计了试验性干预措施，有迹象表明，与信息公开不足和这些信息有可能被用作对政府业绩不佳的惩罚有关。随后，本章还通过关于政治文化和公民参与的问卷调查分析了各种可能推动或限制公民参与的因素，而不仅仅限于获取有关政府政绩的信息。最后，本章还通过对最新实证证据的系统分析，表明为克服问责过程两个阶段中的障碍所采取的措施中哪些是成功的。实证分析表明，在有些情况下，公布关于国家政绩的信息就可以达到目的，而在其他情况下则需要在其他各层面提高公民权利，使公民的政治参与更加有效。

二　概念框架

问责过程包括：1）由单个公民和公民社会组织共同构成的公民群体；2）选举产生的政治家或公务员；3）公共产品和服务的提供者，他们掌握着这些产品与服务的生产与交付。这三个群体在两个阶段中开展互动（图解4—1）。

在第一阶段，国家有目的或无目的地向公民提供某些信息，如果公民能够及时准确地掌握这些信息，就可以在评估政府政绩时考虑这些信息。国家有目的地提供信息的事例是发布公立教育体系中学生学业表现的数据。国家无意识地发布信息的事例是那些坑洼不平的街道，公民可以根据自身经验对道路养护这一服务的质量做出判断。

在第二阶段，当公民已经掌握了公共服务的质量信息后，就需要有效地去理解并使用这些信息，形成两种可能的公民—国家互动形式。其中一种可能的形式是公民与政治家互动，通过投票以及集体行动（例如请愿、游行等）实现。这种互动被称为问责的"长路径"（世界银行，2004），因为公民把督促服务提供者提供更好公共产品和服务的职能委托给了政治家。另外一种互动的形式则是公民与服务提供者之间直接互动。这一互动形式被称为问责的"短路径"，因为对服务提供者直接施压的就是公民，以及正式或非正式的公民团体。同时，这一形式还被称为"社会问责"（social accountability），其表现形式多样，公民参与的程度也各异，有的情况下公民只是单纯参与监督，而有的情况下公民甚至会参与公共政策的制定、决策和资源配置。

　　最后，服务提供者根据收到的意见调整自己的行为，完成整个互动过程。通过问责，公共产品和服务越来越贴近用户的需求。这种良性的参与和问责机制之所以能够维持是因为如果政治家和服务提供者不满足公民的要求，就要付出高昂的代价。①

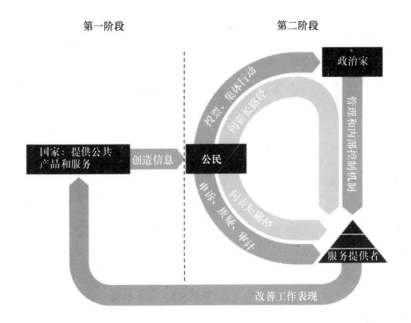

图解 4—1　公民参与和问责的良性循环

资料来源：作者自制。

───────────────

　　① 理想的情况是仅仅出于可能的惩罚（通过投票或公民表达不满的其他形式）威胁，问责机制就能够督促政治家和服务提供者改善其表现。同时，这也会逐步减少公民申诉的需求。考虑到公民参与对于个人而言成本较高（如搜集信息、组织动员等所需要投入的时间），如果公民惩罚威胁能够发挥足够的作用，就是最理想的情形。相反，如果公民觉得自己的申诉是无效的，就可能直接决定不去参与，因为参与的成本高且好处有限。

　　长路径和短路径并不能互相取代。一般而言，公民通过选举向政治家提出中长期公民所需要的一系列公共产品和服务，而公民和服务提供者之间的联系则更多的是为获得比较具体的产品和服务（如下水管道系统的改造、医护服务的完善等）。此外，公民的选举参与是定期（在举行选举时）进行，而短路径则使得公民可以进行更频繁的监督，以确保服务提供者的表现与选举中所取得的共识保持一致。较为理想的是两种问责路径互为补充，共同保障公民作为国家外部监督者的作用。

　　但是，不管是长路径还是短路径显然都不是畅通无阻的。从国家提供某项公共产品或服务时起，就可能会出现三种问题：1）意愿不一致或战略行为；2）国家和公民的能力欠缺；3）信息不足或者无法归纳国家政绩的方方面面。这些问题可能会阻碍公民参与对政府不必要的失当行为进行修正，甚至直接影响到公民参与本身。

　　推动力是代理关系中的典型问题，其中公民是委托人，而以政治家和服务提供者为代表的国家则是代理人。[①] 代理人普遍不愿意去准备和传播有关他们所提供产品和服务质量的可靠信息，而且试图不公开政府的活动，避免受到批评。因此，代理人有可能只提供非常有限的参与手段或者蓄意提高参与的成本。另一方面，公民参与的意愿也不高，因为获取信息、进行监督以及向国家提出诉求的主要目的在于集体利益。[②]

　　能力问题在问责过程的两个阶段都有可能出现。例如，国家可能缺乏制造和传播高质量有用信息的能力，因此公民没有足够的信息去做出决定。或者，能力不足也可能影响政治家通过国家内部机制对服务提供者的管理[③]；同时，能力不足还可能使政治家和服务提供者无法对公民的诉求做出有效的回应。[④] 另一方面，公民能力匮乏则会造成公民参与少，或无效参与，乃至干脆不参与。例如，弱势群体是受公共服务不足影响最大的

---

　　① 政治家和官僚构成的代理—委托关系中的动力问题在第二章中进行了分析。

　　② 这是一种集体行为的典型问题。根据这一逻辑，就不会有公民愿意参与，但实际上很多情况下公民是可以被组织动员起来开展各种集体行动（游行，公开向政府请愿等）的。

　　③ 这些问题在第二章和第三章中有详细论述。

　　④ 例如，有一些民众可能对公立学校的教育质量不满意，但是服务提供者可能没有能力向公立学校投入更多、更好的教育资源。

群体[①]，因此理应是最有动力向国家申诉的，但却是参与程度最低的。这表明，获取和解读关于国家政绩的信息还存在障碍，也表明公民参与的成本高，尤其对于弱势群体更是如此（Molina 等，2013）。同时，当公民在责任认定上出现问题时，也就是说在认定不同公务员的职责上发生错误时，公民参与会出现不足或不恰当。[②][③]

最后，信息不完整的问题与难以形成并传播国家行为的简要信息有关。第一，对国家政绩进行恰当的评价在很多情况下非常困难，因为很多现成的标准都无法判断所取得的成果多大程度上应该归功于国家服务的质量，多大程度上应该归结于环境因素。[④] 第二，对于普通民众，对全部可获取的信息进行处理以评价国家政绩的成本极高，因此就出现了一些帮助民众汇总、处理以及总结信息的角色。这些角色起着国家与公民间协调人的作用，但也可能带有自己的利益，或者被公民群体和公务员群体操纵，因此所提供的可能是被歪曲或不完整的信息。所有这些问题都限制了理想的问责机制中潜在惩罚的威慑力，也削弱了政治家和服务提供者改进其工作的动力。此外，公民认识到这些缺陷后，就可能直接决定不参与，进而更加弱化了公民的外部监督作用。

三　国家制造并传播信息

近年来，不少人对公共信息的透明化寄予厚望，希望能够借此减少腐败并提高资源的利用效率。然而，要使这种信息透明化有效发挥作用，国家必须要有决心和能力制造并发布关于其行为的信息。

---

① 例如，拉丁美洲开发银行（2014）报告中有证据指出，警察在相对贫穷的区域巡逻频率反而更低。

② 在拉丁美洲开发银行（2014）报告中有关于（公共安全方面）责任认定与选举惩罚之间关系的论述。

③ 在其他情况下，也可能尽管公共服务质量很低，但公民还是表示基本满意，并没有提出申诉。因此，公民对于公共服务质量是否合格的判断也会影响公民参与的决定（Lieberman 等，2013）。此外，尽管图4—1展示了问责机制从有关国家表现的信息开始，但并不是只要提供信息就会触发这一机制后续的步骤，比如当公民所接收的信息对于他来说是旧信息时就会发生这种情况。

④ 对国家表现的评价在第一章中有详细论述。

（一）国家是否有能力产生和提供信息？

每一项政府所实施的政策都会产生信息。例如公立教育，每年各所学校都会对学生进行登记，形成了注册学生名单这样的管理记录。教育主管部门还掌握着教师队伍的信息，其中包括每名教师在哪所学校工作的数据。此外，教师工资的定期发放又会在社会保障体系中形成相关记录。教师又会记录学生出勤的情况，经过整理也会形成一些文件和档案。同时，有些国家每年还会对不少学生（一般会选择某个特定的年级）进行标准化测试来了解学生对知识技能的掌握情况，这些测试也形成了一个关于每名学生的信息新来源。

所有这些在提供公共服务过程中产生的记录都是重要的工具，不仅对内部管理（已在第一章详细探讨过）而言，而且对外部监督与问责机制也是如此。例如，可以运用这些信息来提醒民众关心标准化测试中学生的平均成绩、平均师生比、全国或各地区教师的平均薪资等情况。这些信息赋予了公民权利，使公民可以根据信息进行判断，并更好地提出诉求，无论是通过长路径还是短路径（例如公开各学校的成绩，而不是所有学校的平均成绩，这样可以让一个社区所有相关的民众知情）。[1] 这种关于公共服务提供者的系统的、可比较的信息传播被称为"成绩报告单"[2]（report cards），这一做法在美国等国家的教育领域已经使用多年[3]，但在拉丁美洲尚未普及（Figlio 和 Lucas，2004）。

专栏 4—1　有关服务提供者信息的传播：
"成绩报告单"在学校中的使用

"成绩报告单"的使用为我们提供了一个范例，说明了通过对有关服务提供者特点和表现的信息进行系统的透明化，公共产品和服务的客户与提供者之间的关系是如何得到加强的。

---

[1]　这些信息的传播并不会涉及具体的学生和教师。
[2]　信息手册或信息简报。
[3]　下文将探讨"成绩报告单"在不同背景下所起到的效果，包括对扩大公民参与的作用和改善公共服务质量的作用。

表1展示了几个国家的例子，这些国家在教育领域开始或已经采用了这一信息机制。这些"成绩报告单"的特点非常不同。

在有些案例中，"成绩报告单"只是被当作内部管理的工具；而在另一些案例中，则是向教育界，特别是学生家长提供信息的机制。在有些案例中，这一机制是教育部门"自下而上"提出的；而在相当多的其他案例中，则是"自上而下"提出的，即由国家推动信息的传播。

表1　　　　　　　　　　　　**"成绩报告单"案例**

国家或组织	名称	受众	主要目的	推动力	内容[a]	比较类别[b]	项目类别[c]
巴西（巴拉那州）	巴拉那州学校成绩报告单	社区	社区问责和参与	由教育秘书处推动（1999—2002）	4	3	自上而下
CERCA	学校成绩报告单区域试验	社区	社区动员和参与	美国国际开发署（USAID）资助的公民参与试验项目	2	1	自下而上
几内亚	学校评估工作表	社区	社区动员和参与	职权下放	3	2	自下而上
印度	班加罗尔公民评估	社区	社区动员和参与	地方公民组织	s. d.	公民成绩报告单	自下而上
尼日利亚	基本质量报告	社区和地方政府	社区动员和参与；地方政府管理/管理工具	职权下放	3	3	自上而下

续表

国家或组织	名称	受众	主要目的	推动力	内容[a]	比较类别[b]	项目类别[c]
美国	美国"不让任何孩子掉队"学校成绩报告单	社区	问责	获得联邦资金的法定要求	3	4	自上而下
	弗吉尼亚州学校表现标准成绩报告单	社区	问责	弗吉尼亚州学校年检法定要求	3	4	自上而下
	弗吉尼亚州教学标准报告单	地方政府教育部门	问责				
加纳	学校表现评估会议（SPAM）	地方政府教育部门	问责	职权下放	3	s. d.	自上而下
纳米比亚	学校自我评估系统	学校	管理/管理工具	由教育部推动	3	3	自下而上
乌干达	学校档案	学校	中央政府反馈	中央教育部	1	1	自上而下
UNICEF	高质量学校网络	学校	管理/管理工具	s. d.	2	1	自下而上

a/：成绩报告单内容：1. 投入信息（学生、教师、课本、教室数量与开支）；2. 投入与过程信息（1＋留级与辍学率、学校、家长和社区的参与、安全）；3. 投入、过程与成绩信息（1＋2＋毕业率、升学率、考试成绩）；4. 投入、过程、成绩信息和家长满意度（1＋2＋3＋学生和家长的满意度数据、用户满意度指数）。

b/：比较类别：1. 无法比较；2. 标准/目标；3. 学校间比较；4. 标准/目标和学校间比较。

c/：项目类别：自上而下：信息是由行政数据、EMIS 一类的信息系统和/或标准化测试系统提供的。自下而上：信息由教育的参与者提供（如教师、校长、家长）。

资料来源：根据 Cameron 等（2006）自制。

关于内容，Cameron 等（2006）将"成绩报告单"分为几类。第一类仅包含与投入相关的信息，如学生数、教师、教室、教材、开支水平等。第二类则包括对成果的统计，如留级和退学率，以及学校建立的制度，如家长的参与和安保的加强等。要形成第一类或第二类"成绩报告单"，所需数据可以来源于统一的信息系统或从学校层面进行搜集。第三类"成绩报告单"包括学生平均学业水平的指标，可以了解学生知识和技能的掌握程度。这些信息多数来源于全国性或国际性的标准化测试，但也可能是从学校层面搜集的，虽然学校数据的可对比性要复杂一些。第四类"成绩报告单"还囊括了家长对教育服务的评价和满意程度。通过咨询家长的意见可以获得关于教育质量、教育资源投入的"软信息"，这些信息无法通过考查学生文化成绩的测试获得。

资料来源：根据 Cameron 等（2016）自制。

为了提供信息，国家不仅需要具备产生真实信息的能力，还需要具备通过合适的方式、易懂的形式、方便受众获取的渠道发布信息的能力。此外，所发布的信息还要根据不同的受众采用不同的数据分解度、格式与传播途径。例如，高等院校和科研院所一般对数据的分解度有较高要求，希望能获得管理记录中的原始内容（保持所涉及个人的合理匿名性）或者对不同来源的记录进行整合（如标准化测试、教师的社会人口特点、学校的硬件物资投入等），目的是要对信息进行全面、深入的分析。这样的信息分解度对于普通民众是没有意义的，这部分受众所需要的只是对于公立教育体系状态的一个总体评价。

然而，提供公共产品和服务过程中所产生的记录并不能满足评估的要求，因为这些记录无法让我们了解民众的满意程度。在这种情况下，可能就需要其他采集数据的代替途径来了解公共服务用户的评价。一个越来越常用的工具就是"公民成绩报告单"，包含了满意度问卷调查的结果信息。这些手段有的是公民社会组织提出的，有的是政府提出的（专栏4—2）。

专栏 4—2　公民的反馈："我们如何走?"项目

1998 年, 波哥大商会、时代出版社 (el Tiempo) 和科罗那基金会 (Fundacipo 如 Corona) 共同创立了"波哥大我们如何走" (Bogotá Cómo Vamos) 项目, 旨在评估并向民众宣传市政府发展计划对公共产品和服务质量的改进, 以及可以预期的总体生活质量的提高。

波哥大的这一做法延续至今, 并且不少其他哥伦比亚城市也纷纷效仿 (卡利和卡塔赫纳于 2005 年, 麦德林于 2006 年, 巴兰基亚于 2007 年, 布卡拉曼加于 2009 年, 巴耶杜帕尔和依巴格于 2010 年, 佩雷拉于 2011 年, 马尼萨莱斯于 2012 年, 云博于 2013 年)。所有这些城市如今已经形成了哥伦比亚"我们如何走"城市网络 (RCCCV), 覆盖全国近三分之一人口。此外, "我们如何走"模式还被其他国家 (阿根廷、巴西、智利、秘鲁) 的城市所借鉴, 并已经发展成为监督整个国家表现的机制, 例如墨西哥的"墨西哥我们如何走?"计划。

这些项目所提供的信息类型根据不同的城市有所变化。比如, 在波哥大, 既包括主观指标 (对下水管道系统、道路和公园现状、公共安全的满意程度等), 也包括客观指标 (社会人口数据、学生留级比例、环境保护措施等)。在其他城市, 如圣塔菲 (阿根廷), 这项计划 (由市政府负责) 则仅仅提供详细的客观信息, 并不包含市民的意见。

资料来源: 根据"我们如何走"城市网络 (2015) 和波哥大"我们如何走"的信息自制。

---

1. 新技术、电子政务和透明化

信息与通信新技术 (TIC) 为国家低成本、大范围、广受众地传播有关政府工作的信息提供了便利。而电子政务这一概念就是指政府各部门在传播信息的过程中大量运用新技术。①

---

① 电子政务更为精确的定义是政府部门之间、政府部门与公民或公民社会组织之间信息的简化、交流和沟通的全过程 (Meier, 2012)。

电子政务最重要的手段之一就是政府官方网站。Murillo（2015）评估了政府官网在拉丁美洲 16 个国家为提高公共信息透明度所做出的贡献，主要考察了各国政府通过官网所发布信息的数量和质量。作者强调信息不仅需要公开，还需要确保方式恰当（及时更新）、便于查询、受众多样，最好还能被计算机程序解码和识别以便于通过不同网络渠道进行信息搜罗和整理。此外，政府官网还应当公布有关易滋生腐败领域的信息（如公共预算、公共采购等）。作者在结论中指出，尽管拉丁美洲国家政府官网提供了这些信息，但信息的精细程度总体上还不尽如人意，尚未达到帮助公民做好外部监督工作的要求。

在一项本报告委托的研究中，CIPPEC（2014）对市级政府网络化工作的情况进行了分析，分析对象是拉丁美洲的 125 个城市（选取了拉美地区 25 国各自人口最多的 5 个城市），研究了现有的市政府官网所公布信息的数量以及与民众互动的便利程度（如网上办理手续或其他事项）。①研究发现，只有 82% 的市政府开通了官方网站，仅有不足 60% 的市政府拥有在信息透明度和市民互动便利度方面令人满意的官网。具体而言，58% 的市政府在官网上标明了如何在市政府办理手续的信息，但能在官网上办理手续的市政府则要少很多：仅有 28% 的市政府允许市民在官网上缴费，可以在官网缴纳罚款的仅占 12%，能够在网上取号预约现场办理的只有 5%。虽然网上办理手续并不能直接改善问责机制，但可以让政府管理变得更加便捷和透明，减少处理民众诉求时的不公平问题，并降低公民与政府互动的成本。

在借助官网公布政府重要管理信息、方便公民问责方面，42% 的市政府公布了预算信息，但只有 33% 的市政府公布了预算实际执行情况。此外，36% 的市政府公布了采购信息，但只有 30% 的市政府公布了采购招标和中标情况。最后，只有不到 10% 的市政府公布了高级官员的宣誓声明。

---

① CIPPEC（2014）还指出电子政务的发展分不同阶段，从最低的技术和组织水平（只停留在所谓"存在"的层面）到较高的技术和组织水平不等，后者的代表是那些在与市民"互动"上表现较好的政府。

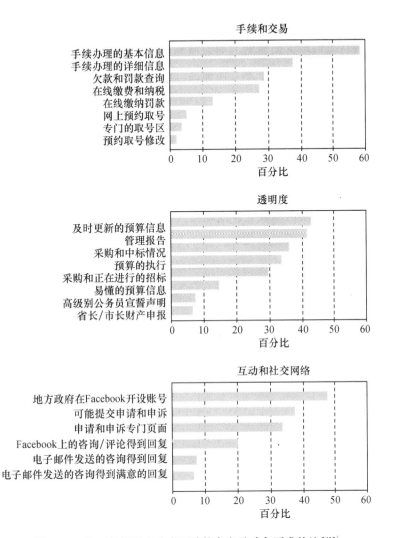

图4—1 拉丁美洲城市政府网站符合电子政务要求的比例[a]

a/：根据125个拉美城市市政府的数据计算的百分比：25个拉美国家（阿根廷、伯利兹、玻利维亚、巴西、智利、哥伦比亚、哥斯达黎加、古巴、厄瓜多尔、萨尔瓦多、危地马拉、圭亚那、海地、洪都拉斯、牙买加、墨西哥、尼加拉瓜、巴拿马、巴拉圭、秘鲁、波多黎各、多米尼加共和国、特立尼达和多巴哥、乌拉圭和委内瑞拉）各自人口最多的5个主要城市。

资料来源：根据CIPPEC（2014）数据自制。

在政府官网的公民互动机制方面，38%的市政府允许在官网上对政府工作提出意见，34%的市政府拥有提交在线申请和意见的统一系统，47%

的市政府开通了社交网络账号。然而，这些机制的利用率比较低，通过电子邮件向政府发送的咨询只有 7% 收到回复，答复符合咨询内容的不足 6%。

总之，拉丁美洲城市在政府工作信息的网络发布以及充分利用信息技术拉近政府与民众距离方面还有很多工作要做。拉美地区市政府电子政务发展不足和政府部门有效形成管理信息（如公共采购信息）的能力匮乏有关，和信息系统开发和整合不够有关，也和关键部门的电子政务管理人才能力培养不足有关。例如，要提供网上缴纳罚款和税费的服务，就需要建立不断更新的纳税人信息数据库，债务信息数据库、信用卡验证系统，而且还要对支付网站进行维护，以确保其稳定性，并吸引民众更多地使用在线支付平台而不是现场缴费。

然而，有些国家的发展快于其他国家。根据每个国家人口最多的 5 个城市政府在图 4—1 所示的表现，我们将上述拉美国家从低水平到高水平划分为不同的组（表 4—1）。①

表 4—1　　　　　　根据对各国人口最多的 5 个城市的评估得出的市政府网站水平

表现排名情况[a]				
很高	高	中等	低	很低
阿根廷	巴西	玻利维亚	伯利兹	古巴
智利	哥斯达黎加	萨尔瓦多	洪都拉斯	圭亚那
哥伦比亚	厄瓜多尔	危地马拉	尼加拉瓜	海地
墨西哥	多米尼加共和国	波多黎各	巴拿马	牙买加
秘鲁	乌拉圭	委内瑞拉	巴拉圭	特立尼达和多巴哥

a/：排名按照图 4—1 中所有方面的情况按简单平均数计算得出，根据排名，本表将这些拉美国家的表现分为 5 个等级：很高、高、中、低和很低。

资料来源：根据 CIPPEC（2014）数据自制。

---

① 市政府的排名是根据图 4—1 中所示表现采用简单平均的方法计算的。

从需求方面看，拉美晴雨表（Latinobarómetro）的数据表明大部分拉美公民并不经常使用网上的资源来了解其政府的工作。根据 2010 年的数据，了解政治事件最重要的大众传媒是电视（占受访者的 82%），其次是广播（占 50%）、平面媒体（占 37%）和互联网（占 16%）。但是，非政府组织、媒体和高等院校会更多地参考和利用政府官网上公布的信息。

（二）国家公布信息的动力

国家提供公共信息是战略行为吗？为了回答这个问题，Hatrick 等（2015）进行了 次实验，向哥伦比亚所有的市政府发出信息申请，以此测试如果公务员知道所提供的信息会被用来评估其工作，是否会倾向于不回复信息的申请。研究人员向所有的哥伦比亚的市政府发出了一封电子邮件，索取基本预算信息。① 并且，对随机选择的一组市政府实验进行了特殊处理（实验组），在向这一组市政府发送的邮件中写明了索取的信息将被用来分析全国所有城市政府的相对表现。对于其他的市政府，只是索取信息（参照组）。试验组和参照组的市政府都是随机产生的，这两组政府回复率的差别可以让我们了解公务员在知道信息会被用来和其他的市政府进行对比时是否存在抵触心理。

在全部进行有效联系的市政府中，18% 给予了回复，但只有 15% 提供了被索取的信息。78% 回复邮件的市政府和 72% 回复所需信息的市政府都是在第 1712 号法律规定的 7 天期限内完成回复的。总体而言，回复邮件的多是贫困水平较低、财政状况良好、地处安第斯地区的大城市政府。

---

① 索取的具体信息是 2013 年市政府获得的收入和执行的开支总额。这一邮件是通过 CAF – 拉丁美洲发展银行官方的电子邮件地址发出的。所使用的联系人数据库中每个市政府至少有一个收件人地址，而且 86.6% 的市政府的直接联系人都是财政秘书处。为了最小化单纯因为市政府无力搜集并形成信息而收不到回复的可能性，试验明确了要求要简单的原则，并且选择了每一个市政府按照法律都必须提供的信息（1712 号法律）。在实验所联系的 1022 个市政府中，只有 11 个无法取得联系，因为电子邮件地址无效。

表 4—2 哥伦比亚各市政府在提供公共信息方面的表现[a]

	人口[b]	未被满足基本需求的城市居民比重（%）[b]	财政表现指数（%）[c]	安第斯地区	东部地区	太平洋地区	加勒比地区
给予了某种回复	79316	25	69	75	7	14	4
回复了申请的信息	40521	24	70	76	7	14	4
没有任何回复	30203	34	67	56	10	16	18

a/：这些数据通过实验获得，即使用电子邮件方式向哥伦比亚所有的市政府申请基本预算信息。

b/：哥伦比亚 2005 年人口普查数据。

c/：财政指数是哥伦比亚国家规划局公布的指标，主要考察政府运作开支的自给程度、债务情况、对国家和专项基金的依赖程度、自筹资金情况、投资规模和储蓄能力。数值越高说明表现越好。

资料来源：根据 Hatrick 等（2015）数据自制。

在表 4—3 的 A 面板中展示了特殊处理对于获得某种回复概率的影响（第一栏）以及对于获得所申请信息概率的影响（第二栏）。[①] 系数是指试验组和参照组的回复率差别，以百分点表示。

出现的负数标记与实验提出的假设一致：在明确指出反馈信息将和其他城市进行对比的实验组，回复率要低于参照组。总体差别在数据上并不显著，但作用大小不容忽视：特殊处理让获得某种回复的可能性降低了 2.3 个百分点（相对于参照组回复率低了 12%），让获得申请信息的可能性降低了 1.2 个百分点（相对于参照组低了 8%）。

在根据城市大小建立的样本中分析特殊处理的作用（面板 B），结果最显著的是在人口介于 10000 到 50000 的城市当中，获得回复的概率下降最明显。具体而言，获得某种回复的可能性下降了 7 个百分点（比参照组低了 33%），获得申请信息的可能性降低了 6 个百分点（比参照组低了 33%）。

---

① 为了识别兴趣作用，采用了普遍最小二乘回归。因变量是兴趣结果，自变量是一个二分变量，如果是试验组的市政府，值为 1，反之为 0。

表 4—3 对哥伦比亚各市政府财政表现进行比较
对提供公共信息的影响[a]

	给予了某种回复	回复了申请的信息
A. 全部样本		
实验	− 0.023	− 0.012
	(0.024)	(0.022)
对照	1.011	1.011
回复率	0.185	0.149
B. 根据人口		
10000 居民以下		
实验	0.019	0.037
	(0.036)	(0.033)
对照	393	393
回复率	0.138	0.101
10000 到 50000 居民		
实验	− 0.07**	− 0.059*
	(0.0337)	(0.032)
对照	512	512
回复率	0.212	0.181
50000 居民以上		
实验	0.076	0.058
	(0.086)	(0.079)
对照	106	106
回复率	0.213	0.164

括号中表示的是均值的标准误差。

*、**、*** 分别表示 10%、5% 和 1% 的数据显著差异性。

a/: 表格中是普遍最小二乘回归所计算的系数。因变量"给予了某种回复"值为 1 时表示市政府回复了电子邮件;值为 0 时表示市政府没有回复。因变量"回复了申请的信息"值为 1 时表示市政府回复的信息是所申请的信息;值为 0 表示没有回复,或者没有回复所申请的信息。变量"实验"值为 1 表示那些电子邮件里已经说明所申请的基本预算信息将被用来和其他市政府进行对比,值为 0 表示没有说明。

资料来源:根据 Hatrick 等(2015)数据自制。

(三)大众传媒与问责

如前文所示,大众传媒(如纸质媒体、广播、电视、门户网站)是公民获取政治生活信息的主要来源。因此,大众媒体作为国家与公民之间的中间人，在问责过程中起着非常重要的作用。[1]

的确，多接触纸质媒体（Snyder 和 Strömberg，2010；Reinikka 和 Svensson，2005）、广播（Ferraz 和 Finan，2008；Strömberg，2004）、电视（Prat 和 Strömberg，2005）和互联网（Andersen 等，2011，Enikolopov 等，2015）可以加强问责机制，因为公民能够在投票时掌握更多信息，而且可以通过改善政治家的素质或工作表现来提高公共产品和服务的质量。然而，媒体也面临挑战，政府官员有可能企图阻止批评的声音，推动媒体只关注政府的成绩，有时媒体也不得不妥协（McMillan 和 Zoido，2004；Di Tella 和 Franceschelli，2011），这会误导选民的意见并对监督机制造成影响。Prat 和 Strömberg（2013）指出确保媒体的多样性和健全的监管体系是防范媒体被操纵的有效手段。

另一方面，尽管在拉丁美洲新型网络传媒（如博客和社交网络）仍然是公民较少使用的了解政治事件的途径，但具有一些区别于传统媒体的优势。首先，较低的准入门槛和分散的组织限制了其被利益集团或政府操纵的可能。其次，增加了企业或政治家掩盖信息的难度，使其无法维护其与实际行动不符的良好声誉。再次，方便"众包"（Crowdsourcing），也就是让重要信息的来源越来越多样。最后一点至关重要，尤其是在政府缺乏公布信息意愿的时候。然而，社交网络的作用尚不明确，一方面正是由于准入门槛低，所以信息的质量和可靠性也难以保证（有可能传播不实信息）；另一方面可能引起社交网络取代实体参与的幻想，比如代替游行，但事实上社交网络还没有那么有效（Enikolopov 等，2015）。

四　拉丁美洲的公民参与：参与者与参与程度

通过分析拉美地区的各种民意调查，可以研究拉美民众参与政治的程度以及最常用的参与机制。此外，还可以探究与参与度高低相关的一些因素，从而判断这些机制是否具有改善公共服务供给的潜力。[2]

---

[1]　Prat 和 Strömberg（2013）对相关理论性和实证性文献进行了回顾。

[2]　属于问责短路径的公民参与机制在每个国家乃至每个城市都有不同的特点，因此受限于现有可用的信息，仅对其中部分机制进行分析。

（一）从政治文化问卷调查看拉丁美洲的公民参与程度

关于各国公民参与最系统和最规范的信息就是选举投票率。图4—2
到图4—4展示了拉丁美洲18岁以上公民通过选举机制积极参与政治的比
重，不仅有自行报告的数据（拉美晴雨表提供），还有选举登记记录（国
际民主和选举援助机构提供）。从民众对"您参加最近一次总统选举的投
票了吗？"的回答看，拉美地区平均选举参与比例为75%（图4—2）。此
外，通过这一调查，最近一次大选自行报告的参与人数和实际投票的选举
登记人数记录（投票率为73%）差距并不大。

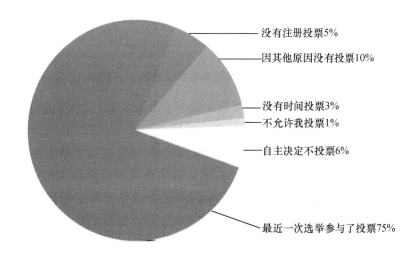

图4—2　拉美国家最近一次总统选举中的选举行为[a]

a／：阿根廷、玻利维亚、巴西、哥伦比亚、哥斯达黎加、智利、厄瓜多尔、萨尔瓦多、危地
马拉、洪都拉斯、墨西哥、尼加拉瓜、巴拿马、巴拉圭、秘鲁、多米尼加共和国、乌拉圭和委内
瑞拉的简单平均数。

资料来源：根据拉美晴雨表2012年数据自制。

但是这一平均数掩盖了拉美地区国与国之间的巨大悬殊，最近一次总
统选举，智利的投票率为46%，而乌拉圭为97%。但是，拉美地区选举
投票率从20世纪90年代到最近一次总统大选平均提高了13%，大部分
国家都呈上升趋势，且有的增幅超过50%，如玻利维亚、委内瑞拉、萨
尔瓦多和危地马拉（图4—3）。

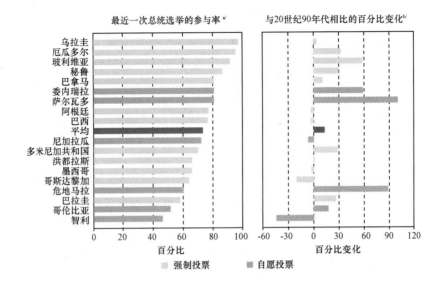

图4—3　拉美国家最近一次总统选举的参与情况

a/：百分比是根据拉美各国最近一次大选的官方记录（实际投票人口占适龄投票人口比重）计算得出的。浅色表示该国投票为强制，深灰色表示自愿。智利是例外，因为2012年20568号法案通过后选举制度进行了改革，采取了自动登记、自愿投票的机制。

b/：百分比变化是根据最近一次大选的参与率和20世纪90年代平均参与率进行对比得出的。

资料来源：根据国际民主和选举援助机构（多年）数据自制。

　　此外，拉美总体选举参与程度要高于世界其他地区（不论是强制投票还是自愿投票的地区），而且和世界其他地区不同，拉美投票率近年来有所提升（图4—4）。

　　对于选举之外的参与形式，最系统和规范的信息也是来源于问卷调查。尤其是拉美晴雨表采集了各种公民参与形式可供对比的全面数据（图4—5），分为"较文明的"形式（图表的上部分）和"较不文明的"形式（图表的下部分）。当民众在一份参与形式的列表①中进行选择时，选择较文明参与方式的要多于选择较不文明参与方式的。例如，有10%

_____

　　①　值得注意的是很难判断这些参与形式是属于问责短路径还是问责长路径，也就说不清楚这些申诉是提交给政治家的还是直接给服务提供者的。

到 30%的受访者表示曾经选择过文明参与方式中的某一种①，参加集会或工会、联系非政府组织、联系地方官员、签署请愿书等是最常用的方式。

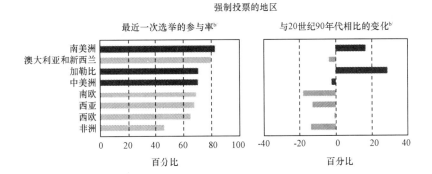

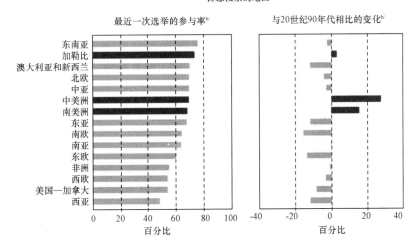

图 4—4　世界各地区根据投票强制与否的选举参与情况ª/

a/：地区的划分是按照联合国统计署（UNSD）现行分类标准进行的。

b/：百分比是根据最近一次总统和/或议会选举（根据政体）的官方记录（实际投票人口占适龄投票人口比重）计算得出的。

c/：百分比变化是根据最近一次选举的参与率和 20 世纪 90 年代平均参与率进行对比得出的。

资料来源：根据国际民主和选举援助机构（多年）数据自制。

---

① 除了联系议员，这是被使用最少的途径。

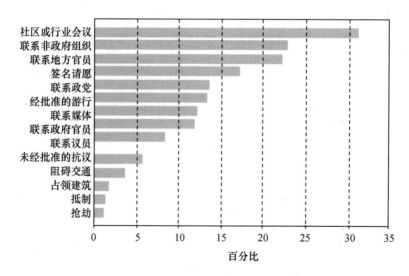

图4—5 拉美选举外的公民参与[a/b/]

a/: 向受访者提问最近三年有没有开展过以下行动:参加社区或行业会议、联系非政府组织、联系地方官员、联系政党、联系媒体、联系政府官员、联系议员。对于其他参与形式,没有限定时间。

b/: 阿根廷、玻利维亚、巴西、哥伦比亚、哥斯达黎加、智利、厄瓜多尔、萨尔瓦多、危地马拉、洪都拉斯、墨西哥、尼加拉瓜、巴拿马、巴拉圭、秘鲁、多米尼加共和国、乌拉圭和委内瑞拉的简单平均数。

资料来源:根据拉美晴雨表2005—2012年的多年数据自制。

另一方面,世界价值观调查(英文名称 World Values Survey)提供了关于部分选举之外公民参与方式的数据,这些数据可以在拉美地区内外进行对比。经过和世界发达地区的比较,拉美地区公民在签名请愿、经批准的合法游行、参加罢工和抵制活动中的平均参与度较低(表4—4)。

表4—4 世界不同地区受访者表示曾经通过非选举渠道参与的比重[a/b/]

	签名请愿(%)	经批准的合法游行(%)	参加罢工(%)	抵制(%)
南美洲	25	17	11	4
中美洲	18	10	6	2
加勒比	23	15	10	9

续表

	签名请愿（%）	经批准的合法游行（%）	参加罢工（%）	抵制（%）
美国—加拿大	67	19	8	20
澳大利亚—新西兰	79	20	17	17
亚洲	14	11	5	6
非洲	9	14	10	6
南欧	35	26	17	10
西欧	51	24	11	12
东欧	12	12	4	3
北欧	56	19	9	17

a／：向受访者提问是否参与过以下各项活动。

b／：地区的划分是按照联合国统计署（UNSD）现行分类标准进行的。

资料来源：世界价值观调查，第5次（2005—2009）和第6次（2010—2014）。

　　有关通过短路径问责机制将公民和公共产品与服务提供者相联系的参与方式，进行国家间系统分析的难度较大，因为这类参与机制在每个地方都有自己的特点。CAF-拉丁美洲开发银行2009年对这类机制中的一种开展了问卷调查，即通过社区或市民委员会一类的组织进行的公民参与。通过这类组织，公民可以对当地事务，包括公共产品和服务的供给进行最直接的监督。调查中，受访者被问到在上一年度是否积极参与了自己所在城市的社区理事会、会议或代表大会等。① 结果发现各城市间通过这些机制进行公民参与的差异性比较大（图4—6），其中圣保罗参与度最高，为25%。

---

　　① 在调查中，明确提出了受访者所在城市参与机制的名称。

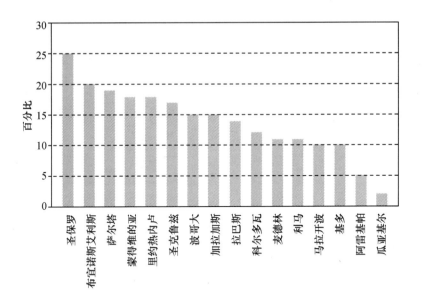

图 4—6　拉美各城市居民参加社区集会、会议或代表大
会的比重（受访前 12 个月内）

资料来源：根据 CAF－拉丁美洲开发银行 2009 年问卷调查数据自制。

（二）拉美地区影响公民有效参与的障碍

目前拉美公民参与的水平合适吗？这个问题比较难回答，因为政府表现与公民参与之间的因果关系并不明确。一方面，在政府政绩突出的国家，公民参与水平理应较低，因为公民没有太多申诉的需求。另一方面，在政府政绩较好的国家也有可能公民参与程度也较高，因为良好的政绩正是因为公民的外部监督到位。此外，如果较好的政府表现可以被理解为较强的解决问题能力，那么公民也可能提出更多诉求，进行更多参与。

根据前文所列举的信息，拉美公民总体的参与程度并不算特别低，尽管在非选举参与方面确实稍显不足。考虑到拉美地区的公共产品和服务还存在许多欠缺，我们可以认为该地区的公民参与还不是一个督促政府改进工作的有效机制。那么数据说明了什么？

首先，根据 CAF－拉丁美洲开发银行 2014 年的调查，公民在遇到公共服务问题时不愿意申诉的最主要原因在于认为申诉不会起作用，没有时间或不知道去哪里申诉（图 4—7）。

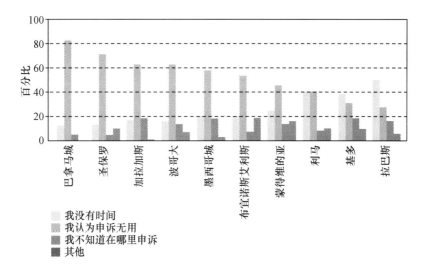

图4—7 拉美城市市民遇到公共服务质量问题不愿意申诉的原因[a]

a/：图中城市按"我认为申诉无用"的比重由高到低排列。

资料来源：根据 CAF－拉丁美洲开发银行 2014 年问卷调查数据自制。

其次，根据墨西哥公民政治文化与实践调查（ENCUP，2012），民众认为提出申诉不会改变现状是因为他们把自己看作一个对国家政治生活的影响远不及大企业、政治家和工会的角色（图4—8）。此外，这份调查还突出了选举参与的合法性问题，主要是受到庇护主义影响，包括其最极端的表现形式：贿选（专栏4—3）。

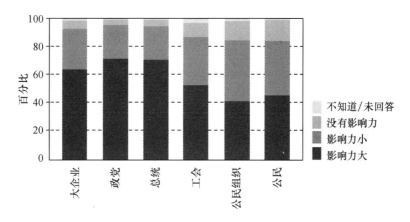

图4—8 对墨西哥政治生活不同参与者影响力的看法

资料来源：根据墨西哥公民政治文化与实践调查（ENCUP）2012 年数据自制。

再次,根据哥伦比亚政治文化调查(ECP,2011),只有非常有限的哥伦比亚人了解所在国家选举之外的公民参与机制,而这些机制多数都是为了加强问责短路径而设立的。[1] 具体而言,只有不到30%的民众知道公共服务社会监督委员会和医疗服务公民参与委员会,而这两个机构就是为公民直接监督公共服务的提供者设立的(图4—9)。此外,57%的民众至少了解一项参与机制,但只有7%的人使在受访前的12个月内使用过。

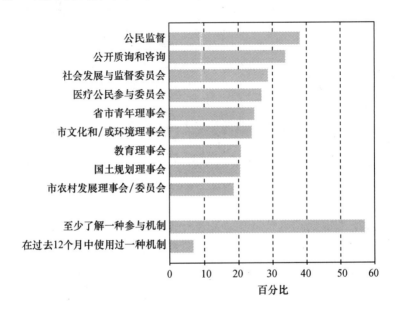

图4—9 哥伦比亚公民参与机制的认知与使用情况

资料来源:根据哥伦比亚政治文化调查(ECP)2011年数据自制。

不信任、成本高和不了解影响了公民参与。但是在民众看来,最大的障碍是什么?那些或多或少参与了的公民在社会人口方面又有什么共同的特点?探究上述问题对不同人群的影响对于分析其对公民参与多样性和合法性造成的威胁非常重要。

---

[1] 这些公民参与机制大部分都包含在《公民参与法》(1994年134号法律)中。

专栏4—3 问责长路径的式微：以贿选为极端表现形式的庇护主义

弱势的政治制度会滋长庇护主义，即候选人通过直接的方式向选民提供短期即可兑现的利益以换取选票（Fergusson和Riaño，2014）。庇护主义不仅会削弱选举作为奖励或惩罚民选官员机制的作用与合法性，而且会影响公共资源的有效使用，使这些资源被挪用来满足私人目的，例如赢得特定群体的支持。庇护主义的极端表现就是贿选，遗憾的是这一做法在拉美并不鲜见，这也得到了哥伦比亚和墨西哥最新数据的印证。

哥伦比亚是拉美地区选举参与率最低的国家之一，民众普遍缺乏参与政治的兴趣为贿选提供了生存的土壤。Fergusson和Riaño（2014）对这一现象进行了量化，通过一个选票供给曲线来表示在不同的出价下，有多少选民愿意出卖自己的选票。由于出卖选票是一件非常敏感的事，不能采用直接调查的方式，所以调查人员用实验方法估算出选票供应量，然后采用"参照组"技术，设计的问题可以避免受访者的不实回答，同时这些问题被纳入安第斯大学的哥伦比亚长期调查项目（ELCA）。具体而言，受访者需要回答的是一系列假设性问题，问题是和受访者相似的人会不会出卖选票换取金钱。结果是令人吃惊的：大约45%的哥伦比亚人认为和自己相似的人只要有10000比索（约4美元）就会愿意出卖选票；而如果有50000比索（约20美元），这一比例就会上升到55%左右。低收入群体和年轻人是最容易出卖选票的，不管教育水平高低。尽管如此，哥伦比亚人对投票保密性的信任程度，似乎对贿选有缓解作用。

在墨西哥进行的调查也采用了"参照组"技术，ENCUP2012的数据显示墨西哥59%的受访者表示与自己相似的人可能会为了食品礼包出卖选票。此外，在这一调查的基础上还采用了一种替代技术（清单实验），得出的结论是大约17%的选民曾在2012年大选中出卖过自己的选票。

资料来源：根据Fergusson和Riaño，（2014）和墨西哥公民政治文化与实践调查（EN-CUP）2012年数据自制。

（三） 参与者与参与的推动因素

根据实证数据，限制拉美地区公民参与的种种因素各有多大的重要性？要回答这一问题，首先就要从关于公民参与的问卷调查数据入手，其中所提问题涉及受访者自述的限制公民参与的各种因素。①

这些调查包括了影响公民参与的一系列潜在因素：1）对政府缺乏信任；2）对国家和政府机构办事效率的感受；3）对腐败和舞弊的感受；4）对现有参与机制达成目标效果的感受；5）对国家透明度的感受；6）对申诉的渠道不了解；7）获取信息的来源；8）集体行动的成本；9）对公共服务的满意度；10）其他个人因素如性别、受教育程度和社会经济水平等。这些因素当中哪些和公民参与最有关呢？

表4—5总结了多变量回归分析的结果，其中因变量是参与方式，自变量是一系列影响参与的因素及个人特征。② 与公民参与最相关的因素是对参与效果的感受（正面相关）、集体行动的成本（负面相关）和对公共服务的满意度（负面相关）。对公民参与产生负面影响，但相关性略低的因素有对国家和政府机构效率的感受、对腐败和舞弊的感受以及对政府缺乏透明度的感受。这些结果相互矛盾，一方面公民参与和政府效率之间的关系指出一个高效率的国家会使得公民参与减少；另一方面公民参与和腐败程度低、透明度高等政府效率具体表现之间的关系则表明高效率的国家会推动公民的参与。

另外一方面，一些个人的社会经济特征似乎也在公民参与中起到了重要的作用。其中，关联度最高的就是受教育程度。受教育程度高的人参与度明显要更高。此外，社会经济地位高的人、长期关心时事的人、年长的人、男性的参与程度也比较高，但是这些因素与公民参与的相关性不如受教育程度那么高。

---

① 这部分中分析了三个调查数年的数据：拉美晴雨表、CAF－拉丁美洲开发银行的调查、哥伦比亚政治文化调查（ECP）。这几个信息来源并没有采用统一的问卷，因此在表A.1（附录）中列举了每个调查中与不同限制因素相关的变量。需要指出的是并不是所有的问题在每一轮调查中都出现了，因此一系列参与变量并不总是和所有的因素相互起作用。

② 为此，采用了普遍最小二乘回归，尽可能多地考虑每个调查中涉及的影响因素和社会经济特征。虽然结果并不能构成因果联系，但可以通过这一方式初步了解公民参与积极性的基本原理。

表4—5　　　　公民参与、影响因素和社会经济变量之间的关联[a]

参与方式	投票[b]	签名请愿[c]	参加社区/行业集会[c]	参加经批准的游行[c]	参加未经批准的抗议[c]	联系地方官员[c]	联系非政府组织	参加社区代表大会/理事会/会议[d]	哥伦比亚:至少采用过一种公民参与渠道[e]
	(1)	(2)	(3)	(4)	(5)	(6)	(7)	(8)	(9)
不信任国家机构	混合	混合	0/−	0	0/+	0/−	0		0/−
对国家及其机构效率的认知	0	−	−	−	−	0	−	0	
腐败与舞弊	−	0	−	0	0	−	0		
对公民参与效果的认知	0/+	+	+	+	+	+	+	+	
对透明度缺乏的认知								0	0/−
信息不足									−
信息来源	0/+	0/+	+	0/+	0/+	+	0/+		
集体行动的成本	0	−	−	−	−	−	−		−
对公共服务的满意度	0	−	−	−	−	−	−		−
教育	+	+	+	+	+	+	+	+	+
年龄	+	+	+	+	0	+	0	−	
社会经济水平	+	0/+	0	0/+	0/+	0/−	+		+
男性	混合	0	0	+	+	+	0	0	0

a/：表中用"＋"和"－"标志分别表示回归分析结果中的正相关与负相关。当相关性（数据）不显著时，则用0表示。考虑到在很多情况下，要分析公民参与的障碍，需要不止一个变量（例如，当使用拉美晴雨表数据分析选举参与时，对国家机构的信任这一变量分为：对政府的信任、对国会的信任和对公共管理部门的信任），有可能出现其中一些变量和公民参与正相关、另一些则呈负相关。当结果矛盾时，则使用"混合"来表示。在选举参与（投票）中，不止一种问卷调查中均包含变量，结果可能出现相互矛盾的情况，因为不同调查可能呈现不同的相关性。

b/：选举参与（投票）包含在拉美晴雨表和CAF－拉丁美洲开发银行2008年问卷调查中。

c/：这一参与方式包含在拉美晴雨表（数年）的调查中。

d/：这一参与方式包含在CAF－拉丁美洲开发银行2009年问卷调查中。

e/：这一参与方式包含在2011年的哥伦比亚政治文化问卷调查（ECP）中。

资料来源：根据拉美晴雨表（数年）、CAF－拉丁美洲开发银行2008年、2009年问卷调查、政治文化问卷调查（ECP）2011年数据自制。

教育与公民参与

社会经济地位高的人群，即受教育程度高、收入水平高的人群参与政治的程度也高这一点值得我们关注，因为受公共产品和服务质量差影响最大的其实是低收入人群。为什么教育在公民参与中起如此重要的作用[①]？

答案并不简单，因为教育与公民参与的互动是多渠道的。Botero等（2013）指出受教育程度高至少可以通过三种途径促进公民的政治参与。[②]第一，受教育程度高的人更了解如何更好地提出诉求。第二，受教育程度高的人更关注社会，对不公平的容忍度更低，这一点让这部分群体更有参与意愿，尽管他们从参与中可能获得的个人利益很少。第三，受教育程度高的人较少担心因提出申诉而引起政府官员斥责，因为他们对法律更加了解，而且基本上与国家保持正规性的关系（如在就业和财产权方面）。

CAF－拉丁美洲开发银行2014年的调查使我们能够对上述解释进行

① 即便有一些因素既和教育相互作用又和公民参与相关联，但教育与公民参与的关联依然成立。

② 亦有可能存在其他解释。例如，Molina等（2013）指出了一系列阻碍公民参与的因素，同时与教育水平也相互关联，如社交网络方便了集体行动、信息鸿沟、将公共服务质量低下的问题归结于国家责任心、民众出于"理性疏忽"而决定不参加政治生活，因为关注问题的能力也是一种有限的资源。这些因素中的相当一部分在图4—5的回归分析中都已经被纳入考虑范围，尽管如此，教育和公民参与的相互关联性依然显著并且是正面的。

研究，包括受教育程度、关注社会的态度和公民参与（基本被认为是通过申诉进行参与）之间的关系，涉及这一话题的现有文献还很有限。Jor-rat 等（2015）分析了这一调查的结果并发现公民参与（申诉）和教育呈正相关（表4—6第1列），与先前的研究结果一致。在回归分析中加入关注社会的意愿或对政治的兴趣（等同于关注社会的意愿）后，教育和参与之间的相关性依然没有改变，表明受教育水平对公民参与起作用的渠道应该是对法律的了解和与国家关系的合法性。此外，学者还指出关注社会的特性与公民参与也是正相关的，但是所得出的结果不如上述关系牢固（表4—6第2—4列）。

表4—6　　　　拉美城市的申诉概率、教育程度和帮助社会行为[a/b/]

变量	（1）	（2）	（3）	（4）
中等教育水平	0.012*	0.013*	0.012*	0.012*
	(0.007)	(0.007)	(0.007)	(0.007)
高等教育水平	0.018**	0.018**	0.018**	0.019**
	(0.008)	(0.008)	(0.008)	(0.008)
关注社会的意愿（方式1）[c/]		0.013**		
		(0.006)		
关注社会的意愿（方式2）[d/]			0.004	
			(0.005)	
对政治的兴趣				0.0002
				(0.003)
对照[e/]	9512	9483	9489	9475

括号中表示的是均值的标准误差。

*、**、***分别表示10%、5%和1%的数据显著差异性。

a/：根据 ECAF2014 数据库数据计算，包括以下拉美城市：布宜诺斯艾利斯、拉巴斯、圣保罗、波哥大、基多、利马、蒙得维的亚、加拉加斯、巴拿马城和墨西哥城。

b/：表格中是普遍最小二乘回归所计算的系数。因变量为 1 表示曾经在过去 12 个月中针对公共服务质量问题提出过申诉；为 0 则表示没有申诉或没有发现问题。在所有的回归计算中，控制变量为性别、年龄、工作情况、婚姻状况、对于公共服务运作的认知、家庭特点（人数、房间数、住宅种类、是否拥有自有住房），还包含了各城市的固定效应。

c/："关注社会的意愿（方式1）"是指受访者就 7 个说法的回应所得的 1~5 分的平均值（1代表"完全不同意"，5代表"完全同意"）。这一调查旨在衡量对公共利益的同情度和责任度，

Perry 公共服务动机指数（1996）也是基于这一调查的。

d/：“关注社会的意愿（方式2）”是指受访者就 8 个说法的回应所得的 1 ~ 5 分的平均值（1代表“完全不同意”，5 代表“完全同意”）。这 8 种说法构成了 Grant 的帮助社会意愿指数（2008）。

e/：“对政治的兴趣”是指受访者就 3 个说法的回应所得的 1 ~ 5 分的平均值，构成了 Perry指数（1996）中“政治的吸引力”部分。

资料来源：根据 Jorrat 等（2015）数据自制。

五　推动公民参与的有效措施

世界各国都采取了很多措施，希望能够推动公民参与，加强民意对政府行为的影响。这些措施使公民参与变得更充分更理想了吗？这些措施改变服务提供者和政治家们的行为了吗？这些措施达到既定目的了吗？这些措施显著改善公共服务的质量或覆盖面了吗？

目前，相关的证据还非常少，有关措施执行的效果很大程度上取决于所处环境的特点。然而，这些措施也给我们留下了一些经验。第一，以恰当的方式向公众提供具体的、易懂的信息是纠正政府工作不足的有效手段。第二，单纯提供信息并不能起到动员公众的作用，必须根据具体情况分析其他的必要因素。第三，靠群众对于服务提供者的直接监督来治理腐败是非常困难的，因此公民的外部监督还需要和政府内部监督机制的强化相结合。

（一）信息的作用

信息的推广是为了帮助公民－客户群体更加了解公共部门的表现，并希望公民在接触新信息后会要求获得更多、更好的服务，监督服务质量并反对公务员滥用权力（Reinikka y Svensson，2004）。这一作用既可以通过问责长路径实现也可以通过短路径实现。

问责长路径方面，以国家机构进行的内部审计为例，这不仅是内部监督的有效工具，还会对公民投票产生影响。Ferraz 和 Finan（2008）指出，巴西地方政府在审计过程中暴露了公共采购舞弊、挪用公款、虚开发票等腐败问题，这一结果的广泛宣传影响了公民投票时的决定。具体而言，在出现两项腐败行为的城市当中，如果选民在选举时掌握信息，则相对于不掌握信息的城市，现任市长连任的概率下降了 7 个百分点。对于出现三项腐败行为的城市，则下降幅度多达 14 个百分点。

问责短路径方面，或许最有意义的做法出现在教育领域，而另一个重要的案例则是采用公共开支追踪调查（PETS，Public Expenditure Tracking Survey）。这种调查是为了满足公民了解公共开支执行情况的需求而开展的，如公共开支所支持的活动、购买的资产以及负责开支执行的政府部门等。其他的措施包括让民众了解现有的参与机制与领域有哪些，以及改善某项公共服务质量对应的责任人是谁等。① 下面的段落主要是对这三个案例的介绍。

1. 有关服务提供者的信息：学校问责机制

教育质量传统上是通过对学生进行标准化考试的成绩来衡量的（见专栏 4—4）。20 世纪 80 ~ 90 年代，美国和英国等国开始采用这种做法，近年来逐步扩展到了世界其他地区。有的时候，标准化考试的成绩会公开，比如计算每个学校的总成绩并通过"成绩报告单"（见专栏 4—1）、排名等形式在报纸、网站和校内以不同的方式发布。这一做法的目的是要通过公布不同学校学生的平均学业表现来动员教育的参与者（学生、教师、校领导）提高教育质量。目前，拉美国家中有巴西、哥伦比亚、秘鲁和墨西哥采取了这种做法。

通过公布教学表现信息来提升教育的质量可能属于长路径问责（向政治家提出诉求或借助选票惩罚政治家），也可能属于短路径问责（民众向校长、教师直接施加压力）。另一种途径则是择校（Bruns 等，2011），因为在有些国家，公立学校要为获得更多的国家资助而展开竞争，而资源的分配是根据各个学校在校生数量决定的。在这一背景下，公布学生学业表现信息可以督促各所公立学校提高教学质量，避免学生的流失，以及随之而来的资源流失。

针对发达国家的研究表明，家长在为子女选择学校时会考虑各校的平

---

① 另一个重要的措施在于让公众在了解政府政绩信息的同时，配合提供关于公共服务最低标准的信息。

均分。① 总体而言，对各学校学生考试平均成绩的宣传会改善教育的质量。② 然而，在发展中国家，教学表现信息的传播与教育质量之间是否存在因果关系尚未得到充分的证明，至今都有不同的看法。从短期看，目前还没有充分证据表明教育信息的传播会显著影响家长对学校的选择（Mizala 和 Urquiola，2013），但仍然对教育质量起促进作用（Camargo 等，2014）。

Mizala 和 Urquiola（2013）认为，在智利这样具有评估和公布学校表现传统的国家，家长并不会根据学校相对的教学质量来改变对学校的选择。③ 研究者指出，这可能是由于教育成果信息传播不足、对信息的解读不够，或学校其他方面的特点对家长的选择影响更大，如距离远近、同学的情况等。

然而，Camargo 等（2014）指出，在巴西，虽然公布学生平均成绩两年后，学校的生源没有变化（相对于那些信息没有被公布的学校），但教学质量确实有所提高，但这一现象只发生在私立学校身上，对公立学校不适用。④ 公立学校和私立学校在这方面的差异可能是由于公立学校教师和领导的薪酬和就业稳定性与他们的工作业绩没有直接的联系（见第二章）。

在有些案例中，公布学生的学业表现信息可能是一把双刃剑，因为公开学生参加标准化考试取得的成绩并不总是提高教育质量的完美手段，有可能适得其反。（专栏4—4）

---

① 例如，Hastings 和 Weinstein（2008）发现，在美国加强考试成绩信息的宣传会让更多的家长决定选择成绩好的学校。Friesen 等（2012）在加拿大进行的研究也得出了相似的结论。

② Figlio y Loeb（2011）总结了美国各种学校问责机制对于教育质量提高的不同影响。

③ 具体而言，智利每两年就会对经济社会水平相近的学校进行评估，并根据全国学校表现评估系统（SNED）产生的指数向表现最好的学校颁奖。但是，这一措施评估的是各学校在一定时间内在教学质量上所取得的进步幅度，即评估学校在教学表现上的"增量"（并不是同一时间点不同学校平均成绩之间的绝对对比）。

④ Andrabi 等（2014）在巴基斯坦进行的一项实验中也得出了类似的结论，研究者（随机）选取了一些城市，通过"成绩报告单"的形式公布了学校的教学质量信息，随后这些学校都改善了表现，其中私立学校比公立学校改善幅度更大。

专栏4—4 不完美的措施，适得其反？

根据教育产出模型，学生在标准化考试中的表现取决于很多因素，包括学生的自身特点、同学的特点、学校投入的资源以及学校整合这些资源的效率。理想的情况下，为了完善教育问责机制，最应当公布的指标是教育资源利用效率指标，但效率很难去衡量。因此，各学校为提高教学质量，普遍使用的是比较简单的指标，即反映某一年或历年来各校平均教学成绩的数据。

Mizala等（2007）指出，在智利，按照标准考试平均成绩对学校进行排名等于就是按照各校学生的社会经济背景情况进行排名。这种做法从公共政策的角度看是令人担忧的，主要是因为如果教育问责机制建立在这种排名的基础上，那么就会过度苛求那些贫困生源较集中的学校，尽管这一机制确实能够部分反映教学效果的真实差别。

另一方面，如果公布各校历年学生平均成绩的变化也不是解决办法，因为数据表明每年的变化都很大（Mizala等，2007）。有一种方案可以部分解决这一问题，也就是搜集每个学生在一段时间内的学业信息来分析其个人的进步（学生个人的"增量"），而不是从学校层面分析平均成绩的变化。但是，这种方法显然需要进行大量的数据搜集和分析，工作量往往超出政府的承受能力。

公布学校成绩有可能对某些学校的声誉造成损害，并加深学校在生源社会经济背景方面的分化（考虑到条件优越的家庭会倾向让子女转出成绩排名靠后的学校）。出于这方面的担忧，有些国家不允许公开各学校学生在标准化考试中的成绩。阿根廷就是如此，2006年国家教育法明令禁止公开学校、师生在全国教育评估（ONE）中的成绩。有文献指出这一做法过于极端，因为适度公开一些教育质量数据的好处还是显而易见的（Figlio和Loeb，2011）。

有一些高调且容易被操纵的措施在其他领域有可能导致不良的后果，如医疗领域。例如，Dranove等（2003）分析了强制"成绩报告单"在医院中的使用，通过这一机制，美国两个州（纽约和宾夕法尼亚州）

公布了各医院接受冠状动脉绕道手术病人的调整后风险死亡率。研究人员发现这种做法会让医院选择收治健康状况较好的病人，以提高"成绩报告单"中的表现。因此，和其他不公布这一信息的州相比，民众接受的整体医疗服务质量下降了，尤其是对于那些重症患者而言。但是，一项对公布医疗信息的措施（美国）进行的系统研究（Fung 等，2008）指出，这一做法显然推动了医院在医疗服务质量上进行更多的投资，但还不能得出结论证明公民的健康状况是否也得到了改善。

最后，Gavazza 和 Lizzeri（2007）指出，有时候效率问题也是反对信息公开的理由。作者表示在公共领域公开服务提供者表现的信息，会增加公众对高质量服务的需求，但在没有价格作为调节机制的情况下，就会出现需求过度集中的问题。因此，服务提供者也会出于这样的考虑而不愿意公开信息。如果强制要求服务提供者公开信息，那么同样的道理，就有可能产生反作用，造成服务提供者不愿意加大投入提高质量的现象。

资料来源：作者自制。

2. PETS – 公共开支追踪调查

当公共部门财务系统运行不良的时候，就没有办法对公共开支进行有效记录，也就很难了解公共资金转化为公共服务的效率如何。在这一背景下，PETS 就是一个非常有用的工具（Glassman 等，2008；Reinikka 和 Smith，2004）。乌干达是 PETS 作为外部问责机制的成功案例之一。1996 年，研究人员对乌干达的部分小学进行了一项抽样调查，公布了中央政府支持小学薪酬外开支专项转移资金计划的落实情况，这部分资金是通过地方政府中转的。经过对学校实际收到资金与政府划拨地方政府资金的对比，发现只有 20% 的资金转入这些学校（Reinikka 和 Svensson，2004）。

面对这一情况，乌干达政府并没有提出建立反腐败或审计系统，而是决定通过信息公开解决问题，主要从两方面着手。一方面，中央政府在全国性报纸上公布每个月向地方政府划拨的资金情况。另一方面，政府要求学校将实际收到资金的情况也进行公开，让所有教育的参与者都知情。通过这一措施，学校实际收到的资金从划拨资金的 20% 增长到了 80%

（Reinikka 和 Svensson，2004、2005）。此外，这一做法还提高了入学率和学生的学业成绩（Reinikka 和 Svensson，2011）。

3. 公民参与的现有权利和机制

如前文所述，如果民众不了解如何运用参与机制或者不清楚自己的权利，就会限制公民的参与。[①]

关于对参与机制的不了解，Banerjee 等（2010）曾在印度北方邦的部分村镇进行过实验，内容是对公民参与机制进行宣传，特别是乡村教育委员会（VEC）这一旨在改善公立教育质量的平台。尽管属于现成的机制，但民众并没有实际参与，因为他们不了解其功能，或者根本不知道它的存在。这一机制的宣传工作是在教育参与者会议上进行的，受众包括家长。

研究人员发现，尽管家长和其他教育参与者相对于其他村镇，对公民参与渠道、学生学业表现（有些村镇会公布教育质量"成绩报告单"）有了更多了解，但 VEC 的实际参与程度并没有提高，家长和学校的接触也没有增多。而且，虽然当地私立学校越来越多，但在家长择校上也没有发生什么变化。因此，实验包含的所有信息干预都没能提高学生的学业表现。

出了什么问题呢？第一，如果不在宣传信息的同时告知民众具体可以采取什么行动，那么动员工作就有可能流于好的愿望，而无法转化为与服务提供者之间的互动。第二，有可能家长觉得 VEC 并不是一个提高公立教育质量的有效机制。第三，信息传播受众的社会经济水平也会产生影响。Pandey 等（2009）曾经在印度的三个邦进行过类似的实验，结果是参与水平显著提高，学生学业表现也明显改善，但仅限于社会经济水平较高的家长。这就表明受教育程度低或在社会中处于弱势的家长有可能没有能力积极投身公民参与，而需要优先考虑解决家庭的温饱问题。

在不了解公民参与权利方面，Banerjee（2015）分析了在印度尼西亚进行的一项信息干预实验，即随机选择部分民众向其宣传"穷苦人的大米"项目（Rice for the poor）[②]，这是该国最大的粮食消费补贴计划。这一

---

① 例如扶贫计划，很多时候需要帮助的人并不了解具体需要达到什么样的条件才能申请，最终可能造成包容和排斥方面的问题（受益的人并不符合条件、符合条件的人被排除在外）。因此，宣传项目的信息可以帮助真正需要帮助的人了解项目，并改善项目的实效。

② 通过"穷苦人的大米"计划，每个家庭可以以补贴价格购买最多 15 公斤的大米。

计划的推广遇到了困难，因为并不是所有符合条件的家庭都参加了这一项目，相反有些不符合条件的家庭却也参加了，且项目受益者中有不少人都没有能获得足量的补贴大米，而且价格也超过了规定水平。Banerjee 等（2015）指出，通过宣传可以让民众了解参与项目所需的条件以及项目带来的确切好处，能够让民众以更低的价格获得更多的大米。此外，研究人员还发现公布受益人名单对强化宣传效果也有帮助。

（二）只有信息还不够

遗憾的是，仅仅公开信息或为公民参与创造合适的机制可能并不足以改善公共服务的供给。要想加强问责，还需要同时解决其他问题，比如降低集体行动的成本，使公民与服务提供者之间的互动渠道更加通畅等。

真正能够在政府能力软弱的国家同时化解多种障碍的办法就是要推动公民更积极地参与公共资源配置的决策过程，如公共政策的设计、实施和监督。

目前，对于公民在这些方面扮演更活跃的角色能否产生影响还存在不同的认识。Olken（2007）在印度尼西亚进行了一项实验，目的是动员民众对委托地方政府建设的公路项目进展进行直接监督，防止资金流失，因为平均有24%的资金并没有用在项目建设上。在列入实验组的地区，民众受邀参加会议，在会上，项目负责人会向民众汇报开支情况。尽管民众亲自参加了这些会议，但资金的损失并不比参照组的地区少，而这些地区并没有民众和项目负责人直接互动的机制。尽管在会上可以公开讨论腐败问题并采取措施，但并没有达到显著减少资金流失的目的。然而，在其他要求项目负责人接受审计的地区，资金流失得到了明显的抑制。

在公共医疗领域，Björkman 和 Svensson（2009）分析了乌干达的一个案例。通过采取一项措施，成功达到了改变医护人员行为，提高医疗服务数量和质量（如婴儿死亡率降低）的目的。这一措施同时解决了四个问题：医疗服务质量信息不足；对参与权利和渠道了解不够；民众之间协调不到位，以至于对所存在的问题看法不统一，无法确定监督和参与的具体方式；缺乏有效的机制让服务提供者了解民众的诉求。这一措施就是通过当地非政府组织在社区居民之间、医院工作人员之间、社区居民和医院工作人员之间组织会议。在这些会议上，公民和服务提供者可以就监督的具体方式达成一致。Björkman 等 (2014) 指出,通过这样的互动,责任的划分更加清晰,明确了谁需要改善服务链条中的哪一个环节。然而,研究人员也指出要想达到这样的效果,还需要事先能够获得有关服务质量的信息。研究人员还表明这种服务质量和数量上的提高是可以长期保持的。

在拉美国家中,专栏 4—5 总结了哥伦比亚的经验,介绍了哥伦比亚加强公民对公共政策监督的一项机制。

总之,促进公民更积极参与的机制想要取得成功,就必须加强外部监督的多个环节:向民众公开信息、帮助民众组织起来、创造表达诉求的渠道、让服务提供者了解民众的诉求、提供机会推动公众参与监督过程、使政治家和服务提供者的反馈成为可能 (Molina 等,2013)。

专栏 4—5 哥伦比亚的公开审计

在拉丁美洲,公民开始在传统的由国家掌握的决策中起主导作用,案例之一就是哥伦比亚的公开审计计划 (AV)。这一计划是由哥伦比亚反腐败总统委员会在 2008 年推出的,目的是推动矿业特许权基金的透明运作,相关资金被分配给 400 个地方政府,用于教育、医疗、营养和供水的公共工程。

某项公共工程被市政府挑选确定后,公开审计会分几个阶段开展,主要包含以下一些活动:1) 通过广播节目、报纸、地方电视台在项目所在地传播公开审计信息;2) 通过组织公开会议向社区介绍项目,告知市民其权利和项目的责任归属,并在会议上会组成以项目受益人为成员的小组负责监督项目的进展;3) 定期举行会议,召集地方官员、居民和施工企业代表共同跟进项目,居民可以提出建议和意见;4) 在结清施工企业建设款之前,举行会议向民众展示完工的项目。

公开审计只针对那些旨在改善各社区小部分民众公共服务的项目。项目的选择也和接受的矿业基金数额、矿业基金以前的违规使用金额、项目预期的社会影响有关。近 40% 被选中的项目和供水、卫生相关,其他 35% 和教育、住房有关。公开审计的示范项目历时 335 天，召开了两次大会，每次大会有 50 名群众参加。每个项目金额大约 340 万美元，80% 由矿业特许权基金提供资金（Molina 等，2013）。

在评估中，Molina（2014）指出，公开审计对于提高公民对项目的满意度起到了积极作用，而且民众普遍认为这一计划也提高了项目执行的效率。

六 结论

公民是国家所提供服务的最终受益者和出资人，因此也是理所当然的监督者。但是监督并不容易，在公民参与和问责的过程中，公民和国家两方面都受到能力和意愿问题的制约。这些障碍有可能影响公民在改善公共产品和服务质量方面的参与权。

除了这些问题之外，拉美选举参与度总体较高，而且伴随着该地区民主体制的巩固，历年来不断增长。近几十年来，拉美各国在社会和经济发展上取得了长足进步，基础教育、医疗和社保的覆盖面都不断扩大。然而，国家仍然没有完成公民交付的任务。具体而言，拉美的公共服务质量还非常不理想，但公民参与并没有能力改变这一现状。公民和服务提供者之间更加频繁和直接的互动有助于提高公民参与的效果。

虽然很多拉美国家都建立了选举外的公民参与渠道，旨在贴近公民和服务提供者之间的关系，但是证据显示实际上这些渠道很少被利用。这一现象的原因在于公民要么不了解这些机制的存在或者不清楚如何利用这些机制，要么觉得政府行为不透明，要么认为国家没有能力解决某项具体的问题，因此不会试图通过这些渠道来表达诉求。此外，公民参与和问责的过程都是以了解政府工作表现的信息为出发点的，如果信息可信度低，那么就会严重打击公民参与。一般而言，妨碍国家了解公民诉求的都是政府能力和战略行为方面的问题。根据前面几章的分析，提高国家内部监督机制的运行效率对于解决这些问题是至关重要的。

此外，同一个国家不同公民群体的参与率区别很大，原因可能在于不同的公民群体从国家获得的待遇不同或者需要付出的参与成本不同。证据表明，不同公民群体的参与率差距很大，这和公民的社会经济水平，特别是受教育程度相关。这一方面表明拥有更高的教育水平可以改善公民发现、处理和利用信息的效率，让有责任提供优质公共服务的部门听到自己的声音；但另一方面也表明受教育程度低的公民会感到被排斥在公民－国家关系之外。推动获取公共信息方面的公平并为弱势群体争取更好的社会经济条件是多元、有效、平等的公民参与的核心要求。

　　另外，也有一些在推动公民参与方面颇具潜力的机制，但在拉美普及度还不高。例如，信息和传媒新技术就具有多重用途。首先，通过社交网络，可以降低组织集体抗议、申诉和游行的协调成本。其次，通过政府官网的服务窗口，可以降低民众和服务提供者之间的沟通成本。再次，信息技术可以帮助政府更广泛地传播有关其工作表现的信息，并且方便受众处理更多更复杂的信息。此外，非政府组织和高校作为公民社会组织可以借助技术进步为民众分析总结重要信息，拉近公民与政府的关系。

　　各种促进公民参与权的机制效果不一。仅仅公开国家工作信息是不够的，因此单纯推动政府透明度还达不到预期效果。还需要赋予公民更多的权利，让公民的参与更加有效，降低和国家进行互动的成本，经常搜集公民对公共服务的满意度和意见，并且向民众承诺国家会对提出的问题和建议采取有效、具体的应对措施。总之，国家应当努力确保公民生活在一个有效的政府管理之下。

七　附录

表 A4—1　拉美地区各种公民政治参与问卷调查中的参与方式与影响参与的因素

	拉美晴雨表 2005—2012	CAF－拉丁美洲开发银行 2008 年和 2009 年	ECP（哥伦比亚）
参与方式	在最近一次总统选举中投票，签名请愿参加经过批准的游行，参与社区/行业集会，联系地方官员，参加未经批准的抗议，联系非政府组织	最近一年积极参与居民代表大会、会议和社区中心活动，在最近一次政府选举中投票，在最近一次地方选举中投票	最近一年利用过某种公民参与的机制

续表

	拉美晴雨表 2005—2012	CAF – 拉丁美洲开发银行 2008 年和 2009 年	ECP（哥伦比亚）
对国家机构不信任	政府 国会 公共管理部门 市政府		市政府 监察员
腐败和欺诈	腐败官员比重，认为所在国家选举不诚信		
对参与机制效果的认知	选票是改变现状的有效工具，有可能施加影响，改变现状	关于公民参与对社区决策影响的看法（1 无积极影响，10 影响非常积极）	
对透明度的认知		对市政府工作透明度的认知	认为提供了公共信息 认为对市政府从来没有回应问责
信息不足			不知道有没有对政府问责 不了解监察员
信息来源	通过媒体了解政治事件通过其他媒介了解：家庭、朋友和同事每周通过电视、报纸和广播了解新闻的天数	通过媒体了解政治事件	
集体行动的成本	不积极参加组织、小组和协会	认为人们相互合作，共同解决基础服务问题可能性不大，认为一个社会的人与人之间没有信任，认为私有部门对解决城市的主要问题毫无兴趣	觉得和别人组织在一起困难或很困难
对公共服务的满意度	对各种公共服务的平均满意度	对各种公共服务的平均满意度（1 不满意，10 很满意）	对各种公共服务的平均满意度（1 不太满意，7 很满意）

资料来源：根据拉美晴雨表（数年）、CAF – 拉丁美洲开发银行 2008 年和 2009 年问卷调查、2011 年政治文化问卷调查（ECP）数据自制。

第 五 章

公共政策的学习与管理[①]

告诉我，我会忘记；教我，我会记住；让我参与，我就学会了。

——本杰明·富兰克林

一 序言

在私营部门，没有人对知识能够提高生产效率存在疑问。但是在公共部门，人们对如何提高效率还并不明确。出版书籍并不能等同于提供教育，制作警察制服也不能等同于保障公众安全。再精湛的印刷技术也可能使书籍的制作跌价，但小班授课也不一定让孩子们在标准化考试中获得高分。

在公共管理过程中，对公众问题的理解和对解决政策的选择，不总能转化为有效的行动，这是因为公共部门的激励机制和制度约束，使执行者并不能对相关问题进行全面的了解。

另一方面，虽然学术研究的献策是有价值的、严谨的，但对公共项目的设计者和执行者而言，这依然是不够的。将知识引入公共管理的一大难题是，学术研究的问题导向与公共政策执行者的需求不一致（Porter，2012）。

公共服务管理者的绝大部分知识，都来自整个机制的运转过程。事实上，这也正是管理者利用公共资源不断做出决策的过程。在此过程中，他

---

① 雷斯比亚·马利斯（Lesbia Maris）和丹尼尔·奥尔特加（Daniel Ortega）负责本章写作，霍尼·普利多（Jhony Pulido）担任研究助理。

们能获得源源不断的经验和把握主要信息，进而继续学习如何管理，以提供更好的公共服务。

鉴于此，我们可以考虑在经验的基础上获取知识的方法。比如，随着时间推移，通过定性或定量的方法对项目的运行进展进行监测，并对项目的结果和影响力进行评估。[①] 国际机构通常倾向于使用严谨的方法对公共政策的影响力进行评估，以获取相关的证据，并在证据的基础上做出决策（循证决策），然而这种方法却很难得到推广。

本章以诊断拉美地区对公共政策监控与评估的现状为出发点，然后首先从公共政策的决策者和执行者的角度分析经验转化为知识的过程，并着重介绍激励机制和面临的政治风险；其次分析学习过程如何转化为公共管理创新模式——新的工作形式，确定有利于此过程的制度因素。本章的目的是为大家带来一个思考，即公共机构如何能从它们所做的工作中增强学习能力，不浪费学习的机会。

二 拉美国家如何形成对公共资源使用的有关认知

拉美国家对公共政策的学习现状是怎样的呢？通过对拉美国家正规的监控与评估体系的诊断，以及一系列影响力评估方面的研究，可对此问题做一个大致的回答。

（一）对评估与监控系统的诊断

García 和 García（2010）对拉美和加勒比 25 个国家的评估与监控系统进行了分析，其目的是评估系统作为公共部门的绩效管理机制的制度化水平。为此，他们得到了由 8 个方面数据构成的指数，其中六个数据与信息的形成有关，另外两个数据与决策时信息的使用有关。可能值变化范围从"0"到"5"，"0"代表最差的表现，"5"代表最好的表现。

从表5—1中，我们可以看到研究对象国 8 个方面数据的平均值。第一栏显示了拉美地区的平均值（1.5），说明对象国政府通过确立评估与

---

① 对项目影响力的评估不同于对项目结果的评估，后者主要是对结果中归因于项目或政策的可视化部分进行量化分析。

监控系统的法案，至少已经取得了形式上的进步，但实际上系统尚未有效利用。平均值的背后隐藏了一个有趣的现象：这些国家根据各自评估与监控体系的发展水平被分为两类。第二栏展示了水平最高的 4 个国家的平均值，包括巴西、智利、哥伦比亚和墨西哥（3.8），它们的指数值在 3 ~ 4.5 变动，说明这些国家不仅拥有法定的监控与评估系统，及相关的机构和技术规范，而且该系统运转良好，尽管有些部分还处于发展阶段。[①] 第三栏展示了除上述 4 国外其他国家的平均值。这个平均值（1.0）反映出在这些国家有新兴的、单方面的力量在推动着监控与评估系统法律框架的确立，但是该系统仍没有完全运转，也未能与公共部门衔接。

表 5—1 评估与监控指标[a/][b/]

评估与监控指标	平均值	高水平国家平均值	其他国家平均值
总体	1.5	3.8	1
监控机构	2.1	4.5	1.7
监控项目和计划的覆盖面	1.4	4	0.9
评估的制度和法律框架	1.6	3.9	1.1
评估系统的范围和衔接	0.7	2.8	0.2
统计信息系统	2.8	4.1	2.5
监控信息的使用和传播	1.2	3.7	0.7
评估结果的公开	1.2	4.6	0.6
对未完成目标采取的行动	0.8	3.1	0.3

a/：分值为 5 说明系统已成熟，分值为 4 说明系统正常运行，分值为 3 说明系统正在发展，分值为 2 说明系统正在启动，分值为 1 说明系统正在筹备，分值为 0 说明系统不存在。将表格中的分值换算为百分比，对应情况如下：0 是 0%，1 是 1% 到 20%，2 是 21% 到 40%，3 是 41% 到 60%，4 是 61% 到 80%，5 是 81% 到 100%。

b/：高水平国家包括巴西、智利、哥伦比亚和墨西哥，这几个国家在所有维度中都有稳定而良好的表现。

资料来源：根据 García 和 García（2010）的数据自制。

① 专栏 5—1 中详细介绍了巴西、智利、哥伦比亚、墨西哥及秘鲁的评估系统的经验。

总体指标由哪些维度组成呢？第一个维度说明了评估政府活动的公共机构是否存在并运行。该维度的地区平均值为2.1，表明（根据每一类别的编码）大部分的研究对象国都建立了评估机构，并已开始运行。但是在高水平国家平均值达到4.5的同时，其他国家的平均值仅为1.7，这说明前者已基本拥有一个稳定的、技术规范的且讲求方法的评估系统，而后者虽已建立了评估机构的法律框架，但在本研究进行时，这些机构尚未运行。

指标的第二个维度用于检测即使不存在集中开展监控活动的专门机构，研究对象是否能独立地形成不同项目和计划的运行信息。具体而言，研究人员考察了用于被监控项目的政府支出。该维度的地区平均值相当低（1.4），高水平国家（4）和其他国家（0.9）的平均值再次呈现较大差异。

指标的第三个维度用于检测研究对象国是否存在要求政府开展政策和项目评估的相关法律，是否存在开展评估的相关公共机构，是否存在开展评估的相关技术标准、人力资源和资金。该维度的地区平均值为1.6，说明虽然在监管层面开展评估活动已经得到了重视，但制度的可操作性很低。同时我们也再次看到两组国家之间的明显差异（平均值分别为3.9和1.1）。

指标的第4个维度首先用于统计前一年已完成评估的项目数量和完成目标的项目数量，其次检测各评估机构与评估项目的执行机构之间是否存在衔接。该维度的地区平均值在所有数值中是最低的（0.7），由此可见，研究对象国应加强公共政策决策者管辖下项目的评估，在管理过程中应该进一步提高其评估水平，开展财务状况分析以外的其他评估。评估的范围窄和衔接程度低，意味着在开展评估工作时不会有太多可利用的信息，因此会很难把握评估活动的潜在利益。法律上的激励机制也不足以推动评估的制度化。

最后一个与认识形成相关的指数是第5个维度。它用于检测是否存在数据统计系统，及其质量和可信度，包括它是否适用于监控项目的运行和评估项目的影响，同时还用于证明开展数据搜集和分析的职能机构是否具有独立性。此外，这个维度还有助于减少评估的不确定性，因为评估人可以获得更多的信息，进而减少误差和评估的成本。该维度的地区平均值为

2.8，略高于其他几项数值，这说明研究对象国正在努力提高优质信息的可利用率。然而，高水平国家和其他国家之间的平均分值仍具有较大差距，前者已拥有较完善的执行系统，而后者依然相对落后。

最后 3 个维度用于检测监控与评估阶段形成的相关信息的使用和传播。第 6 个维度不仅可以检测是否存在对所获信息进行分析和依此决策的制度化程序，也可以检测此类信息的传播情况。第 8 个维度用于检测普通民众或其他公共监督机构（如立法机构）是否容易获得相关信息。高水平的 4 个国家在第 6 和第 7 个维度上的平均分值较高（分别为 3.7 和 4.6），说明这些国家拥有使用和传播相关信息的机制，这些机制不仅已经设计完成，而且至少已经部分地投入使用。但其他国家在这两个维度中的分值相对较低（分别为 0.7 和 0.6），其中一些国家已经意识到了使用和传播管理信息的重要性，而另一些国家的政策制定者依然没有将这些系统的开发纳入议事日程。

第 8 个维度与信息分析后的纠正措施（或改善措施）相关。该维度地区平均值在所有数值中排名倒数第二（0.8），此外，高水平国家和其他国家间的分值差距依然较大（分别为 3.1 和 0.3），这说明前者正在努力完善制度性的学习机制，而后者的学习机制完全缺失。

专栏 5—1　拉美公共政策评估的经验

一些拉美国家正在运行公共政策评估系统。墨西哥在 2004 年通过了全国社会发展法，根据该法律成立了社会发展政策评估全国委员会（CONEVAL）。该委员会致力于"建立旨在评估和跟踪全国社会发展政策相关项目和行动的机制"（2004 年 GDS 法第 1 条款，第 8 点）。

CONEVAL 联合墨西哥公共信贷和财政部（SHCP），以及公共职能部（SFP）共同推出了年度评估项目（PAE），确定了每年接受评估的社会发展项目、相关准则、评估类型及其执行时间表。评估活动由独立机构完成，并通常由项目执行机构对评估过程进行监督。最后，CONEVAL 会根据相关法律，在其官方网站上公布评估结果。

哥伦比亚于1994年通过每4年制定一次的全国发展规划创建了全国管理和成果评估系统（SINERGIA），为全国发展规划各目标的完成提供必要的信息支持。

相关的评估政策通常由管理和成果评估部门间委员会确立，评估的具体执行则是由竞争性招标系统产生的第三方合作机构完成。此外，SINERGIA负责对评估活动进行技术监督，并发布评估结果报告，在其官方网站上可以查询。

从2000年起，智利的评估和管理工作由其财政部的预算局（DIPRES）完成。评估日程会按照每年的预算周期安排，由跨部门委员会批准（跨部门委员会由预算局、财政部的其他部门、规划部和总统秘书处的人员组成），但也要经国会通过，因为国会有权增减纳入评估日程的政策。

为了保证评估活动的独立性和可靠性，评估活动通常由公开竞聘产生的外部专家小组完成，评估结果会在DIPRES的官方网站上公布。

巴西在社会发展和反饥饿部下设立了信息评估和管理局（SAGI）。SAGI主要负责信息管理和部门政策的监控、评估及培训，此外还拥有一个专门开展评估活动的评估处。评估活动通常由SAGI自己的技术小组进行，也会聘请由竞聘产生或得到国际机构技术资质认证的评估人。评估结果会定期在SAGI官方网站上公布。

表1展现了在不同时间段，以上机构开展的一些主要的评估活动。在所有案例中，成果评估所占比重都很高，而影响力评估并不多见，这大概是与时间因素有关，因为影响力通常都具有长期性。

表1　　　　　　　　　机构评估项目的数量和评估类型

机构	国家	设计	过程	成果	影响力	总数
CONEVAL/SEDESOL[a] （2007—2012）	墨西哥	447	304	276	27	502
SINERGIA（2006—2014）	哥伦比亚	2	31	43	27	116
DIPRES（2001—2014）	智利	225	225	225	36	227
SAGI（2006—2014）	巴西	18	37	51	5	81

a／：SEDESOL：社会发展部。CONEVAL的一些具体的评估信息会公布在SEDESOL的网站上。

信息来源：根据CONEVAL、SEDESOL、SINERGIA、DIPRES、SAGI网站和秘鲁部长理事会主席团网站的相关信息自制。

在多数情况下，这些机构会同时对同一政策进行不同类型的评估，因此一份评估报告可能既包括对过程的评估，也包括对影响力的评估。以 CONEVAL 为例，它通常会采用多焦点式结构（也就是说，不再局限于传统评估的单一领域）开展评估活动，包括政策的设计、战略规划、运行、覆盖面和针对性、受益人的感受及成效。智利评估活动的结构与墨西哥类似，即全面且对大部分项目一视同仁，评估领域包括审批理由、方案设计、组织和管理、效率和质量。

有时这些评估机构也会推行其他方面的评估活动。比如，SINER-GIA 开展了制度和行政评估，CONEVAL 开展了二次评估，作为对工作业绩的补充性、特定性和战略性评估。

从 2008 年起，秘鲁部长理事会主席团合作处开始负责对"强制执行国家政策（PNOCS）"进行监督、跟踪和监控，这是由秘鲁第 027—2007—PCM 号最高法令确立的一系列以提高国家投资效率和实现政府优先发展目标为宗旨的政策。为完成这项任务，合作处构建了一个由任命官员和指定机构组成的开展评估或监督活动的网络，确立了相关职责，并为所有愿意合作的官员提供帮助。合作处应提交半年度和年度报告，目的是对政策的执行情况进行评估，并为目标的实现对政策进行必要的完善或修改。

资料来源：根据 CONEVAL、SEDESOL、SINERGIA、DIPRES、SAGI 网站和秘鲁部长理事会主席团网站的相关信息自制。

（二）影响力评估

如专栏 5—1 所示，拉美国家的公共政策评估机构越来越重视开展成果的监控、跟踪和评估活动。但该地区也在学术机构及非政府组织或国际组织指导下，开展政策影响力方面的评估。

影响力评估主要是对公共政策及其影响因素之间的因果关系进行量化研究。这个过程需要专业人才和统计信息。公共政策影响力评估的重要性在于，能够为提高政府办事效率和创造改进机会提供具体措施（比如，通过激励措施、聚焦性措施或参与机制）。由此形成的知识不仅对被评估项目或政策的管理者有益，对整个社会也有帮助。

近20年来,世界各国的政策影响力评估数量明显增多。Alzúa 等 (2012年) 指出,特别是拉美国家的政策影响力评估数量从 1995 年的不足 5 个,增加到 2010 年的 45 个以上 (见图 5—1)。[①]

但是,同政策监控和跟踪的情况一样,拉美地区开展政策影响力评估方面也存在较大差异,5 个国家走在了前列 (见图 5—2)。首先,墨西哥在 1995 年至 2011 年间开展政策影响力评估超过了 60 次,是拉美地区开展影响力评估数量最多的国家,并将制度化的监控与评估系统作为政府的管理手段。其次,巴西、智利、哥伦比亚和秘鲁同期开展影响力评估的数量均超过了 20 次,这主要归功于这些国家较早地建立了公共和私人评估机构,而且大部分国家都设立了负责规划的公共机构,能够直接执行此类评估 (见专栏 5—1)。再次,以阿根廷为首的 6 个拉美国家,在此期间开展了 10 到 20 次影响力评估。最后,10 个国家开展影响力评估的数量不超过 10 次。

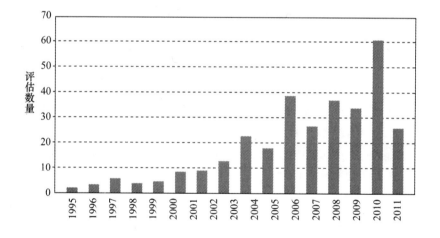

图 5—1 拉美国家开展政策影响力评估的数量 (1995—2011)[a/]

a/:涉及国家包括:阿根廷、玻利维亚、巴西、智利、哥伦比亚、哥斯达黎加、厄瓜多尔、萨尔瓦多、危地马拉、海地、洪都拉斯、牙买加、墨西哥、尼加拉瓜、巴拿马、巴拉圭、秘鲁、多米尼加共和国、圣卢西亚、特立尼达和多巴哥、乌拉圭。

资料来源:根据 Alzúa 等 (2012) 的数据自制。

① 研究者只考察了使用严格方法评定影响力的评估案例,不管其是否属于试验性质 (例如工具变量、双重差分模型、非连续性回归、配对和结构预测)。

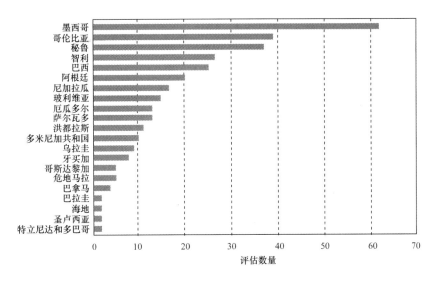

图 5—2　各国影响力评估数量（1995—2011）

资料来源：根据 Alzúa 等（2012）的数据自制。

　　绝大多数的评估项目（占全部研究对象国案例的 96% 以上）都是由独立机构、多边组织或者两者合作而完成的。仅有不到 4% 的评估项目由政府执行（政府单独或与其他组织合作），而政府要对将近 75% 的项目负责。大部分评估活动由非政府机构参与，不仅能保证评估的客观性，而且能采用更高水平的技术（Alzúa 等，2012）。但是，政府在较少参与评估的同时，也仅资助了不足 6% 的评估（Alzúa et al. 2012），这说明政府没有把评估看作和用作管理的工具，这是拉美国家需要努力改善的地方。

　　此外，美国的经验表明，即使评估系统要求严格的理由来证明政府参与的有效性，才能获得预算资金，也不能保证合理使用这些理由就能优化资金配置，因为政治利益、个人利益、制度限制，及其他因素对评估有干预作用。拉美国家的经验教训是，为了更好地利用科学知识，以形成对公共资源配置的决策，在某些情况下使用法律工具是有用的，在另一些情况下则是无用的，关键是决策者能把评估活动当作其日常管理工作的有效工具。

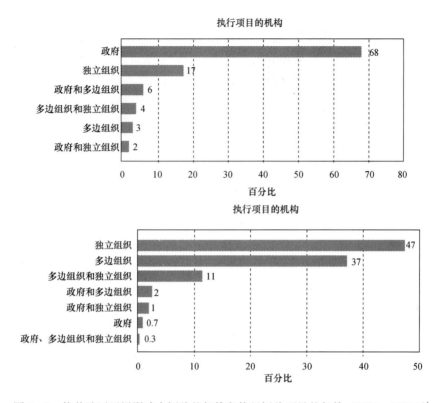

图5—3　拉美地区开展影响力评估的机构和执行评估项目的机构（1995—2011）[a]

a/：涉及国家包括：阿根廷、玻利维亚、巴西、智利、哥伦比亚、哥斯达黎加、厄瓜多尔、萨尔瓦多、危地马拉、海地、洪都拉斯、牙买加、墨西哥、尼加拉瓜、巴拿马、巴拉圭、秘鲁、多米尼加共和国、圣卢西亚、特立尼达和多巴哥、乌拉圭。

资料来源：根据Alzúa等（2012）的数据自制。

专栏5—2　美国教育部门采用的评估证明

美国联邦和各州教育部门都有开展评估活动并在制定政策时参考评估结果的义务。但是评估信息的有效利用受到了不同因素的影响。Honig和Coburn（2008）搜集了一些不同评估活动及相关部门对评估结果使用情况的信息，由此归纳了以下几个影响评估结果使用的因素：

　　评估结果的特点。首先，公布的评估结果必须由多机构合力完成。其次，评估结果要易于获取。评估结果的公布过于滞后会损害其使用，特别是当规划部门的工作节奏与评估者公布结果的时间不合拍，或者规划部门受到内部或外部压力的时候。再次，为了使规划部门正确地理解评估者提供的结果，必须避免评估结果的模棱两可。最后，无论在方法层面上，还是在信息处理源层面上，规划部门必须相信评估结果。

　　功能性认知。日常决策时的认知通常会受到信仰、期望、喜好、经验和意识形态的影响，从而导致规划部门对评估结果的理解，及对其有效性和重要性的认识产生偏差，尽管评估结果本身并不存在歧义。Honig 和 Coburn（2008）举例证明了这个结论：一位恰好刚获得聋哑教育硕士学位的特殊教育项目负责人，在看完本区学生评估结果后，倾向性地认为他所在的区域需要开展一个新的聋哑特殊教育项目。Kennedy（1982）提供了另一个案例，也是关于个人偏好如何影响对评估结果的理解：一位课程主管将本学期内对学生流动性的评估，看作高移民率的结果，倾向性地认为他所在的区域需要制定统一的学习计划。

　　社会资本。规划部门和其他参与角色（评估者、被评估结构及其他合作者）之间正式或非正式的联系，以及相互信任，会对评估结果的使用，即可支配性和可获取性产生影响。Honig（2003）指出，如果行政主管办公室的领导们认为有关学生表现的评估结果有利于他们，而不是损害他们时，他们就会更愿意获取这些信息。

　　规划部门的组织。评估结果的使用不仅会受制于规划部门职责的大小，也会受到规划部门理解和阐释评估结果所需时间的限制。

　　准则的影响。如果形成一些惯例、专业实践模式和规范，作为激励机制，评估活动及其结果的利用将会变得更加频繁。

　　政治权力。当参与者拥有政治权力，并且会受到评估结果的影响时，评估结果的使用可能会受到政治压力的影响。

　　资料来源：根据 Honig 和 Coburn（2008）自编。

三　评估决策的概念框架

　　公共政策的制定者通常需要对直接关系到公共资源使用的计划进行决策；因为接下来他们会执行这些新计划，维持其存在，并投资于新的基础设施及其维护，或者管理政府的人力资源。这些政策的制定者在做决定时，通常是基于其自身对行动结果的预判：比如，他们会执行一个绩效补偿方案，因为他们认为这样做能提高民众缴纳税款的能力；他们会为贫困家庭提供粮食补助，因为他们认为这样做能使 0 到 3 岁的儿童受益；或者他们会决定在城市犯罪高发区域增加警察巡逻力度，因为他们认为这样能从总体上减少暴力事件的发生。但是，由于对结果预判的认知通常并不具有科学性，因此部门内部的经验学习成为决策者获取信息的重要途径。那么，政策的制定者在决定是否更好地利用经验学习的机会时，会面临哪些激励因素呢？

　　每项执行新计划的要求都是一个学习如何提高效率以实现既定目标的机会。事实上，从社会福利的角度出发，任何一个决策者都希望更好地了解新计划的影响力。但这并不是他们在决定是否使其计划接受系统审查，特别是当计划中带有某种政治利益时唯一考虑的因素。

　　如果公共政策制定者受到选举利益或政治利益的驱动，而决定将计划放到分析者的放大镜下去观察，那么就意味着某种风险：比如，谨慎的评估能揭示项目执行中存在的问题，或者能够发现项目效果与预期或政府承诺不符甚至背道而驰的情况。在这种情况下，政策制定者就会认识到开展评估会付出名誉受损和政治支持丧失的代价。另一方面，如果评估结果是积极的，政策制定者将获得极大的政治收益。此外，认知能力的提高能够提升公共管理的质量，届时决策者就可以充分利用这一优势。

　　综上所述，将新计划提交系统审查在为政策制定者带来潜在收益的同时，也会带来巨大的风险，因此他们的决策取决于对利益和风险的期望。与在发达的金融市场上做出投资决策有所不同，评估一项公共政策计划所带来的政治后果非常不明确，因为政策制定者几乎没有可利用的信息估算潜在的收益和成本。而金融市场虽然也具有不确定性，但却有大量关于资产价格和过往收益的信息作参考。评估结果的产生不仅能为相关政策的制定者，也能为整个决策机构直接带来潜在收益，这是决策者通常忽视的一点，但它能为国际组织的参与打开空间。

因此，如果评估结果从政治上看风险大而收益少时，政策制定者就不大可能决定实施评估。要增加公共计划评估的吸引力，就要避免给人以政治代价高昂的感觉，在某些情况下可以通过保密方式达到这个效果。

但是，通常情况下人们对代价和收益的认识并不全面，为此，政策制定者面临着以下两方面的风险：一方面是不知道其决策会产生怎样的政治后果的风险，另一方面是缺乏应对第一个风险的经验。有更多可供借鉴的经验意味着能减少决策的不确定性，因此政策制定者更有可能选择易控制的风险。以往的信息越少，就越能体现补充信息的重要性，因此开拓性的研究都是那些对其他领域的评估决策有较大影响的研究。最为人熟知的一个例子或许就是对墨西哥"有条件现金转移"计划 PROGRESA（现在更名为"机遇计划"）影响力进行的随机性评估，该计划被推广到了其他拉美国家。这些国家不仅效仿开展了类似的项目，而且还以更为严格的方式对这些项目进行了评估。

一个最显而易见的趋势是，随着更多评估活动被公之于众，不对政策效果进行系统性学习的现象将越来越少。通常情况下，这种效果并不会受到政策制定者的重视，除非他们出于某种原因看到了率先创造新经验的价值。因此，多边银行之类的跨国组织就自然而然地起到了一定的作用，它们会通过补贴的或免费的技术支持，推动和宣传公共政策的评估活动，并制定和推广执行评估的技术标准。

此外，让公众了解评估活动的有关知识具有社会价值，但公开评估结果，会使政策制定者面临事前感知的风险。因此，在某些情况下，为了保障评估活动的实施，可能会事先决定对评估结果进行保密。这样做可以改变政策制定者对评估活动的事前感知，使其更愿意接受评估（Maris 和 Ortega，2015）。

以上内容适用于对选民公开的一些政策和项目，但在涉及公共机构内部管理的计划中，以上对策是否也适用呢？比如，如果一个公共机构决定开展一个员工绩效薪酬项目，并用定量方法对项目的有效性进行实验，我们不清楚这样一次活动会不会对未来的内部选举造成风险，至少在一开始时不能预见。事实上，这样的评估活动也会存在风险，比如它会影响公共机构内部的发展或者影响其他参与者（如工会和其他中介机构）对公共机构的看法。因此，对内部管理的系统性学习同样能提高决策的质量，但决策者仍要承担相应的风险。

CAF 曾支持拉美国家公共部门开展不同议题的学习。例如，CAF 曾帮助哥伦比亚税务机构（全国海关和税收总局，DIAN）量化检测各类征税工具的有效性。在这次大规模的社会试验项目中，首先随机挑选了大概20000 名纳税人，将其分成了两组，一组人员会通过某种渠道①收到征税通知（实验组），另外一组人员不会收到征税通知（对照组）。三个月过后，比较实验组和对照组的纳税情况。结果显示：全国海关和税务总局工作人员亲自上门送交征税通知，比其他接触途径更有效。但考虑到信息的质量、投送距离的远近、纳税人不在住处等情况，工作人员亲自上门传达信息的方式似乎是不现实的。相比较而言，发送电子邮件同样能实现上门传达信息的效率（主要是因为电子邮件投递的覆盖面更大）。在这次试验促使哥伦比亚全国海关和税务总局一方面仅对部分特定的纳税人采取上门通知的方式，另一方面也扩大了其电子邮件信息库，以在更大范围内采取电子邮件投递方式。

CAF 也曾支持阿根廷的科尔多瓦省就"第一步项目"（Programa Primer Paso，PPP）的效果开展学习活动，这是一个致力于资助没有工作经验的青年人就业的社会项目。有意申请该项目的青年首先要在得到未来雇主的同意下提出申请。因为申请人的数量总是大大超过项目的资助能力，所以随后要通过公开抽签方式确定受益人，以保证中签者和未中签者之间并不存在事前差异，进而能够更好地评估项目的影响力。通过两组人员的事后差异，就能较好地评估项目的进展。Berniell 和 De la Mata（2015）利用实验结果，发现项目受益者的就业数量和质量都有所提高，但存在性别差异（可供男性选择的工作岗位数量多，但女性工作岗位的质量更高）、企业规模差异（相对于微型企业或小企业，中大型企业提供正式工作的概率更高）和社会经济水平差异（能为中低水平申请者提供更多的、质量更高的工作岗位）。这次评估活动使阿根廷有关部门找到了项目聚焦性

---

① 主要为以下三种渠道：1) 全国海关和税务总局工作人员亲自上门；2) 电子邮件；3) 普通信件。

的可改善之处，这就是一个低成本的经验学习换取高收益的管理质量的案例。①

CAF 也曾同委内瑞拉加拉加斯市的苏克雷区政府合作，共同评估通过司法手段提高财产税支付的有效性。因为该区域历史上拖延纳税的比例很高。CAF 同当地政府合作设计了一个试验，首先挑选了 800 个有着拖欠记录的纳税人，然后向随机选择的一组纳税人发出了强制司法执行的通牒。试验结果显示，在有效获得相关信息的法人中，该举措的影响力接近100%。在这次试验后，强制司法执行的方式作为有效的收税工具被推广开来。同之前的案例一样，这个案例的试验进行过程中区政府并未（CAF 也没有）花费较大的资金成本，却极大地改善了其管理质量。

开发性的地区组织在推动将评估和实验活动作为管理工具方面有着重要作用。特别是如果政策制定者能将评估活动看作是其获取外部资助的必要条件，或者看作相关管控机构的强制措施，评估活动就不会仅仅被当作摆设了。虽然这种强制性的方法在某些情况下能增加评估活动的数量，但仍需找到一种对进程价值开展制度性学习的机制，以提高公共管理的质量。为加强拉美的制度化建设，CAF 正在推广这方面的经验（见专栏 5—3）。

专栏 5—3 政策的学习，以 CAF 为例

2013 年 5 月，CAF 新设立了一个致力于推动影响力评估和社会实验成为公共管理工具的机构——影响力评估和政策学习局（La Dirección de Evaluación de Impacto y Aprendizaje de Políticas，DEIAP）。该机构为拉美地区各级政府开展严格的政策有效性监测提供帮助，不受 CAF 资助的计划也可获得此项支持。该机构有三个基本的原则：1. 优先考虑政策制定者的知识需求；2. 尽量以学术标准开展研究；3. 项目有关责任部门要全程参与评估。这三个基本原则的提出确保了

---

① 值得强调的是，当地政府在支持开展评估时面临着较大的政府风险，因为 PPP 是科尔多瓦省政府最受公众关注的项目之一，如果评估结果是负面的，可能会对该政府的竞选产生不良影响。

研究活动对于政策制定者决策的重要性，确保了在科学方法和制度能力的支持下产生最好的评估结果，也就是说确保政策制定者认可评估过程有助于他们做出最好的决策。

自该机构正式成立以来，已经接受了 10 个拉美国家提出的 35 项支持请求，项目内容多种多样，包括就业、公共安全、企业创新、社会政策以及医疗服务。目前，已有 30 多个相关项目处于设计、执行或结果分析阶段。无论在项目执行还是制度或管理改善方面，每个项目都力争为政策制定者提供适用、易用的政策建议。政策相关负责人的积极参与有助于深入了解制度和项目的运行情况，有助于明确需要改进的地方，也有助于评估过程中产生的认识带来实质性的变化。在项目最后的交付阶段，各国政府会获得一份有助于决策的评估结果报告，政策总结也会随之公布，有时一些相关的学术成果会提交到专门的学术期刊发表。

资料来源：作者自制。

（一）相关影响

提高评估活动的预期利益并且降低预期代价的努力，大大提高了各政府开展评估活动的可能性。

对政策制定者而言，存在着两种潜在利益，都与获得竞选连任或改善公共形象的激励作用相关。第一种好处是，在评估结果为正面的情况下，政策制定者通常会将它用作政治宣传工具。第二种好处是，不考虑评估结果，评估活动本身就有助于政府合理利用资源，选民对此会看在眼里记在心上，进而也会改善对政府的印象。第一种预期利益建立在评估结果为正面的前提下，因此这种评估对政府的吸引力有限；但第二种预期利益建立在让评估和实验活动成为公共管理有效工具的认识上，因此即使出现负面的评估结果也无妨。

政策制定者在决定是否就某个项目开展评估活动时最可能付出的代价是，公共政策管理者形象受损，面临被曝光，无法竞选连任的风险。公共政策管理者想要在事前控制这种风险十分困难，因为评估过程会精确地识别公共资源使用中的不当行为，虽然不会归罪于具体的某一人，但至少它能公开指明资源管理者的错误。唯一的解决途径是签署关于评估结果的临时性保密协议。虽然这种做法会降低评估结果的可信度，因为不能使评估结果接受公开的学术讨论，但可以寻找替代方法进行讨论和研究，比如组织专家研究或者召集国际组织支持的内部讨论，但不对外公开。眼前的制度利益和长远的社会效益将会证明，这样的协议对于开展研究工作也是切实可行的。

（二）影响评估决策的其他因素

上述概念框架中未涵盖的其他因素，也会影响评估的决策。

首先，评估活动花费较高，某些情况下是由于缺少可利用的统计数据，造成评估机构不得不自己搜集数据，因此有的政府没有足够的资金实施评估。问题的关键是确定获取信息的途径或在低成本下获得相关信息（例如在已经存在完善的管理信息数据库的情况下），而且政府有意愿利用这些信息开展评估。

其次，时间跨度过长可能导致政策制定者推迟评估。根据不同项目类型，评估活动时长从几个月到几年不等，从评估开始到评估结果对政策产生影响可能会经历较长时间。以 CAF 的影响力评估和政策学习局（DE-IAP）为例，该机构的影响力评估从两个月到三年，平均时长为 16 个月。① 具体而言，评估一种税收机制或评估一个热点区域警察巡逻方案花费的时间相对较少，但改善儿童社会发展机会的项目由于效果无法在短期内显现，因此需要更长时间来评估。

因此，长期的评估活动可能会与选举周期的短期目标不一致，尤其考虑到政治家或官僚机构需要付出的时间和努力，时间跨度过长的评估活动变得更加困难。即使在评估结果和评估带给决策者的潜在利益已经比较确定的情况下，长时间的评估活动对决策者而言也不会有太大的吸引力，因为他们能接受的时间跨度是有限的。以上情况可能会产生一种结果，即政客们更愿意学习在短时间内产生的相关知识，或者仅开展那些时间跨度较短的评估项目。这样做不一定是坏事，但可能会漏掉一些从资金使用和改进空间上看都很重要的项目。此外，政客们可能会为尽快获取可利用的知

① 诚然，这个例子并不能代表所有的影响力评估。

识，而不顾其质量或内容。

四 应用知识，改善管理

知识的形成并不意味着它能自动转化为公共政策的改进（Fox 和 Benett，1998）。在评估中产生的知识对现状提出了改进的要求，因此应用这些知识意味着对现状的改变，但决策者通常会受到羁绊而止步于此。随着决策者对改革的愈加重视，改革的激励政策出台，利益集团不再阻挡，知识将更有可能转变为好政策。

有关公共管理重要议题的知识的获得，归功于全球学术界或政府专业研究团队的努力。另外，为了获得公共政策方面的知识，国际组织或独立机构可以与执行项目的相关机构（主要是政府）合作。正如前文所述，这种模式在拉美地区已较为普遍。无论知识来源于何处，它用来改变或维持现状的目的，都决定了学习能在多大程度上转化为优质的或劣质的公共服务。

（一）公共部门调整决策的概念框架

在获得知识后，如何学习这些知识？或者说，为了使计划得到更好的运行，如何决定继续推行还是中止计划，改进计划还是修改其中的某一部分？知识产生的方式通常决定了知识对公共管理的影响。

如果知识产生于一个组织中，那么它可以直接用于调整和改善服务。如果一个评估项目从一开始就回答了决策者关注的核心问题，那么其评估结果将有助于改善服务。但即使是在这种理想的情形下，也不能保证信息得到了有效的应用，因为制度和政治因素可能产生影响，政策执行者参与到评估过程中，更有利于知识转化为具体的改进措施。以哥伦比亚的社区福利院项目（Hogares Comunitarios de Bienestar，HCB）为例，在项目开展过程中评估小组和项目实施者之间有许多互动，这促使相关人员采取行动，及时地解决了评估过程中发现的问题（比如，检查营养计划，发起针对母亲的卫生教育运动和儿童护理课程）（Briceño 等，2011）。

如果开展评估的推动力来自组织之外，知识应用到实践中的可能性自然就很小。虽然整个社会和其他国家政府开展类似的项目时也可以应用这些知识，但让这些知识转化为改进的措施还取决于更多的条件，比如政治环境、制度限制、利益集团不同程度的干涉，以及促使决策者改变现状的激励机制。以哥伦比亚的青年行动计划（Jóvenes en Acción）为例，在该项目影响力评估结果公布之前，该项目已提前做出了不符合评估结果的实质性改变（Briceño 等，2011）。

在一个组织内推行政策调整是一件非常困难的事，特别是在公共部门。组织运行惯性会促使项目的开展维持现状，要想改变这根深蒂固的运行模式，需要各机构达成共识。Thomas 和 Grindle（1990）提出了公共部门改革过程的迭代模式，他们指出现状是所有利益方就有关政策或制度安排达成协议的一种平衡。想要打破这种平衡非常困难，需要花费大量的时间、资源和政治资本，因为这将是一个在不同阶段大量不同利益群体同时参与的过程。此外，来自利益集团的压力和保守的企业文化也会减慢政策调整的速度（Rashman 和 Radnor，2005）。然而既定的运行模式一旦发生改变，这些阻碍因素都将会为知识应用的重大变革提供空间（Etzioni，1987）。

那么，我们如何让公共机构把知识转化为更好的公共服务呢？

公共部门改革既包括某一项政策的调整，也包括政策执行过程中资源组织方式的调整，比如警察巡逻方式的调整（在犯罪率高发点还是在热点地区集中警力），或者特定手段实施方式的调整（巡逻监控用 GPS 还是用径向报告）。当然也有一些决策并非直接针对巡逻方式的调整，但也有助于改善资源的使用，进而提高警察的工作质量。原则上，以上调整都是为了改善公共安全，并最终为民众谋福利，但其调整过程会受到政治利益、意识形态利益和预算方面考虑的影响，此外还会受到不同的利益既得者正式或非正式的干涉（Thomas 和 Grindle，1990）。

此外，知识转化为政策调整的方式，可能已成为官员推动职业晋升的渠道，他们通常会在公共政策决策时谋求晋升或至少保持其官僚等级。[①]尽管政策调整的决策会在不同的阶段进行，但在大多数情况下，会由官员负责执行和跟踪相关的公共项目，管理公共服务。因此，了解公共部门的管理决策如何形成，就能了解整个官僚体系的运行。

官僚体系的外部动力之一，是改善公务人员结构的可能性。在官僚等级中寻求晋升，主要取决于每个机构现有的正式或非正式的评估系统。任

---

① 关于这方面的介绍请参考 Maris 和 Ortega（2015）的报告。

何一个评估系统都有其横向考察要素,比如业绩、经验、遵守标准、尊重等级制度,以及思想纪律等,这些要素在很大程度上决定了是否有晋升的可能。其中最具体的考察内容可能是:为了提高公共服务质量,出台相关的激励机制以调整和创新政策。

那么,政策调整的过程是如何发展的呢?首先,官员会收到相关的、可靠的信息(比如,相关的影响力评估结果或监控结果)。其次,根据这些信息,官员会作出判断,是采纳改进服务的建议(有失败的可能)还是维持现状。这些新信息可能会指出提供某项服务过程中的不足,在这种情况下,官员通常会考虑更改项目进程、增强监控、更换项目设计,甚至完全停止项目的执行。此外,这些新信息也可能会提供改进项目的途径,或者建议将其推广到公共政策的其他领域,比如墨西哥的 PROGRESA 项目(即机遇计划项目),其评估结果显示不仅应该把该项目推广到城市区域,还应该改进其项目设计。最后,新信息可能也会指示无须对相关项目进行调整,或者暂时无须对项目进行调整。

但无论信息质量如何,都不能保证官员做出正确的决策。官员的决策一方面取决于其动机(在这个概念框架下,可以理解为其晋升的愿望),另一方面取决于其理解信息的能力,此外还有一些间接的影响因素,如制度、环境、后勤,甚至是促进或阻碍决策的一些偶然因素(见图解 5—1)。

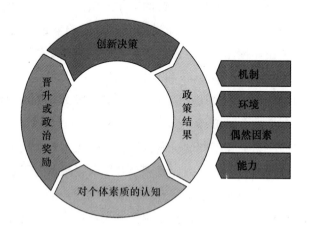

图解 5—1   创新决策模型

资料来源:作者自制。

（二）政策结果与决策过程

如果官员意识到其决策关系到公众福利，他们就能做出适当的决定：在条件成熟时调整政策，反之亦然。但是由于在政策调整过程中存在太多的偶然性因素，因此仍然不能确保这种调整总是有益的。比如为了推行一项改革，一次意外的人事调整，可能减少项目获得的政治支持和预算支持，进而降低了成功的可能性。因此，在决定调整政策时，官员会面临耗费其重要资源，甚至是降低其所在机构合法性的风险。如果在条件不成熟时官员执意要调整政策，或者在条件成熟时官员反而不认真研究政策调整的必要性和可行性，这些错误的决策都可能降低公共服务的质量，同时也会影响官员自身晋升的可能性。

那么，在条件不确定时官员应该如何决策呢？在这个概念框架中，我们提出官员首先应该增强对服务、机制和环境的了解，并且认真估量其政策调整成功的可能性，然后做出获益最高的一种选择。一名优秀的官员会最大限度地了解政策背景及其成功的可能性。也就是说，高水平的官员可以提前预知政策调整后的实施效果。但在任何情况下，由于政策结果总是存在不确定性，对成功和获益可能性的估量也会因为官员对风险的不同厌恶程度而有所差异：风险厌恶程度较高的人可能会更加谨慎，在确保成功率和高获益的前提下才会调整政策。

（三）结果的不确定性与晋升的可能性

官员一旦做出决定，其决策结果就会成为上级领导决定其升职、保留原职还是降职的依据。如果官员调整的政策改善了服务质量，并受到了所在机构的肯定，那么这名官员就可能得到晋升。原则上，为了提高服务质量，机构应该提拔那些个人能力较强的官员。然而现实情况并非如此。机构在提拔官员时会有其他方面的考察要素，比如官员的工龄的长短、受教育水平的高低、是否善于变通、任务完成好坏、态度是否端正或者与领导层是否亲近。[①] 其中一些考察要素可以直接观察到，或者直接呈现在官员

---

① Jordan 等（2013）指出，中国官员的晋升很大程度上取决于业绩，印度官员的晋升取决于监管人员的评估结果。

的个人简历中。但是，官员改善服务质量的能力是难以观察的，唯一可见的就是官员的工作业绩，也就是政策效果（好或坏）和决策结果（调整或维持现状）。

但遗憾的是，这类信息通常是很模糊的，因为可观察到的结果是官员实际工作和一系列偶然因素，以及不可抗力结合的产物。比如，如果制度环境因素和缺乏领导力的指挥阻碍了警察巡逻任务的完成，在热点区域开展警察巡逻的措施可能就起不到减少犯罪的作用。如果可观察的政策效果更多地取决于官员的行为，而不是一些偶然因素，那么这份考察信息就是可靠的，反之亦然。上级领导不想因为个人运气的好坏而提拔或贬黜某人。所以官员的政策效果越可信，越有可能受到提拔。但如果政策效果不那么可信，它对决定提拔的影响就会减小，在这种情况下官员只能依靠其他可观察的因素。此外，信息的可信度在很大程度上取决于政策效果的总体稳定程度，如果政策效果不稳定，那么它对于证明官员的能力就没什么用处。①

值得一提的是，一些机构在做晋升决策时也可能权衡或者利用其他因素。其中一些因素可能无关乎做出改善公共管理的决策，这样就达到一种平衡：如果官员不为提高民众福利行事，那么再多的知识也无法转化为更好的服务。

（四）概念框架的含义

在这个概念框架中调整政策是具有风险的，因为其所处的环境变化无常，其调整的结果也很难预判好坏。官员对其所处的环境、现行体制及执行能力越不确定，就越不愿意调整政策。这种不确定性的后果在对风险厌恶程度较高的官员中体现得尤为明显。因此，只有那些具有杰出才能或者对风险厌恶程度较低的官员才敢于调整政策。如果不考虑官员能力的不同和风险容忍度的差异，这种不确定性导致的结果要么是不进行合理的调整，要么是调整不能提高服务质量，这也意味着缺乏对新信息的应对能力，以及公共管理质量低下。

---

① 这是一个经典的信号提取的问题，特别是在货币理论中十分常见，信号的可信度取决于随机变量的方差，在本文中指政策的结果。

因此，以能否在科学认知的基础上大胆创新为标准的官员评价系统，将有助于正确地引导激励机制的运行。对官员的激励机制通常会在奖励为公众提供优质服务的官员和奖励在科学知识的基础上不惧风险、勇于改进公共管理的官员之间实现平衡，因此就能建立一个主要考察官员业绩，但又注重考察官员能否在调整政策时防患于未然的晋升系统。这样做虽然不能避免出现不良政策后果的风险，但可以避免由官员独自承担政策调整风险的现象。①

同时，如果官员能更好地了解其所处的制度环境和对公共压力的抵抗能力，他就能更好地进行决策。官员需要在一个地方花上足够多的时间才能获得以上认识，拉美国家大部分官员的工作通常具有稳定性，这有助于他们获得这样的认识。②

官员的素质是另一个对政策产生影响的因素，它可以通过更好的人才招聘流程和合适的聘用合同得到提高。正如在第二章中提到的，一个理想的公职人员不仅应具备称职的能力，还应受到正确的鼓励，并且廉洁奉公。但是，某些重要的能力、工作动机和诚信度都无法直接（和以较少的代价）观察到，因此恰当的聘用合同有助于引进合适的人才，并激励受聘者勤奋工作、诚信守职。

如果官员用于决策的信息是模糊的，或者官员没有能力理解和运用优质信息，那么知识就难以得到有效利用。从理论上讲，官员应该很好地了解本部门的工作、自身的不足、改进工作的备选方案、政策结果以及对受益人的影响；为了了解以上情况，官员应该利用有效信息，并具有分析理解数据和归纳主要结论的能力。信息的流通性差和可靠性低，以及官员的信息分析能力不足，都会转化为错误决策。比如，Alzúa 等（2012）指出，从秘鲁微型金融项目的影响力评估中获得的高质量信息，可以在决策

---

① 但这样的解决办法也存在两方面的问题。首先，正如我们在第二章中所见，当评估活动不与业绩挂钩时，会产生道德风险的问题。其次，把关注重点放在程序上，会使政策调整过程变得过于官僚化，缺乏灵活性，最终不利于管理的改善。

② 此外，长时间在一个地方工作还能激励官员开展长期项目，以及提高个人业绩（Dal Bó 和 Rossi，2011）。Jordan 等（2013）指出，相较于经常调动工作的印度公务员，中国公务员的工作更加稳定，这样有助于他们更好地了解相关的工作环境，并且激励他们投入更多的时间将项目落到实处。

过程加以利用。因此，非常有必要投入资源以提高信息的流通性和质量，并且加强公共机构的分析能力。正如我们在之前提到的，实现这个目标的途径之一是提高政策执行者在评估过程中的参与度。

最后，组织环境也可能不利于创新和将知识用以改善公共服务。例如，官员们可能并没有太多自主权做出公共管理方面的重要决策，或者即使他们从法律上讲拥有自主权，但实际上仍然不能自己做主（Briceño 等，2011）。一些机构要求政策的调整必须在符合官僚机构要求的制度框架内得到批准，这必然会延误政策的调整，使调整过程复杂化。这样的政策调整过程不仅毫无效力可言，而且会事倍功半，不能及时解决管理上的问题。

但幸运的是，程序的简化不仅能够提高机构的灵活性，也能够加快解决公共政策问题的进程。Bloom 等（2015）在对 8 个国家学校管理水平的研究中发现，在管理水平高①的学校，学生的学业表现也更好，这一点在对公立和自治学校②的比较中更加突出。以自治学校为例，良好的管理与其领导层行使更大自主权有关：自主权有助于在各方面加强问责制和发挥领导层的作用，比如对学校长期发展战略的设计、沟通和执行等。Skoufias 和 Shapiro（2006）发现，墨西哥很多学校提高自主权（以及资源使用权）后，学生的辍学率、补考率和留级率均有所降低。

（五）现有数据说明了什么？

公共政策的决策过程是多元化的，通常会有多个代表不同利益的机构参与。因此存在两方面的问题：一是很难识别进程中真正的决策者，二是公共政策的实施可能不是单独一个决策的结果。这在理解公共政策的决策如何产生的问题上，以及哪些环境、制度或者个体因素影响决策过程的问题上，会出现一个方法论的困境。另外，由于机构、文化以及组织过程的差异性，我们很难将先前案例的经验推广到当下改善公共管理决策质量的策略规划中。

---

① 检测了与学校运转、监控、目标制定及人员管理相关的管理水平。
② 自治学校是指那些大部分资助来自政府，但在课程设置、教师选拔，甚至在学生的选择上都拥有自主权的学校。

但是，我们可以对公职人员在机构内推行改革的动力进行调查。例如，为了调查影响公职人员改革决策的因素，Fernandez 和 Pitts（2011）使用了美国 2006 年人力资本联邦调查数据（FHCS）。在 78 个联邦机构的20 万名公务员中，作者选取了 118211 名自我归类为"非主管"的样本。表 5—2 列举了影响公务员改革动力的独立变量。[①]

表 5—2　　　　创新动力与工作环境中不同因素的相关性分析
以美国联邦机构公务员为样本 （2006）[a]

培训和发展的机会	0.29**
创新奖励	0.21**
赋予权力	0.10**
参与决策	0.14**
与领导的关系	0.13**
工作满意度	0.04**
被认可的业绩	0.05**
横向沟通	0.04**
纵向沟通	-0.01**
可利用资源	0.01**
种族	-0.01**
年龄	0.01**
职位	0.03**

a／：因变量正是基于这个问题而构建：我受到激励去构想新的、更好的做事方式。1 分代表"非常不同意"，5 分代表"非常同意"。所有计算基于有序 probit 模型的估算，所有系数由因变量的方差标准化。每一个系数都反映了自变量的相应规模，每变动一个单位（1~5 分）会对因变量（标准偏差）产生的影响。

注：显著性水平：*10%，**5%，***1%。

资料来源：Fernandez 和 Pitts（2011）。

---

①　创新动机根据对"我受到激励去构想新的、更好的做事方式"这句话的认可程度确定。

首先，如果公务员认为所在机构重视对人才的培养，奖励新观点的提出，那么他推行创新的意愿就会增强。在对获得"培养和发展机会"的感知上每增加 1 分，创新动力就会增加 0.29 分的标准偏差。在对"创新奖励"机制的感知上每增加 1 分，改革动力就会增加 0.21 分的标准偏差。

其次，与"赋予决策自主权"相关的因素对公务人员的创新动力也具有显著正向影响，但影响力低于前两个变量。在对"赋予权力、参与决策"的感知上，或对"上下属关系"的看法上每增加 1 分，创新动力就分别增加 0.10 分和 0.14 分的标准偏差。与上司关系的改善也有助于增强创新的动力。

最后，"工作满意度（对自己和对机构）""机构的沟通文化"及"可用于政策调整的资源"等因素都具有重要的统计学意义，但影响力相对较小。以上 3 个因素中的任意一个每增加 1 分，公务员的创新动力仅仅增加 0.05 分或更低的标准偏差。

这个调查结果同前文阐述的模型分析结论是一致的。如果相关机构看中官员积极主动的行为，并为鼓励这样的行为建立了正规机制，那么官员就能敢于对政策的调整进行决策。事实上，即使官员作出了决策也并不意味着公共服务质量或管理水平就得到了改善，但这至少说明了官员往好的方向迈出了一步。

另一个鼓励政策调整的选择是改善组织的沟通文化。为了制定机构发展的共同目标，各工作部门之间应该保持有效沟通。如果每一个公务员都清楚机构的发展目标，并知晓自身工作职责，他们就会尽最大努力提高业绩或者在必要时对政策进行调整（Dewatripont 等，1999）。

为了了解有助于在决策过程中利用学术研究成果的因素，Head 等（2014）在澳大利亚多个公共部门中开展了一项调查。结果发现，如果不考虑公务员自身的特点，鼓励经验学习和把握严谨事实的组织文化更能促使公务员利用学术研究成果。当公务员意识到公共政策的决策应建立在严谨的实证研究的基础上，而且工作团队十分看中这些实证时，他们对学术成果的需求和利用将会大大增加。同样，如果公共机构设立了专门负责学术界与决策部门互通的团队，学术成果的利用也会有所增加。

我们可以通过 CAF2014 年的调查报告，并利用前文介绍的模型意义，评估拉美国家的表现。图 5—4 呈现了影响创新动力的因素之间的相关性（面板1），以及影响不同岗位、不同部门人员主观感觉的因素（面板2）之间的相关性，这种感觉是指对改革方案被接纳程度的认知。面板1说明，领导都有较强的创新动力，这一点在私营部门和公共部门没有显著差别；但私营部门的领导缺少调整政策的动力，至少在统计上是这样。面板2说明，私营部门的领导更有可能洞察到其下属部门有改善工作的意愿。

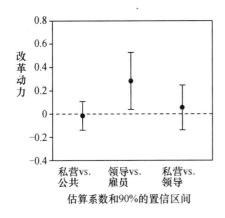 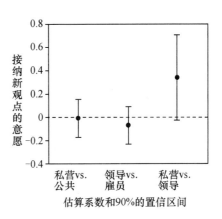

图5—4　改革动力和接纳新观点的意愿。不同部门和岗位的概率差异[a][b]

a/：这个图报告了通过普通最小二乘法估算系数和90%的置信区间。左侧面板中作为因变量的问题是：您多大程度上愿意提出改革意见？左侧面板的问题是：您认为所在部门多大程度上接纳新观点？关于这两个问题回答的分值从1（完全不赞成）到5（完全赞成）。这些分值代表了不同组之间该变量数值的差异，垂直线表示估算差异的置信区间。在回归法中，它取决于城市和受教育水平变量。

b/：调查的城市包括布宜诺斯艾利斯、拉巴斯、圣保罗、波哥大、基多、墨西哥城、巴拿马城、利马、蒙得维的亚和加拉加斯。

资料来源：作者根据CAF2014年调查数据自制。

另外，图5—5考察了公共部门员工个人提出改进意见的意愿受到哪些因素的影响。其一，从之前呈现的模型中我们可以看出，创新动力与机构接纳政策调整的意愿相关。其二，创新动力也与个人工作满意度相关（当加入与个人工作经历相关的其他变量时，这个因素的影响力就会减弱，所以我们没有在图5—5中将其列出）。其三，创新动力与工作年限呈正向显著相关，公务员在一个机构工作的时间越长，对机构越了解，就

越可能提出改进工作的建议。其四,领导具有创新动力的可能性更大
(尽管在加入其他变量后,这个因素从统计上看已经不重要了)。其五,
创新动力在近五年内得到提拔的人员中更明显 (这个结果在统计数据上
显而易见)。[①]

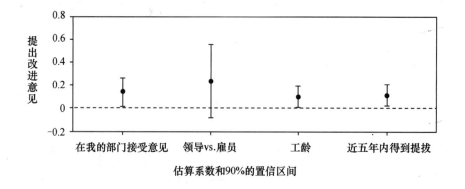

图5—5 提出改进意见的动力与其他变量之间的关系[a/b/]

a/:此图展示了通过普通最小二乘法估算系数和 90% 的置信区间。作为因变量的问题是:
您在多大程度上愿意提出改进意义?回答分值从 1 (完全不赞成)到 5 (完全赞成)。垂直线表
示每个点估算出的置信区间。在回归法中,它取决于城市和受教育水平变量。

b/:调查的城市包括布宜诺斯艾利斯、拉巴斯、圣保罗、波哥大、基多、墨西哥城、巴拿
马城、利马、蒙得维的亚和加拉加斯。

资料来源:作者根据 CAF2014 年调查数据自制。

最后,我们可以通过世界价值观调查 (World Values Survey) 中关于
个体在工作中履职独立性的第六轮问卷,就拉美地区公共部门的情况同世
界其他地区进行比较。尽管这个变量并不能精确地计算创新的概率,但可
以做一个粗略的检测,因为如果尝试新创意的可能性较低,公务员履职的
独立性也较低。

图 5—6 和图 5—7 展示了不同受教育水平和不同国家中,可能影响工

---

① 公务员受到提拔可能恰好是因为他在工作上的改进,或者某种与创新动力相关的原因,
所以事实上创新不一定能提高被提拔的可能性。但是,我们仍可以注意到两者有着较强的相关
性。创新意愿能得到提升,是因为提拔有助于招聘到更优秀的人才,或者说是一种招贤纳士的激
励手段。

作独立性的因素。首先就工作人员的岗位高低而言,领导工作的独立性远远高于普通员工的独立性,这个结果同 CAF 调查数据中得到的结论一致(图5—6)。但如果将公共部门的领导与私营部门的领导进行比较,可以看到前者工作时的独立性低于后者。其次,如果将公共部门和私营部门的普通员工进行比较,会发现两者工作时独立性没有明显差异。但是如果考虑研究对象所在地区(如图5—7),就可以看到公共部门普通员工的独立性低于私营部门。最后,同世界其他国家及 OECD 国家相比较,拉美国家的公务员具有更高水平的工作独立性(虽然同 OECD 国家比较的结果在统计数据上的差异并不明显)。但是,OCED 国家公共部门的领导在决策时的独立性明显高于拉美国家(图5—7)。

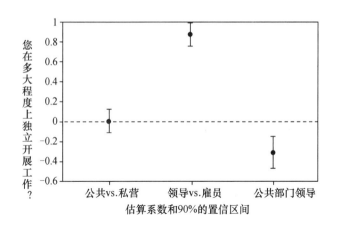

图5—6 开展工作时的独立性。所有国家[a/][b/]

a/:此图展示了通过普通最小二乘法估算的系数和90%的置信区间。作为因变量的问题是:您在多大程度上独立开展工作?回答分值从 1(完全不独立)到 10(完成独立)。

b/:这些分值代表了不同组之间该变量数值的差异,垂直线表示估算差异的置信区间。在回归法中,它取决于城市和受教育水平变量。

资料来源:作者根据世界价值观调查第六轮问卷(2010—2014)自制。

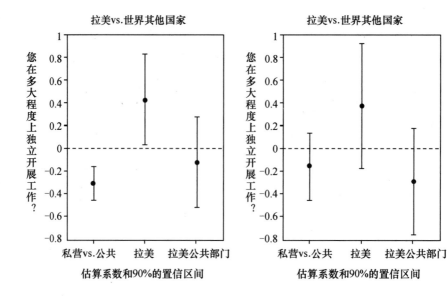

图 5—7　开展工作时的独立性：拉美 VS. 世界其他国家和 OCED 国家[a/b/]

a/：此图展示了通过普通最小二乘法估算的系数和 90% 的置信区间。作为因变量的问题是：您在多大程度上独立开展工作？回答分值从 1（完全不独立）到 10（完成独立）。

b/：这些分值代表了不同组之间该变量数值的差异，垂直线表示估算差异的置信区间。在回归法中，它取决于城市和受教育水平变量。

资料来源：作者根据世界价值观调查第六轮问卷（2010—2014）自制。

五　向学习和行动的公共制度性迈进

　　尽管几乎所有拉美国家在价格的稳定、财政纪律的确立或者初级教育的普及等方面都已取得显著的进步，但未来仍然面临着巨大的挑战。拉美国家在提供公共服务方面依然存在问题，比如公共安全、健康及教育质量，此外公共政策上的回应在不同的国家、政府以及部门之间也存在着差异。除了预算短缺的问题，影响拉美国家以包容全体民众的态度提高社会总体福利最大障碍之一是，对"如何最好的利用公共资源"认识不足。

　　拉美国家每一个领域的公共政策经验，都可以转化为以更有效方式实现政策目标的学习过程，为此我们需要投入资源用于收集、整理及分析这些经验。政府官员通常会在已有的信息、习惯及预判的基础上进行决策，但科学依据应该会在决策过程中扮演越来越重要的角色。公共管理的节奏不会给战略停顿和反思留下太多余地，但却可以开辟更大的空间为越来越多的计划提供深入学习的机会，学到的知识不仅可以被执行计划的公共机构加以利用，也可以推广到其他机构。

本章的讨论主要围绕两个主题展开：一方面是政策制定者接受对其计划进行评估的可能性；另一方面是为改善公共服务质量学习自己或他人经验的可能性。开展评估活动是要付出代价和承担风险的，这不利于评估作为一种管理工具被加以利用，因此评估活动开展得并不活跃。这种情况导致的结果是信息的产出量不多，决策也很少以可靠和适宜的信息为基础。但是，更多更好的信息并不总能转化为良好的决策。因为受制于制度和环境因素，以及不同利益者的干扰，政策调整的过程十分复杂，这意味着只有很少的创新举措源自从相关经验中学到的知识。

综上所述，是否存在一个对于发展中国家而言十分理想的公共政策学习体系呢？是否存在一个既有助于拉美公共部门学习自身经验，又有助于巩固公众问责机制的体系呢？一个值得参考的选择是，在每个国家的公共部门内都设立咨询机构。每个组织、每个政府或其他公共机构，都可以向这个咨询机构就政策评估寻求帮助。咨询机构在最先进的科学技术的支持下，不仅可以调动财政资源，也可以调动学术资源，去解答政策制定者的每一个具体问题。鉴于此，被评估者和评估者就站在了同一条战线上，共同致力于公共服务质量的提高。这是与只聚焦于问责制和监控的评估活动之间的最大区别。

尽管国家参与的环境和现实不尽相同，但从政策经验中学到的知识却是海量的，这些知识有助于开辟迈向普享型和公平性福利的捷径。

参考文献

[1] Altman, D. y Luna, J. P. (2012). Introducción: El Estado latinoamericano en su laberinto. *Revista de ciencia política (Santiago)*, *32* (3), 521 – 543.

[2] Alzúa, M., Djebbari, H. y Valdivia, M. (2012). *Impact Evaluation for Policy Making: A Close Look at Latin American Countries with Weaker Research Capacities.* (Documento de trabajo CEDLAS N° 132). La Plata: Centro de Estudios Distributivos, Laborales y Sociales.

[3] Andersen, T. B., Bentzen, J., Dalgaard, C. J. y Selaya, P. (2011). Does the Internet Reduce Corruption? Evidence from US States and across Countries. *The World Bank Economic Review*, 25 (3), 387 – 417.

[4] Andrabi, T., Das, J. y Khwaja, A. I. (2014). *Report cards: The impact of providing school and child test scores on educational markets.* Manuscrito no publicado.

[5] Andrews, M. (2010). Good Government Means Different Things in Different Countries. *Governance*, *23* (1), 7 – 35.

[6] Arcidiácono, M., Carella, L., Gasparini, L., Gluzmann, P. y Puig, J. (2014). *El empleo público en América Latina. Evidencia de las encuestas de hogares.* (Documento de trabajo N° 2014/01). Caracas: CAF.

[7] Argentinacompra, *Oficina Nacional de Contrataciones. Secretaría de Coordinación Administrativa y Evaluación Presupuestaria, Argentina.* (2015). Información disponible en: https://www.argentinacompra.gov.ar

[8] Ashraf, N., Bandiera, O. y Jack, B. K. (2014b). No margin, no

mission? A field experiment on incentives for public service delivery. *Journal of Public Economics*, *120*, 1 – 17.

[9] Ashraf, N. , Bandiera, O. y Lee, S. S. (2014a). *Do – gooders and go – getters: career incentives, selection, and performance in public service delivery* (No. 054). Suntory and Toyota International Centres for Economics and Related Disciplines, LSE.

[10] Attanasio, O. y Pellerano, L. (2012). *Impactos de largo plazo del programa familias en acción en municipios de menos de 100 mil habitantes en los aspectos claves del desarrollo del capital humano.* Informe Final U. T. Econometría – SEI.

[11] Banco Mundial (1992). *Governance and Development.* Washington D. C. : Banco Mundial.

[12] Banco Mundial. (2004). *Making Services Work for Poor People.* Washington D. C. : Banco Mundial.

[13] Banco Mundial. (2015). Datos descargados el 15 Abril de 2015 desde la base de datos en línea *World Development Indicators (WDI).* Disponible en: http://databank. worldbank. org/data/views/ variableSelection/selectvariables. aspx? source = world – development – indicators

[14] Bandiera, O. , Prat, A. y Valletti, T. (2009). Active and Passive Waste in Government Spending: Evidence from a Policy Experiment. *American Economic Review*, 99 (4), 1278 – 1308.

[15] Banerjee, A. V. , Banerji, R. , Duflo, E. , Glennerster, R. y Khemani, S. (2010). Pitfalls of Participatory Programs: Evidence from a randomized evaluation in education in India. *American Economic Journal: Economic Policy*, *1* (2) 1 – 30.

[16] Banerjee, A. , Hanna, R. , Kyle, J. C. , Olken, B. A. y Sumarto, S. (2015). *The Power of Transparency: Information, Identification Cards and Food Subsidy Programs in Indonesia.* (NBER Working Paper N° 20923). Cambridge: National Bureau of Economic Research.

[17] Bardhan, P. (2002). Decentralization of governance and development. *Journal of Economic perspectives*, 185 – 205.

[18] Barlevy, G. y Neal, D. (2012). Pay for Percentile. *American Economic Review*, *102* (*5*),1805.

[19] Bénabou, R. y Tirole, J. (2006). Incentives and Prosocial Behavior. *American Economic Review*, 96 (5), 1652 – 1678.

[20] Bernheim, B. D. y Whinston, M. D. (1986). Common agency. *Econometrica: Journal of the Econometric Society*, 923 – 942.

[21] Berniell, L. y De la Mata, D. (2015). *The effects of job opportunities for the youth: Experimental evidence from a large scale employment program.* Documento de Trabajo.

[22] Bersch, K., Praça, S., y Taylor, M. M. (2013b). *State Capacity and Political Autonomy Dataset, versión 1Oct13.* Disponible en https: // sites. google. com/site/thestatecapacityproject/data

[23] Bersch, K., Praça, S. y Taylor, M. M. (2013a). *State Capacity and Bureaucratic Autonomy Within National States: Mapping the Archipelago of Excellence in Brazil.* Para Latin American Studies Association Conference, Washington D. C.

[24] Bertelsmann Transformation Index. Gütersloh: Bertelsmann *Foundation.* (2014). Información disponible en: http: //www. bti – project. org/index/methodology/

[25] Besley, T. (2005). Political Selection. *Journal of Economic Perspectives*, *19* (*3*),43 – 60.

[26] Besley, T. y Ghatak, M. (2005). Competition and Incentives with Motivated Agents. *American Economic Review*, *95* (*3*),616 – 636.

[27] Besley, T. y Persson, T. (2009). The origins of state capacity: Property rights, taxation and policy. *The American Economic Review*, *99* (*4*), 1218 – 1244.

[28] Besley, T. y Persson, T. (2011). Fragile states and development policy. *Journal of the European Economic Association*, *9* (*3*), 371 – 398.

[29] Björkman, M. y Svensson, J. (2009). Power to the People: Evidence from a Randomized Field Experiment on Community – Based Monitoring in Uganda. *The Quarterly Journal of Economics*, *124* (*2*),735 – 769.

[30] Björkman, M. , De Walque, D. y Svensson, J. (2014). *Information is Power: Experimental Evidence on the Long - Run Impact of Community Based Monitoring.* (Policy Research Working Paper N° WPS 7015). Washington DC: Banco Mundial.

[31] Blinder, A. S. (1973). Wage discrimination: reduced form and structural estimates. *Journal of Human resources*, 436 - 455.

[32] Bloom, N. , Lemos, R. , Sadun, R. y Van Reenen, J. (2015). Does management matter in schools? The Economic Journal, 125 (584), 647 - 674.

[33] Bogotá Cómo Vamos. (2015). http: //www. bogotacomovamos. org/

[34] Bonnefoy, J. y Armijo, M. (2005). Indicadores de desempeño del sector público. Instituto Latinoamericano y del Caribe de Planificación Económica y Social (ILPES). *CEPAL. Chile.*

[35] Botero, J. , Ponce, A. y Shleifer, A. (2013). Education, Complaints, and Accountability. *Journal of Law and Economics, 56 (4)*, 959 - 996.

[36] Bratton, M. (2013). Governance: Disaggregating Concept and Measurement. *APSA - Comparative Politics Newsletter, 23* (1), 12 - 13.

[37] Brenlla, M. E. (2007). ApéndiceII: Definiciones operacionales y criterios de medición de indicadores compuestos en Departamento de Investigación Institucional (Ed.) *Progresos sociales 2004 - 2006.* Buenos Aires: EDUCA.

[38] Brewer, G. A. y Selden, S. C. (1998). Whistle Blowers in the Federal Civil Service: New Evidence of the Public Service Ethic. *Journal of Public Administration Research and Theory, 8 (3)* ,413 - 440.

[39] Briceño, B. , Cuesta, L. y Attanasio, O. (2011). Behind the scenes: experience managing and conducting large impact evaluations in Colombia. *Journal of Development Effectiveness, 3* (4), 470 - 501.

[40] Bruns, B. , Filmer, D. y Patrinos, H. A. (2011). *Making schools work: New evidence on accountability reforms.* World Bank Publications.

[41] Bryson, A. , Forth, J. y Stokes, L. (2014). *The Performance Pay*

Premium: *How Big Is It and Does It Affect Wage Dispersion?* (Discussion Paper N° 8360). Bonn: Institute for the Study of Labor (IZA).

[42] Burgess, S. , Propper, C. , Ratto, M. , Von Hinke Kessler Scholder, S. y Tominey, E. (2010). Smarter Task Assignment or Greater Effort: The Impact of Incentives on Team Performance. *Economic Journal*, 120 (547), 968 – 989.

[43] CAF. (2014). *Reporte de Economía y Desarrollo 2014: Por una América Latina más segura.* Caracas: CAF.

[44] Camargo, B. , Camelo, R. D. S. , Firpo, S. y Ponczek, V. P. (2014). *Information, Market Incentives, and Student Performance.* (IZA Discussion Papers N° 7941). Bonn: Institute for the Study of Labor (IZA).

[45] Cameron, L. , Moses, K. D. y Gillies, J. (2006). School Report Cards: Some Recent Experiences. Working Paper. *EQUIP2.*

[46] Cárdenas, M. (2010). State Capacity in Latin America. *Economía*, 10 (2), 1 –45.

[47] Castilla, M. (2015) *Lo que se busca en la contratación pública.* Manuscrito no publicado.

[48] Centers for Disease Control and Prevention (CDC). (2011). Improving the food environment through nutrition standards: a guide for government procurement. US Department of Health and Human Services, Centers for Disease Control and Prevention. *National Center for Chronic Disease Prevention and Health Promotion, Division for Heart Disease and Stroke Prevention.*

[49] Chaudhury, N. , Hammer, J. , Kremer, M. ; Muralidharan, K. y Rogers, F. H. (2006). Missing in Action: Teacher and Health Worker Absence in Developing Countries. *Journal of Economic Perspectives*, 20 (*1*),91 – 6.

[50] Childs, S. J. , Maull, R. S. y Bennett, J. (1994). Frameworks for Understanding Business Process Re – engineering. *International Journal of Operations & Productions Management*, 14 (12).

[51] Chilecompra, Chile. (2015). Información disponible en: http://www. analiza. cl/web/Modulos/Cubos/ CubosOlap. aspx

[52] Christofides, L. N. y Michael, M. (2013). Exploring the public – private sector wage gap in European countries. *IZA Journal of European Labor Studies*, 2, 1 – 53.

[53] CIPPEC. (2014). *Escenarios y Perspectivas de Gobierno Electrónico en América Latina y el Caribe.* Manuscrito no publicado.

[54] Clark, A. y Postel – Vinay, F. (2009). Job security and job protection. *Oxford Economic Papers*, 61 (2), 207 – 239.

[55] Coe, C. K. (1989). *Public Financial Management.* Englewood Cliffs, New Jersey: Prentice Hall.

[56] Collier, P. (2009). The political economy of state failure. *Oxford Review of Economic Policy*, 25 (2), 219 – 240.

[57] Compranet. Secretaría de la Función Pública, México. Información disponible en: https://compranet. funcionpublica. gob. mx

[58] Consejo Nacional de Evaluación de la Política de Desarrollo Social (CO-NEVAL). (2013). *Manual para el Diseño y la Construcción de Indicadores. Instrumentos principales para el monitoreo de programas sociales de México.* México, DF: CONEVAL.

[59] ConsejoNacional de Evaluación de la Política de Desarrollo Social (CO-NEVAL). (2014). *Metodología para la aprobación de indicadores de los programas sociales.* México, DF: CONEVAL.

[60] Consejo Nacional de Evaluación de la Política de Desarrollo Social (CO-NEVAL), México. *Indicadores de programas sociales.* (2015). Información disponible en: http://www. coneval. gob. mx/evaluacion/ Paginas/ Evaluacion. aspx

[61] Country Policy and Institutional Assessment. *Washington D. C: Banco Mundial.* (2014). Información disponible en: http://data. worldbank. org/data – catalog/CPIA

[62] Coursey, D. H. y Pandey, S. K. (2007). Public Service Motivation Measurement Testing an Abridged Version of Perry's Proposed

Scale. *Administration & Society*, *39* (*5*),547 – 568.

[63] Dal Bó, E. y Rossi, M. (2011). Term Length and the effort of politicians. *Review of Economics Studies*, *78* (*4*), 1237 – 1263.

[64] Dal Bó, E., Finan, F. y Rossi, M. A. (2013). Strengthening State Capabilities: The Role of Financial Incentives in the Call to Public Service. *The Quarterly Journal of Economics*, *128* (*3*),1169 – 1218.

[65] De Wulf, L. (2004). *Salary Bonuses in Revenue Departments: Do They Work?* Washington DC: Banco Mundial.

[66] Delfgaauw, J. y Dur, R. (2010) . Managerial talent, motivation, and self – selection into public management. *Journal of Public Economics*, *94* (*9 – 10*), 654 – 660.

[67] Dewatripont, M., Jewitt, I. y Tirole, J. (1999). The Economics of Career Concerns, Part II: Application to Missions and Accountability of Government Agencies. *Review of Economics Studies*, *66* (*1*), 199 – 217.

[68] Di Tella, R. y Franceschelli, I. (2011). Government Advertising and Media Coverage of Corruption Scandals. *American Economic Journal: Applied Economics*, *3* (*4*), 119 – 51.

[69] Di Tella, R. y Schargrodsky, E. (2003). The role of wages and auditing during a crackdown on corruption in the city of Buenos Aires. *Journal of law and economics*, *46* (*1*),269 – 292.

[70] Di Tella, R. y Schargrodsky, E. (2004). Do police reduce crime? Estimates using the allocation of police forces after a terrorist attack. *The American Economic Review*, 94 (*1*),115 – 133.

[71] Dirección de Presupuestos (DIPRES), Gobierno de Chile. *Indicadores de Desempeño.* (2015). Disponible en: http://www.dipres.gob.cl/595/w3 – propertyvalue – 15151. html

[72] Dixit, A. (2002). Incentives and Organizations in the Public Sector: An Interpretative Review. *Journal of Human Resources*, *37* (*4*),696 – 727.

[73] Doran, T., Fullwood, C., Gravelle, H., Reeves, D., Kontop-

antelis, E. , Hiroeh, U. y Roland, M. (2006). Pay – for – perform-ance programs in family practices in the United Kingdom. *New England Journal of Medicine*, *355* (*4*),375 – 384.

[74] Dranove, D. , Kessler, D. , McClellan, M. y Satterthwaite, M. (2003). Is More Information Better? The Effects of 'Report Cards' on Health Care Providers. *Journal of Political Economy*, (3), 555 – 588.

[75] Duflo, E. y Hanna, R. (2005). *Monitoring Works: Getting Teachers to Come to School.* (NBER Working Papers N° 11880). Cambridge: National Bureau of Economic Research.

[76] Duflo, E. , Hanna, R. y Ryan, S. P. (2012). Incentives Work: Getting Teachers to Come to School, *American Economic Review 102* (*4*),1241 – 78.

[77] Dur, R. y Zoutenbier, R. (2015). Working for a Good Cause. *Journal of Labor Economics*, *33* (2), 269 – 296.

[78] Eberts, R. , Hollenbeck, K. y Stone, J. (2002). Teacher Perform-ance Incentives and Student Outcomes, *Journal of Human Resources*, *37* (*4*),913 – 927.

[79] Edler, J. y Georghiou, L. (2007). Public procurement and innova-tion: Resurrecting the demand side. *Research policy*, *36* (7), 949 – 963.

[80] Eichler, R. y Levine, R. (2009). *Performance incentives for global health: potential and pitfalls.* Center for Global Development Books.

[81] Encuesta CAF 2008. *Encuesta sobre acceso, calidad y satisfacción con los servicios públicos en América Latina.* www. caf. com/es/areas – de – accion/politicas – publicas/investigacion – y – estudioseconomicos/en-cuesta – caf

[82] Encuesta CAF 2009. *Encuesta sobre acceso, calidad y satisfacción con los servicios públicos en América Latina.* www. caf. com/es/areas – de – accion/politicas – publicas/investigacion – y – estudioseconomicos/en-cuesta – caf

[83] Encuesta CAF 2014. *Encuesta sobre acceso, calidad y satisfacción con los*

servicios públicos en América Latina. www. caf. com/es/areas － de － accion/politicas － publicas/investigacion － y － estudioseconomicos/encuesta － caf

[84] Encuesta de Cultura Política (ECP) 2011. Departamento Administrativo Nacional de Estadística (DANE) de Colombia. Disponible en: http: // www. dane. gov. co/index. php/educacion － cultura － y － gobierno/encuestade － cultura － politica

[85] Encuesta Nacional sobre Cultura Política y Prácticas Ciudadanas (ENCUP) 2012. Disponible en: http: // www. encup. gob. mx/

[86] Enikolopov, R. , Petrova, M. y Sonin, K. (2015). *Social Media and Corruption.* Working Paper.

[87] Enterprise Surveys (http: //www. enterprisesurveys. org). Banço Mundial.

[88] Equilar Inc. (2013). CEO Pay Strategies Compensation at S&P 500 Companies. *Annual Report.* California.

[89] Equilar Inc. (2014). CEO Pay Strategies Compensation at S&P 500 Companies. *Annual Report.* California.

[90] Etzioni, A. (1987). Entrepreneurship, Adaptation and Legitimation: A Macro － behavioral Perspective. *Journal of Economic Behavior and Organization, 8 (2), 175 － 189.*

[91] Evans, P. B. (1995). *Embedded autonomy: states and industrial transformation* (25). Princeton, NJ: Princeton University Press.

[92] Evans, P. y Rauch, J. E. (1999). Bureaucracy and Growth: A Cross － National Analysis of the Effects of "Weberian" State Structures on Economic Growth. *American Sociological Association, 64 (5),748 － 765.*

[93] Falaris, E. M. (2004). Private and public sector wages in Bulgaria. *Journal of Comparative Economics, 32 (1),56 － 72.*

[94] Fergusson, L. y Riaño, J. F. (2014). La política colombiana a la luz de la ELCA: entre el desinterés y el clientelismo. En X. Cadena (comp.), *Colombia en movimiento 2010 － 2013 Los cambios en la vida de los hogares a través de la Encuesta Longitudinal Colombiana de la Uni-*

versidad de los Andes ELCA (pp. 121148). Bogotá: Universidad de los Andes, Facultad de Economía, CEDE, Ediciones Uniandes.

[95] Fergusson, L. , Larreguy, H. y Riaño, J. F. (2015). *Political Constraints and State Capacity: Evidence from a Land Allocation Program in Mexico.* (Documento de trabajo N° 2015/02). Caracas: CAF.

[96] Fernandez, S. y Pitts, D. W. (2011). Understanding Employee Motivation to Innovate: Evidence from Front Line Employees in United States Federal Agencies. *The Australian Journal of Public Administration*, *70* (*2*), 202 – 222.

[97] Ferraz, C. y Finan, F. (2008). Exposing Corrupt Politicians: The Effects of Brazil's Publicly Released Audits on Electoral Outcomes. *The Quarterly Journal of Economics*, *123* (*2*),703 – 745.

[98] Ferraz, C. y Finan, F. (2009) . Motivating Politicians: The Impacts of Monetary Incentives on Quality and Performance. (NBER Working Papers N° 14906) . Cambridge: National Bureau of Economic Research, Inc.

[99] Ferraz, C. , Finan, F. y Moreira, D. B. (2012). Corrupting learning: Evidence from missing federal education funds in Brazil. *Journal of Public Economics*, *96* (*9*), 712 – 726.

[100] Figlio, D. N. y Lucas, M. E. (2004). Do high grading standards affect student performance? *Journal of Public Economics*, *88* (*9*), 1815 – 1834.

[101] Figlio, D. y Loeb, S. (2011). School Accountability. Handbook *of the Economics of Education*, *3*, 383 – 421.

[102] Fox, R. D. y Bennett, N. L. (1998). Learning and change: implications for continuing medical education. BMJ: *British Medical Journal*, *316* (*7129*), 466 – 468.

[103] Francois, P. (2000). Public service motivation' as an argument for government provision. *Journal of Public Economics*, *78* (*3*), 275 – 299.

[104] Friesen, J. , Javdani, M. , Smith, J. y Woodcock, S. (2012).

How do school 'report cards' affect school choice decisions? *Canadian Journal of Economics/Revue Canadienne D' économique*, *45* (2), 784 – 807.

[105] Fryer, R. G. (2011). *Teacher Incentives and Student Achievement: Evidence from New York City Public Schools.* (NBER Working Papers N° 16850). Cambridge: National Bureau of Economic Research.

[106] Fukuyama, F. (2010). Transitions to the Rule of Law. *Journal of Democracy*, *21* (1), 33 – 44.

[107] Fukuyama, F. (2013). What is governance? *Governance*, *26* (*3*), 347 – 368.

[108] Fung, C. H., Lim, Y. W., Mattke, S., Damberg, C. y Shekelle, P. G. (2008). Systematic review: the evidence that publishing patient care performance data improves quality of care. *Annals of Internal Medicine*, *148* (*2*), 111 – 123.

[109] Funk, P. y Gathmann, C. (2015). Gender gaps in policy making: evidence from direct democracy in Switzerland. *Economic Policy*, *30* (81), 141 – 181.

[110] García López, R. y García Moreno, M. (2010). *La Gestión para Resultados en el Desarrollo: Avances y Desafíos en América Latina y el Caribe.* Washington D. C.: Banco Interamericano de Desarrollo.

[111] Gavagan, T. F., Du, H., Saver, B. G., Adams, G. J., Graham, D. M., McCray, R. y Goodrick, G. K. (2010). Effect of financial incentives on improvement in medical quality indicators for primary care. *The Journal of the American Board of Family Medicine*, *23* (*5*), 622 – 631.

[112] Gavazza, A. y Lizzeri, A. (2007). The Perils of Transparency in Bureaucracies. *American Economic Review*, *97* (*2*), 300 – 305.

[113] Geddes, B. (1994). *Politician's dilemma: building state capacity in Latin America* (25). University of California Press.

[114] Gerardino, M. P., Litschig, S. y Pomeranz, D. (2015). *Monitoring Public Procurement. Evidence from a Regression Discontinuity Design*

in Chile. Manuscrito no publicado.

[115] Giordano, R., Depalo, D., Pereira, M. C., Eugène, B., Papapetrou, E., Pérez García, J. J. Reiss, L. y Roter, M. (2011). *The public sector pay gap in a selection of Euro area countries*. (ECB Working Paper N°1406). Frankfurt am Main: European Central Bank.

[116] Glassman, A., Becker, L. y Bun, C. (2008). *Monitoring the quality of public spending in the social sectors in developing countries: Lessons from public expenditure tracking surveys and other sources*. Transparency and Accountability Project (TAP) – Brookings Institution. Manuscrito no publicado.

[117] Gneezy, U. y Rustichini, A. (2000a). Pay Enough Or Don't Pay At All. *The Quarterly Journal of Economics*, *115* (*3*),791 – 810.

[118] Gneezy, U. y Rustichini, A. (2000b). A Fine is a Price. *The Journal of Legal Studies*, *29* (*1*),1 – 17.

[119] Grant, A. M. (2008). Does intrinsic motivation fuel the prosocial fire? Motivational synergy in predicting persistence, performance, and productivity. *Journal of applied psychology*, *93* (*1*),48.

[120] Gregory, R. G. y Borland, J. (1999). Recent developments in public sector labor markets. *Handbook of labor economics*, *3*, 3573 – 3630.

[121] Gwartney J., Lawson R. y Hall J. (2014). *Economic Freedom of the World: 2014 Annual Report*. Fraser Institute. Disponible en: http://www.fraserinstitute.org/ y http://www.freetheworld.com/

[122] Hasnain, Z., Manning, N. y Henryk, P. (2012). Performance – related pay in the public sector: a review of theory and evidence. (Policy Research Working Paper Series N° 6043). Washington D. C.: Banco Mundial.

[123] Hastings, J. S. y Weinstein, J. M. (2008). Information, School Choice, and Academic Achievement: Evidence from Two Experiments. *The Quarterly Journal of Economics*, *123* (*4*), 1373 – 1414.

[124] Hatrick, A., Berniell, L., De la Mata, D. y Jorrat, D. (2015). *Transparencia e incentivos: evidencia experimental para América Lati-*

na. Manuscrito no publicado.

[125] Head, B. , Ferguson, M. , Cherney, A. y Boreham, P. (2014). Are policy – makers interested in social research? Exploring the sources and uses of valued information among public servants in Australia. *Policy and Society*, *33* (*2*), 89 – 101.

[126] Holmstrom, B. y Milgrom, P. (1991). Multitask principal – agent analyses: Incentive contracts, asset ownership, and job design. *Journal of Law, Economics, & Organization*, 24 – 52.

[127] Honig, M. I. y Coburn, C. (2008). Evidence – Based Decision Making in School District Central Offices: Toward a Policy and Research Agenda. *Educational Policy*, *22* (*4*), 578 – 608.

[128] Iacoviello, M. y Chudnovsky M. (2015). *La importancia del servicio civil para el desarrollo de capacidades estatales: un análisis de trayectorias de reforma en América Latina*. (Documento de trabajo N° 2015/03). Caracas: CAF.

[129] Ibarra Estrada, S. (2002). Success/Failure Case Study No 14: eProcurement by Mexico's Federal Government. EGovernment for Development Information Exchange Project. Londres: Universidad de Manchester. Disponible en: http://www. egov4dev. org/success/case/mexeproc. shtml

[130] Imbens, G. y Angrist, J. (1994) . Identification and Estimation of Local Average Treatment Effects. *Econometrica*, 62 (2), 467 – 75.

[131] International Country Risk Guide (ICRG) . *Nueva York: The PRS Group, Inc.* (2014). Información disponible en http://www. prsgroup. com/about – us/our – two – methodologies/icrg

[132] International Institute for Democracy and Electoral Assistance (varios años) . *Voter Turnout International IDEA*. Disponible en: http://www. idea. int/vt/

[133] Jacob, B. A. y Levitt, S. D. (2003) . Rotten Apples: An Investigation Of The Prevalence And Predictors Of Teacher Cheating. *The Quarterly Journal of Economics*, MIT Press, 8 (3),843 – 877.

[134] Jap, S. D. (2007). The impact of online reverse auction design on buyer – supplier relationships. *Journal of Marketing*, *71* (1), 146 – 159.

[135] Jordan, L., Turban, S. y Wilse – Samson, L. (2013). *Learning Within the State: a research agenda.* Conferencia: "*Making Growth Happen: Implementing Policies for Competitive Industries*" Octubre 16 – 17, 2013. Washington D. C. : Banco Mundial, 1 – 26.

[136] Jorrat, D., Berniell, L., De la Mata, D. y Hatrick A. (2015). *Participación ciudadana, educación y conductas pro sociales: evidencia para América Latina.* Manuscrito no publicado.

[137] Jovanovic, B. y Lokshin, M. M. (2004). Wage Differentials between the State and Private Sectors in Moscow. *Review of Income and Wealth*, *50* (*1*),107 – 123.

[138] Katz, L. F. y Krueger, A. B. (1991). *Changes in the Structure of Wages in the Public and Private Sectors.* (NBER Working Paper N° 3667). Cambridge: National Bureau of Economic Research.

[139] Kaufmann, D., Kraay, A. y Mastruzzi, M. (2004). Governance matters III: Governance indicators for 1996, 1998, 2000, and 2002. *The World Bank Economic Review*, *18* (2), 253 – 287.

[140] Kaufmann, D., Kraay, A. y Mastruzzi, M. (2009). Governance matters VIII: aggregate and individual governance indicators, 1996 – 2008. (*World Bank Policy Research Working Paper* N° 4978). Washington D. C. : Banco Mundial.

[141] Kouides, R. W., Bennett, N. M., Lewis, B., Cappuccio, J. D., Barker, W. H. y LaForce, F. M. (1998). Performance – based physician reimbursement and influenza immunization rates in the elderly. *American Journal of Preventive Medicine*, *14* (2),89 – 95.

[142] Kremer, M. y Chen, D. (2001). An interim report on a teacher attendance incentive program in Kenya. *Development Economics Department, Harvard University Cambridge, MA.*

[143] Laffont, J. y Martimort, D. (2002). The Theory of Incentives: The

Principal – Agent Model. *Princeton University Press.*

[144] Laffont, J. y Tirole, J. (1993). *A Theory of Incentives in Procurement and Regulation.* MIT Press.

[145] Latinobarómetro 2005. Banco de datos. http://www.latinobarometro.org/

[146] Latinobarómetro 2006. Banco de datos. http://www.latinobarometro.org/

[147] Latinobarómetro 2007. Banco de datos. http://www.latinobarometro.org/

[148] Latinobarómetro 2008. Banco de datos. http://www.latinobarometro.org/

[149] Latinobarómetro 2009. Banco de datos. http://www.latinobarometro.org/

[150] Latinobarómetro 2010. Banco de datos. http://www.latinobarometro.org/

[151] Latinobarómetro 2011. Banco de datos. http://www.latinobarometro.org/

[152] Latinobarómetro 2012. Banco de datos. http://www.latinobarometro.org/

[153] Lazear, E. P. (2000). Performance Pay and Productivity, *American Economic Review*, *90* (*5*), 1346 – 1361. Lember, V., Kalvet, T. y Kattel, R. (2011). Urban competitiveness and public procurement for innovation.

[154] *Urban studies*, *48* (*7*), 1373 – 1395. Lewis – Faupel, S., Neggers, Y., Olken, B. A. y Pande, R. (2014). *Can Electronic Procurement Improve*

[155] *Infrastructure Provision? Evidence from Public Works in India and*Indonesia. (NBER Working Paper N° 20344). Cambridge: National Bureau of Economic Research. Li, J., Hurley, J., DeCicca, P. y Buckley, G. (2014). Physician Response To Pay – For – Performance: Evidence

[156] From A Natural Experiment. *Health economics*, *23* (*8*), 962 – 978.

[157] Lieberman, E. S., Posner, D. N. y Tsai, L. L. (2014). Does Information Lead to More Active Citizenship? Evidence from an Education Intervention in Rural Kenya. *World Development*, *60*, 69 – 83.

[158] Lim Choi, D. (2004). Public Service Motivation and Ethical Conduct. *International Review of Public Administration*, *8* (*2*), 99 – 106.

[159] Lineberry, R. L. (1977). *American Public Policy: What Government Does and What Difference It Make.* Nueva York: Harper & Row, Pub-

lishers.

［160］ Longo, F. (2001) . *La reforma del servicio civil en las democracias avanzadas: Méritos con flexibilidad.* Manuscrito no publicado. Washington D. C. : Banco Interamericano de Desarrollo.

［161］ Lucifora, C. y Meurs, D. (2006) . The Public Sector Pay Gap In France, Great Britain And Italy. *Review ofIncome and Wealth*, *52* (*1*) ,43 – 59.

［162］ Luechinger, S. , Stutzer, A. y Winkelmann, R. (2007) . *The Happiness Gains from Sorting and Matching in the Labor Market* (N° 45). DIW Berlin, The German Socio – Economic Panel (SOEP) .

［163］ Macchiavello, R. (2008) . Public sector motivation and development failures. *Journal of DevelopmentEconomics*, *86* (*1*) ,201 – 213.

［164］ Manoochehri, G. y Lindsy, C. (2008) . Reverse auctions: Benefits, challenges, and best practices. *California Journal of Operations Management*, *6* (1), 123 – 130.

［165］ Maris, L. y Ortega, D. (2015) . Policy Learning and the quality of public policy. Manuscrito no publicado.

［166］ McMillan, J. y Zoido, P. (2004) . How to Subvert Democracy: Montesinos in Peru. *Journal of Economic Perspectives*, *18* (*4*) ,69 – 92.

［167］ Meessen, B. , Musango, L. , Kashala, J. – P. I. y Lemlin, J. (2006), Reviewing institutions of rural health centres: the Performance Initiative in Butare, Rwanda. *Tropical Medicine & International Health*, (*8*) ,1303 – 1317.

［168］ Meier, A. (2012) . *EDemocracy y EGovernment: Stages of a Democratic Knowledge Society.* Springer Science & Business Media.

［169］ Miller, G. J. (2005) . The political evolution of principal – agent models. *Annu. Rev. Polit. Sci.* , *8*, 203 – 225.

［170］ Miller, G. y Babiarz, K. S. (2013) . *Pay – for – Performance Incentives in Low – and Middle – Income Country Health Programs.* (NBER Working Papers N° 18932) . Cambridge: National Bureau of Economic Research.

[171] Ministerio de Economía y Finanzas, República del Perú. *RESULTA*, *Indicadores de Desempeño de los Programas Presupuestales.* (2015). Disponible en: http: //apps5. mineco. gob. pe/resulta/consulta. aspx #

[172] Mizala, A. y Urquiola, M. (2013). School markets: The impact of information approximating schools' effectiveness. *Journal of Development Economics, 103*, 313 – 335.

[173] Mizala, A. , Romaguera, P. y Urquiola, M. (2007). Socioeconomic status or noise? Tradeoffs in the generation of school quality information. *Journal of Development Economics, 84 (1)*, 61 – 75.

[174] Molina, E. (2014). *Can Bottom – Up Institutional Reform Improve Service Delivery?* (IDB Working Paper N° 513). Washington D. C. : Banco Interamericano de Desarrollo.

[175] Molina, E. , Carella, L. , Pacheco, A. , Gasparini, L. y Cruces, G. (2013). Community Monitoring to Curb Corruption and Increase Efficiency in Service Delivery: Evidence from Low Income Communities. *Campbell Library.*

[176] Muralidharan, K. y Sundararaman, V. (2011). Teacher Performance Pay: Experimental Evidence from India. *Journal of Political Economy, 9 (1)*, 39 – 77.

[177] Murillo, M. J. (2015). Evaluating the role of online data availability: The case of economic and institutional transparency in sixteen Latin American nations. *International Political Science Review, 36 (1)*, 42 – 59.

[178] Navarro, L. y Selman, G. (2014). Brechas salariales entre el sector público y privado en Chile: evidencia a partir de datos longitudinales. *Revista CEPAL, 112*, 93 – 0.

[179] Neal, D. (2011). *The design of performance pay in education.* (NBER Working Papers N° 16710). Cambridge: National Bureau of Economic Research.

[180] Oaxaca, R. (1973). Male – Female Wage Differentials in Urban Labor Markets. *International Economic Review*, *14* (*3*),693 – 709.

[181] OIT (1991). *El dilema del sector no estructurado*. Memoria del Director General, CIT, 1991, Ginebra.

[182] Olken, B. A. (2007). Monitoring Corruption: Evidence from a Field Experiment in Indonesia. *Journal of Political Economy*, *5*, 200 – 249.

[183] Olken, B. A. y Pande, R. (2012). Corruption in Developing Countries. *Annual Review of Economics*, *4* (*1*),479 – 509.

[184] Page, H. R. (1980). *Public purchasing and materials management*. Lexington Books.

[185] Pandey, P., Goyal, S. y Sundararaman, V. (2009) Community participation in public schools: impact of information campaigns in three Indian states. *Education Economics*, *17* (*3*), 355 – 375.

[186] Panizza, U. (2001). Public Sector Wages and Bureaucratic Quality: Evidence fromLatin America. *Economía*, 2 (1), 97 – 139.

[187] Perry, G., García, E. y Jiménez, P. (2015). *Capacidad Estatal en los Municipios Colombianos. Medición y determinantes*. (Documento de trabajo N° 2015/04). Caracas: CAF.

[188] Perry, J. L. y Wise, L. R. (1990). The Motivational Bases of Public Service. *Public Administration Review*, *50* (*3*),367 – 373.

[189] Perry, J. L., Hondeghem, A. y Wise, L. R. (2010). Revisiting the motivational bases of public service: Twenty years of research and an agenda for the future. *Public administration review*, *70* (*5*),681 – 690.

[190] Petrovsky, N. (2009). Does public service motivation predict higher public service performance? A research synthesis. *En 10th Biennial Public Management Research Conference, Columbus, OH, Junio*, 20 – 22.

[191] Porter, C. (2010). *What Shapes the Influence Evidence Has on Policy? The Role of Politics in Research Utilisation*. (Young Lives Working Paper N° 62). Oxford: Department of International Development, U-

niversity of Oxford.

[192] Prat, A. y Strömberg, D. (2005). *Commercial Television and Voter Information.* (CEPR Discussion Papers N° 4989). Londres: Centre for Economic Policy Research.

[193] Prat, A. y Strömberg, D. (2013). The Political Economy of Mass Media. En *Advances in Economics and Econometrics: Volume 2, Applied Economics: Tenth World Congress.* Cambridge University Press.

[194] Presidencia del Consejo de Ministros (PCM) de Perú. Disponible en: http://sc. pcm. gob. pe/politicas – nacionales/

[195] Pritchett, L., Woolcock, M. y Andrews, M. (2010). *Capability traps? The mechanisms of persistent implementation failure.* (Working Paper N° 234). Washington D. C. : Center for Global Development.

[196] Rainey, H. G. y Steinbauer, P. (1999). Galloping elephants: Developing elements of a theory of effective government organizations. *Journal of public administration research and theory,* 9 (*1*),1 – 32.

[197] Rashman, L. y Radnor, Z. (2005). Learning to Improve: Approaches to Improving Local Government Services. *Public Money & Management,* 25 (*1*),19 – 26.

[198] Rasul, I. y Rogger, D. (2013). *Management of bureaucrats and public service delivery: Evidence from the Nigerian civil service.* Suntory and Toyota International Centres for Economics and Related Disciplines, LSE.

[199] Rauch, J. E. y Evans, P. B. (2000). Bureaucratic Structure and Bureaucratic Performance in less Developed Countries. *Journal of Public Economics,* 75 (1), 49 – 71.

[200] Red ciudades / Red Latinoamericana por Ciudades y Territorios Justos, Democráticos y Sustentables. (2015). http://redciudades. net/

[201] Red de Ciudades Cómo Vamos. (2015). http://redcomovamos. org/

[202] Reinikka, R. y Smith, N. (2004). *Public expenditure tracking sur-*

veys in education. UNESCO.

[203] Reinikka, R. y Svensson, J. (2004). Local capture: evidence from a central government transfer program in Uganda. *The Quarterly Journal of Economics*, *119* (2),679 – 705.

[204] Reinikka, R. y Svensson, J. (2005). Fighting corruption to improve schooling: Evidence from a newspaper campaign in Uganda. *Journal of the European Economic Association*, *3* (2 – 3), 259 – 267.

[205] Reinikka, R. y Svensson, J. (2011). The power of information in public services: Evidence from education in Uganda. *Journal of Public Economics*, *95* (7), 956 – 966.

[206] Rosenthal, M. B., Frank, R. G., Li, Z. y Epstein, A. M. (2005). Early experience with pay – for – performance: from concept to practice. *Jama*, *294* (*14*),1788 – 1793.

[207] Rothstein, B. y Teorell, J. (2008). What is quality of government? A theory of impartial government institutions. *Governance*, *21* (2), 165 – 190.

[208] Rothstein, B. y Teorell, J. (2012). Defining and measuring quality of government. *Good government: The relevance of political science*, 6 – 26.

[209] Savoia, A. y Sen, K. (2012). Measurement and evolution of state capacity: exploring a lesser known aspect of governance. *Effective States and Inclusive Development Research Centre Working Paper*, *10*.

[210] Scheeres, J. (2002, Febrero 25). Mexico Wants an E – Revolution. *Wired.* Disponible en: http://archive. wired. com/techbiz/media/news/2002/02/50622

[211] Secretaria de Avaliação e Gestão da Informação (SAGI). Disponible en: http://aplicacoes. mds. gov. br/sagirmps/ferramentas/nucleo/grupo. php? id_grupo = 53

[212] Secretaría de Desarrollo Social (SEDESOL), México. Disponible en: http://www. sedesol. gob. mx/es/ SEDESOL/Programas_ Sociales

[213] SEDLAC Socio – Economic Database for Latin America and the Caribbean (CEDLAS y Banco Mundial) Enero – 2015.

[214] Shapiro, J., Steele, A. y Vargas, J. F. (2015) *Endogenous emergence of tax institutions and tax performance in the context of ongoing internal conflict: The case of Colombia.* (Documento de trabajo N° 2015/05). Caracas: CAF.

[215] Shen, Y. (2003). Selection incentives in a performance – based contracting system. *Health services research, 38 (2),*535 – 552.

[216] Shue, K. y Townsend, R. R. (2014). Swinging for the fences: Executive reactions to quasi – random option grants. *Chicago Booth Research Paper,* (13 – 03).

[217] Siminski, P. (2013). Are low – skill public sector workers really overpaid? A quasi – differenced panel data analysis. *Applied Economics, 45 (14),*1915 – 1929.

[218] Singh, P. (2011). *Performance Pay and Information: Reducing Child Malnutrition in Urban Slums.* (MPRA Paper N° 29403). University Library of Munich, Germany.

[219] Sistema Nacional de Evaluación de Gestión y Resultados (SINERGIA), Colombia. Disponible en: https: // sinergia. dnp. gov. co/portaldnp/default. aspx

[220] Skoufias, E. y Shapiro, J. (2006). *Evaluating the Impact of Mexico's Quality Schools Program: The Pitfalls of Using Nonexperimental Data.* (Policy Research Working Paper N° 4036). Washington D. C.: Banco Mundial.

[221] Snyder, J. M. y Strömberg, D. (2010). Press Coverage and Political Accountability. *Journal of Political Economy,* (2), 355 – 408.

[222] Soifer, H. (2008). State infrastructural power: Approaches to conceptualization and measurement. *Studies in Comparative International Development, 43* (3 – 4), 231 – 251.

[223] Springer, M. G., Ballou, D., Hamilton, L., Le, V. N., Lock-

wood, J. , McCaffrey, D. F. , Pepper, M. y Stecher,

[224] B. M. (2011). Teacher Pay for Performance: Experimental Evidence from the Project on Incentives in Teaching (POINT). *Society for Research on Educational Effectiveness.*

[225] Stein, E. , Tommasi M. , Echebarría, K. , Lora, E. y Payne, M. (2006). *The Politics of Policies: Economic and Social Progress in Latin America.* Washington, D. C. : Banco Interamericano de Desarrollo.

[226] Strömberg, D. (2004). Radio's impact on public spending. *The Quarterly Journal of Economics, 119 (1)* ,189 – 221.

[227] Sylvia, S. , Luo, R. , Zhang, L. , Shi, Y. , Medina, A. y Rozelle, S. (2013). Do you get what you pay for with school – based health programs? Evidence from a childnutrition experiment in rural China. *Economics of Education Review*, 37, 1 – 12.

[228] Teorell, J. , Dahlberg, S. , Holmberg S. , Rothstein B. , Hartmann F. y Svensson R. (2015). The Quality of Government Basic Dataset, versión Jan15. University of Gothenburg: The Quality of Government Institute, http://www. qog. pol. gu. se

[229] Thai, K. V. (2001). Public procurement re – examined. *Journal of public procurement, 1 (1),* 9 – 50.

[230] The Worldwide Governance Indicators (WGI). Washington D. C. : *Banco Mundial.* (2013). Información disponible en: http://info. worldbank. org/governance/wgi/index. aspx#home

[231] Thomas, J. W. y Grindle, M. S. (1990). After the Decision: Implementing Policy Reforms in Developing Countries. *World Development, 18 (8),* 63 – 1181.

[232] Titmuss, R. M. (1974). *Social policy.* Londres: Allen & Unwin.

[233] Vaghela, P. , Ashworth, M. , Schofield, P. y Gulliford, M. C. (2009). Population intermediate outcomes of diabetes under pay – for – performance incentives in England from 2004 to 2008. *Diabetes Care, 32 (3)* ,427 – 429.

[234] Van Rijckeghem, C. y Weder, B. (2001), Bureaucratic corruption and the rate of temptation: do wages in the civil service affect corruption, and by how much? *Journal of Development Economics*, *65* (*2*), 307 – 331.

[235] Vargas, F. (2004). *40 preguntas sobre competencia laboral.* Montevideo: ILO/Cinterfor.

[236] Vegas, E. y Umansky, I. (2005). *Improving Teaching and Learning through Effective Incentives: What Can We Learn from Education Reforms in Latin America?* (N° 8694). Washington D. C. : Banco Mundial.

[237] Velarde, J. C. C. , Lafuente, M. , Sanginés, M. , Schuster, C. , Echebarría, K. , Longo, F. , Strazza, L. y Iacoviello, M. (2014). *Al servicio del ciudadano: Una década de reformas del servicio civil en América Latina (2004 – 13)* . Washington D. C: Banco Interamericano de Desarrollo.

[238] Vermeersch, C. y Kremer, M. (2005). *School meals, educational achievement, and school competition: evidence from a randomized evaluation* (Vol. 3523). Washington D. C. : Banco Mundial.

[239] Vigdor, J. L. (2008). Teacher salary bonuses in North Carolina. (Working Paper 2008 – 03). *National Center on Performance Incentive.*

[240] Voinea, L. y Mihaescu, F. (2012). A contribution to the public – private wage inequality debate. *The Economics of Transition*, *20* (*2*), 315 – 337.

[241] Wilson, J. Q. (1989). *Bureaucracy: what government agencies do and why they do it.* Nueva York: Basic Books.

[242] World Values Survey onda 5 (2005 – 2008) Official Aggregate v. 20140429. World Values Survey Association (www. worldvaluessurvey. org). Aggregate File Producer: Asep/JDS, Madrid, España.

[243] World Values Survey onda 6 (2010 – 2014) Official Aggregate v. 20150418. World Values Survey Association (www. worldvaluessur-

vey. org). Aggregate File Producer: Asep/JDS, Madrid, España.

[244] Yifu Lin, J. y Nugent, J. B. (1995). Institutions and economic development. *Handbook of development economics*, *3*, 2301 – 2370.

[245] Zamboni, Y. y Litschig, S. (2011). *Audit risk and rent extraction: Evidence from a randomized evaluation in Brazil.* (Barcelona GSE Working Paper Series N° 554). Barcelona: Barcelona Graduate School of Economics.

后　记

从 2010 年开始，中国社科院拉丁美洲研究所按照与 CAF－拉丁美洲开发银行的合作协议，组织翻译该行的年度经济发展报告，并举办中文版发布会。2015 年的报告主题是"建设一个更有效率的国家：提高设计、执行和学习公共政策的能力"。2015 年的报告翻译由下列人员承担：李慧（封面、封底、序言、目录、附表）、芦思姮（第一章）、李菡和王阳（第二章）、魏然（第三章）、徐泗海（第四章）、张芯瑜（第五章），并由李慧负责对全书的体例和格式进行统一。中国社会科学院拉丁美洲研究所袁东振研究员、林华副研究员负责全书审校。我本人负责项目的总协调工作。

在此，感谢各位译者和审校者严谨认真的工作态度，在较短的时间内高质量地完成了全书的翻译工作。

中国社会科学院拉丁美洲研究所吴白乙所长、王立峰副所长高度重视和支持本项目，不仅就翻译组织进行细致部署，而且对翻译过程实施了全面把关；拉美所综合室杨志敏研究员精心组织协调了具体的翻译工作；拉美所外事和科研部门的负责同志则从行政组织工作各环节，高效有力地确保了翻译工作的顺利进行。此外，CAF－拉丁美洲开发银行对该合作项目给予了全力支持和帮助、中国社会科学出版社的编辑为报告的出版付出了辛勤的劳动，在此一并致谢！

由于时间较紧，涉及专业领域，如有疏漏，敬请读者提出宝贵意见。

柴　瑜

2016 年 4 月 27 日